6주 보육실습

김정희 · 문혁준 · 김혜연 · 김민희 · 최윤희 · 강혜경

창지사

머리말

사회변화와 영유아기 자녀를 둔 어머니의 취업 증가로 어린이집의 질 높은 보육에 대한 사회와 학부모의 관심과 요구가 증가하고 있다. 특히 양질의 보육을 실현하는 것은 보육교사의 능력에 달려 있다 해도 과언이 아니다. 교육기관과 보육현장에서 이론과 실제가 체계적으로 연계되어 보육실습이 진행되는 것은 보육교사를 배출하는 데 있어 빼놓을 수 없는 필수 과정이다. 이를 반영하듯 보육실습은 보육교사 자격을 취득하기 위한 필수 교과목으로서 법령으로 채택되었으며, 그 중요성이 나날이 강조되고 있다.

이 책은 매년 '보육실습' 교과목을 담당하면서 모아두었던 저자들의 자료를 바탕으로 내용을 구성하였다. 성공적인 보육실습을 위해서는 사전에 철저한 준비과정이 필수적으로 요청되기에 대학 및 양성기관, 실습어린이집, 보육실습생 등 세 가지 차원에서의 준비와 계획 시 필요한 절차와 내용 등을 중심적으로 담았다. 보육교사를 양성하는 전문대학 이상의 보육교사 양성학과 및 보육교사교육원에서 교재로 사용될 수 있도록 이론과 실제 그리고 부록을 나름대로 체계적으로 구성하고자 노력하였다. 특히, 2017년부터 변경되고 실행된 보육실습에 관한 새로운 규정에 맞게 내용을 구성하였다.

이 책이 보육실습을 준비하는 많은 예비교사에게 유용하게 활용되기를 바라며, 미비한 점은 앞으로 계속 보충해 나갈 것을 약속드리면서 애정 어린 비판과 충고를 기다린다.

끝으로 출판을 맡아 준 창지사 사장님과 편집부 여러분들께 진심으로 감사의 말씀을 전하고 싶다.

2021년 6월

저자 일동

차례

CHAPTER

01 보육실습의 기초

PRACTICUM IN CHILD CARE & EDUCATION

1 보육의 중요성
2 보육실습의 정의 및 의의
3 보육실습의 형태
4 보육실습의 법적 기준
5 보육교사의 역할, 자질, 직무
6 보육실습의 효과

1 보육의 중요성

보육실습을 시작하는 데 앞서 다시 한번 보육의 중요성에 대하여 인지하고 교사로서의 책임감을 갖는 것은 실습생이 가져야 할 바른 마음가짐이라고 할 수 있다. 본 장에서는 보육의 중요성을 기능적 측면, 심리적 측면, 관점적 측면에서 살펴보고자 한다.

1) 기능적 측면

표갑수(2006)는 기능적인 측면에서 보육의 중요성에 대해 다음과 같이 제시하였다.

(1) 예방을 위한 보육의 중요성

예방적(preventive) 보육이란 영유아의 심신발달과 인격 형성에 부정적인 영향을 주는 심리적 · 사회적 · 경제적 · 기타 환경적인 요인으로부터 보호하고, 이들의 건전한 발육과 지 · 덕 · 체를 겸비한 성장을 위하여 가능한 모든 기회와 시설이 갖춘 통합보육 인프라를 제공하는 것이다. 특히, 사회보장적 차원에서 저소득층 영유아가 다른 영유아와 공평하고 평등하게 보육을 받을 수 있도록 국내 보육서비스사업을 더욱 활성화함으로써 이들의 전인적 발달을 도모해야 한다.

(2) 보호를 위한 보육의 중요성

보호적(custodial) 보육이란 부모가 취업, 경제활동, 질병 등과 같은 다양한 일로 자녀를 돌보기 어려울 때, 부모를 대신하여 대리모나 보모 등이 영유아를 안전하게 보호하는 것이다. 주로 영유아의 심신장애, 동일한 집단에 영유아가 4인 이상 있는 가정, 부모의 질병 또는 노동, 결손가정, 거주지역의 보육환경이 영유아의 발달에 부적합할 때, 주택 전체를 사업장으로 활용하는 경우 영유아의 바람직한 사회적 · 정서적 발달을 위하여 이들을 보호해야 한다. 영아기는 사물을 인지하는 기능이 발달이 덜 된 시기이기 때문에, 영유아에 대한 주 양육자와의 돌봄이 이루어지지 않으면 그들의 신체적 발달에 위험이 될 수 있는 상황이 발생할 수 있다. 또한, 주 보호자와 영유아가 사회적 관계를 맺음으로써 애착과 유대감이 형성되지 못할 때, 영유아는 불안과 애정 결핍 등 부정적인 징서를 형성할 수 있다. 따라서 보호적 보육은 영유아와의 지속적 관계를 통한 애착과 유대감 형성, 적당한 성장기회 제공을 위한 감독과 보호, 영양 및 건강관리, 위험물의 보호, 안정감과 편안함 등이 주어진다. 이는 영유아의 신체적 보호뿐만 아니라 사회적 · 정서적 발달에 중추적인 역할을 한다.

(3) 교육을 위한 보육의 중요성

영유아기는 인간의 생애를 살아가는 데 필요한 기초능력의 발달이 이루어지는 중요한 시기이므로, 이 시기에 조화롭고 전인적인 발달이 이루어져야 한다. 그렇기에 부모는 자녀를 올바르고 유망한 인재로 성장시키기 위하여 어린이집이나 유치원에서 자녀교육을 실시하곤 한다.

따라서 국내의 어린이집이나 유치원과 같은 보육시설은 영유아의 돌봄을 제공하는 시설이 아니라, 아동복지의 이념과 유아교육의 가치에 따라 조직적이고 체계적으로 영유아의 전인적 발달을 도모할 수 있는 다양한 교육활동을 제공한다. 또한, 보육시설에서 교육의 질을 제고하는 보육교사는 영유아의 언어 및 지적 · 정서적 · 사회적 · 신체적 성장과 발달에 기여할 수 있는 발달에 적합한 교육활동을 제공하는 역할을 수행한다. 교육의 질이 우수한 보육시설을 이용한 영유아일수록 친사회성과 언어발달, 그리고 학습준비도와 학습지향적 동기를 증진시키고, 그들의 문제행동을 감소시킴으로써 장기적인 인적 자원 개발의 측면에서 이로울 수 있다(한국보육진흥원, 2017). 결국, 이러한 우수한 보육의 질을 제공하는 보육시설은 개인적 차원에서 영유아의 건강한 성장과 발달을 도모하고, 국가적 차원에서 우수한 미래 인재를 확보할 수 있다는 측면에서 매우 중요하다.

(4) 가정의 지원 및 보충을 위한 보육의 중요성

가정에서 자녀의 교육과 양육에 관한 가족구성원 간의 갈등, 질병, 실업, 빈곤, 저소득, 자녀의 건강을 위협할 수 있는 유해한 환경과 그로 인한 신체적 · 정서적 발달장애 등의 부정적인 문제는 영유아의 성장과 발달에 위협을 줄 수 있다. 따라서 영유아뿐만 아니라 가족구성원 전체를 보육의 대상으로 포함하여 그들이 지닌 문제를 해소하기 위하여 보육서비스의 범위를 확대해야 한다. 특히, 부모에게는 자녀의 양육과 교육을 올바르게 수행하기 위한 역할의 중요성에 대한 인식을 형성시킬 수 있도록 교육적 프로그램 등을 실시하는 등 가정의 보육의 질을 제고할 수 있는 국가적 차원의 지원이 필요하다.

(5) 영유아의 욕구와 발달에 적합한 실제 보육의 중요성

생애 인지발달 단계상 감각운동기(sensorimotor stage)에 해당하는 영유아는 다양한 운동 경험과 감각 자극을 통해 환경과 사물을 이해하고 기본적인 욕구를 충족하게 된다. 이때 영유아의 욕구가 충족되지 않을 경우 불신감을, 욕구가 충족될 경우 신뢰감을 형성한다. 이렇게 형성된 신뢰감은 세상 전반에 대한 신뢰감으로 확장될 수 있다. 따라서 영유아의 연령별 발달 단계와 개인차를 고려하여 이들의 욕구를 충족시키기 위한 학습을 선정해야 한다. 또한, 영유아의 발달적 교육과 양육, 보호가 모두 포괄되어 수행될 수 있는 보육활동을 선정해야 할 것이다.

보육은 영유아기의 발달 단계와 연령별 개인차 등 여러 양육적인 특성을 고려하여 그들이 정서적 · 신체적으로 잘 성장할 수 있도록 장려해야 한다. 이러한 과정을 거쳐 영유아는 영유아기에 적절한 기초적 발달이 이루어짐으로써 내면과 성격 등을 형성하게 되므로, 영유아가 올바르게 성장할 수 있도록 질 높은 보육을 제공하는 것은 매우 중요하다.

2) 심리적 측면

영유아의 전인적 성장과 발달을 위한 보육은 앞서 살펴본 것처럼 기능적 측면뿐만 아니라 심리적인 측면에서도 매우 중요한 함의를 가진다. 프로이드(Freud)와 에릭슨(Erickson)은 영유아의 발달 특성에 대하여 성격 형성 이론을 언급하며, 다음과 같이 보육의 중요성을 강조하였다(박근주 · 서소정, 2013).

(1) 발달과업

영유아의 생리적인 욕구를 충족시키며 발달 특성을 고려한 보육활동을 실시하여 영아의 발달과업을 긍정적으로 성취해야 한다. 유아와 달리 영아는 생리적인 욕구가 더욱 강하므로 그들의 세면, 이유식, 수유, 휴식, 낮잠, 배변 등의 욕구를 충족시키는 돌봄부터 실시해야 한다. 돌봄은 영유아의 건강과 영양, 위생과 안전 등의 기본적인 욕구를 충족시키는 것을 최우선으로 해야 한다. 즉, 부드러운 신체적 접촉, 따뜻한 훈육, 잠자기, 기저귀 갈기, 칭찬과 격려, 식욕 등의 욕구를 해소하여 영아가 주 양육자와 안정적인 애착을 형성할 수 있도록 일관성 있고 안전한 보육환경을 제공하기 위해 노력한다면 영아의 발달과업은 잘 성취될 수 있을 것이다.

(2) 경험 축적

영유아를 위한 보육은 개별적 상호작용을 전제로 영아기에 긍정적인 경험이 축적될 수 있는 교육이 보장되어야 한다. 주 양육자의 역할은 '그들의 요구를 수용하기에 얼마나 포용적인가?'라 할 수 있다. 이것은 주 양육자가 영유아가 무엇을 필요로 하는지 주의 깊게 보고, 듣고, 느끼고, 그들의 입장에서 이해하고 포용할 수 있는 역량을 함양해야 함을 의미한다. 예를 들어, 주 양육자가 영유아를 보육할 때 가장 먼저 겪는 어려움 중 하나가 부모와 영유아의 분리로 인한 분리불안이므로, 주 양육자인 부모는 영유아를 보육시설에 등원시킬 때 자녀의 손을 잡은 상태에서 보육교사에게 건네준 후 작별인사를 하며 떨어지는 것이 올바르다. 이러한 주 양육자와 영유아의 상호작용은 곧이어 보육교사와 영유아의 상호작용의 질에 영향을 줄 수 있다. 보육환경 안에서의 자유놀이와 상호작용은 영유아로 하여금 다양하고 넓은 교육자료를 쉽게 제공받을 수 있게 하여 의미 있는 교육활동이 이루어지도록 한다. 그러므로 주 양육자와 보육교사는 영유아의 개별적 상호작용을 전제로 그들의 입장에서 충분히 생각하며 협동적이고 긍정적인 보육을 제공하여 상호작용을 촉진시켜 영유아의 사회성을 발달시킬 수 있도록 노력해야 한다.

3) 관점적 측면

보육은 지역사회의 사회문화적 환경이 더욱 바람직한 방향으로 나아갈 수 있도록 질 높은 보육서비스를 제공하는 종합적 서비스체계라 할 수 있다(양승옥, 1994). 이러한 맥락에서 보육의 중요성은 보육을 어떻게 바라보는가에 관한 보육관점에 의해서도 충분히 설명될 수 있다.

보육의 관점은 보편적 보육관점, 대리적 보육관점, 기본적 보육관점으로 구분되며, 이에 대해 살펴보면 다음과 같다(정경희 · 김유경, 1997).

(1) 보편적 보육관점

보편적 보육관점이란 보육의 궁극적 목적이 아동복지의 실현에 있으므로, 영유아가 신체적 · 정서적으로 건강하고 올바르게 성장 및 발달할 수 있는 환경을 보장하기 위해 보육이 중요하다는 관점을 말한다. 영유아는 자아실현과 자아의 개성을 형성하기 위하여 교육과 보호를 평등하게 받을 수 있는 기회를 제공받을 자격이 있다. 영유아의 자아실현은 해당 지역의 사회문화적 환경이나 주 양육자를 둘러싼 환경에 의해 이루어지는 것이 아니라, 사회화를 통해 이루어질 수 있다. 따라서 이 관점에 따르면 영유아의 전인적 발달을 위해 주 양육자는 가정양육보다 사회양육을 하는 것에 더 주안점을 두어야 한다. 이를 통해 영유아가 국가적 차원에서 바람직한 사회적 인재로 양성되도록 노력해야 할 것이다.

(2) 대리적 보육관점

대리적 보육관점은 부모의 경제활동이나 여성의 취업으로 인해 가정 내에서 영유아의 양육과 돌봄이 쉽사리 이루어지지 않는다는 것을 전제로 하여, 대리양육자나 타 가족원이 영유아의 돌봄을 제공해야 하는 관점을 뜻한다. 현대사회에서 핵가족화와 여성의 사회참여로 인해 가정 내에서 자녀를 양육하는 것이 현실적으로 어렵다. 그렇기 때문에 직장을 지속적으로 다니며 자녀양육을 원하는 취업모의 욕구를 충족시키기 위하여 대리양육자가 필요하다. 특히, 영유아가 바람직하게 성장하기 위해서는 주 양육자 또는 보호자와의 초기 애착과 관심이 중요하므로 대리적 보육을 하는 것도 자녀양육의 한 방안이라 할 수 있다. 따라서 영유아의 애착에 대한 욕구와 여성의 경제활동 욕구를 동시에 충족시킬 수 있다는 측면에서 의미가 있는 관점이다. 하지만 영유아의 애착이 주 양육자인 부모에게 형성되는 것이 아니라 대리양육자에게 형성될 수 있으므로 주의해야 한다. 이러한 것들을 고려하여 자녀의 올바른 성장을 도모함과 동시에 여성의 삶의 질을 증진시키도록 노력해야 한다.

(3) 기본적 보육관점

기본적 보육관점은 저소득층 영유아의 경우 가정 내 사회활동 참여나 실업 등의 문제로 인해 올바른 보육서비스를 제공받기 어려워 보육에 방치될 수 있다는 것을 전제로 한다. 저소득층과 중산층, 고소득층이 제공받는 보육서비스의 질이 다르게 나타날 수 있다는 계층 간 불평등을 해소하기 위하여 국가가 개입하여 문제를 해소하는 것과 관련된 관점이다. 국가는 국민의 일원인 영유아가 미래 인적 자원으로 육성될 수 있도록 영유아기부터 보육과 교육을 제공해야 할 의무가 있다. 따라서 국가에서 제공하는 기본적인 보육서비스를 계층에 관계없이 누구나 평등하게 누림으로써 영유아의 성장과 발달을 긍정적으로 도모해야 할 것이다.

2 보육실습의 정의 및 의의

보육실습은 보육교사가 되기 위한 필수과정의 하나로 교사가 갖추어야 할 지식과 기술, 태도, 품성 등을 형성 · 발달시켜 나가는 사전 준비과정이다. 즉, 어린이집에서 교사가 아닌 학생의 신분으로 교사 및 영유아를 관찰하고 놀이 활동에 참여하며 가르치는 등 보육교사의 역할을 직접 경험해 보는 것이다.

보육실습의 의의는 첫째, 보육현장에 참여하여 직접 보육과정을 경험함으로써 보육교사직에 대한 인식을 새롭게 할 수 있다. 둘째, 보육교사로서 필요한 지식과 기술을 획득하는 과정을 알게 된다. 셋째, 현직 교사의 교수법을 관찰하고 배우는 기회를 얻게 된다. 넷째, 영유아와 직접 접촉하는 경험을 통해서 영유아에 대한 이해를 높이는 기회를 얻게 된다. 다섯째, 어린이집에서 정한 일정 기간의 직접적인 교수 경험을 통하여 교직의 단면을 체험하는 기회를 얻게 된다. 여섯째, 어린이집 내의 교직원들과의 역동적인 인간관계를 체험함으로써 인간관계의 중요성을 인식하게 된다. 일곱째, 어린이집의 운영에 필요한 관리기술을 관찰하고 배우는 기회를 얻게 된다. 여덟째, 어린이집의 전반적인 운영과정을 파악할 수 있다. 아홉째, 어린이집과 지역사회의 연계에 대해 이해를 높이는 기회를 얻게 된다. 마지막으로 예비교사로서 자신을 평가해 보는 기회를 갖게 된다(이소희 · 이숙희 · 이정혜 · 장명림 · 도미향, 2006).

이를 좀 더 구체적으로 살펴보면 다음과 같다.

① 보육현장을 이해하는 과정이다

보육실습이 이루어지는 어린이집은 영유아들이 온종일 생활하는 곳으로, 영유아 · 교사 · 학부모에게까지 다양한 상황이 공존할 수 있다. 다시 말하면, 어린이집의 매일 매일은 항상 똑같은 것이 아니라 다양한 상황과 사건이 일어날 수 있다는 것으로, 그때그때 보육교사의 역할이 다르게 요구되기도 한다. 그러므로 예비보육교사의 보육현장에 대한 이해는 적게는 한 달 또는 1년 이상 현장 경험을 통해서만 제대로 이해할 수 있다.

② 보육이론을 실제에 적용하는 과정이다

학교에서 배운 보육과정에 대한 이론 등을 보육현장에서 실제로 적용시켜 보는 산 경험의 장이 될 수 있다. 현장에서의 다양한 상황에 따라 발달이론이나 보육과정, 교수학습이론 등을 적용해 보고 관찰 · 분석해 봄으로써 학교에서 배운 이론이 현장에서 어떻게 적용되고 활용되는지 이해할 수 있는 과정이다.

③ 보육교사로서 전문성을 준비하는 과정이다

예비보육교사의 단순한 지식이나 단편적인 지식만으로는 교사의 자질을 다 갖추었다고 하기 어렵다. 실습 과정에서 영유아들에게 영향을 미치는 일과지도와 생활지도, 학급 운영에 필요한 실제적이며 구체적인 기술을 배울 수 있다. 또한, 학교생활 중 전공 교과목의 탐구를 통해 형성된 아동관은 영유아와의 경험을 통해 구체화될 수 있으며, 부분수업과 종일수업을 통해 보육 전반에 걸친 내용을 파악함으로써 전문성을 높일 수 있다.

④ 보육 전반에 관한 내용과 문제점을 파악하여 새로운 시각을 형성하는 과정이다

보육현장에 참여함으로써 보육과정 운영의 실제를 익히고 보육과 관련하여 발생하는 여러 가지 문제를 인식 · 파악하여 개정할 수 있는 계기가 될 수 있다. 또한, 보육현장에서 일어나는 구체적이고 특별한 요구와 상황을 경험하면서 수직적이고 수평적인 인간관계를 통하여 건전한 인간관계 형성의 기회를 얻는 새로운 학습의 장이다.

⑤ 보육교사로서 적성과 능력을 점검하는 과정이다

실습 기간에 영유아를 보호하고 교육하면서 보육교사의 역할을 이해할 뿐만 아니라, 평가의 과정을 통해 자신이 보육교사의 자질을 가지고 있는지 또는 보육교사라는 직업이 자신의 적성에 맞는지 등을 검토할 수 있게 된다.

3 보육실습의 형태

보육실습은 「영유아보육법」에 명시된 대로 6주 동안 어린이집에서 이루어지는 정규 실습으로 정의될 수 있으나 최근에는 보육의 중요성이 주목받으면서 보육실습을 사전 실습, 정규실습, 사후실습을 모두 포함하는 광의의 개념으로 사용하는 것이 일반적인 추세다. 보육실습의 형태는 다음과 같이 세 가지로 구분되며, 시차를 두고 실습어린이집에서 이루어지게 된다.

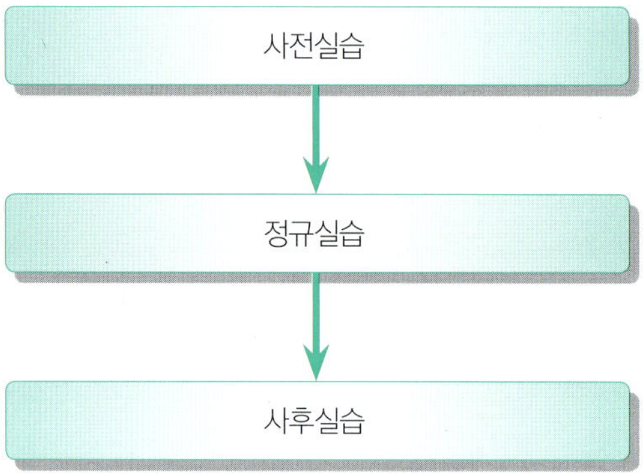

[그림 1-1] 실습의 단계

1) 사전실습

사전실습은 정규실습을 위한 준비과정이자 연계과정으로, 정규실습 이전에 단기간에 걸쳐 현장 경험을 하게 하는 것이다. 이를 통하여 정규실습을 하게 될 어린이집 및 교직원 그리고 영유아의 특성을 미리 살펴봄으로써 정규실습에 대한 막연한 두려움을 줄여 정규실습의 효과를 높이는 데 의미가 있다. 일반적으로 사전실습 시기는 정규실습 1~2개월 전 또는 1~2학기 전부터 시작되며, 실습 시간 및 요일은 학기 중에 규칙적으로 진행되는 경우가 대부분으로 관찰이나 부분 참여수업이 주를 이루게 된다.

사전실습의 목적

- 실습어린이집의 환경, 시설, 교직원, 하루 일과, 프로그램 등을 개괄적으로 이해할 수 있도록 도와준다.
- 영유아의 개인차를 발견하고 영역별 발달 특성에 대해 폭넓게 이해할 수 있도록 도와준다.
- 영유아의 연령 및 발달 수준에 적합한 보육 및 교수방법에 대해 이해할 수 있도록 도와준다.
- 학교에서 배운 이론과 현장에서의 실제에 대한 차이를 체험하며, 보육 목표, 내용, 과정, 방법 등에 대한 이해를 도와준다.
- 보육교사의 다양한 역할에 대한 전반적인 이해 및 보육교사로서의 교육관 확립에 도움을 준다.
- 다양한 문제 상황을 미리 경험함으로써 정규실습에 좀 더 쉽게 적응할 수 있도록 도와준다.
- 보육현장의 제반 조건에 대한 기본적인 이해를 도와준다.

2) 정규실습

정규실습은 보육교사 자격 취득을 위한 필수과정의 하나로, 6주에 걸쳐 어린이집에서 이루어진다. 「영유아보육법 시행규칙」 개정(2016. 1. 12. 공포, 보건복지부령 제392호)에 따라 보육실습을 2회로 나누어 실시할 경우 실습 기간을 나누는 방식은 양성교육기관과 보육실습기관이 협의하여 진행한다. 6주를 한 기관에서 실습하거나, 2주와 4주, 3주와 3주, 4주와 2주로 나누어 한 기관 혹은 두 기관에서 나누어 실습할 수 있다. 이 기간에 실습생은 보육활동을 직접 계획 · 실시 · 평가해 보며 학교에서 배운 보육 관련 이론이나 지식을 보육현장에 실제로 적용해 본다. 정규실습은 보통 관찰실습, 참여실습, 실제 지도실습의 3단계로 나누어 볼 수 있다. 관찰실습은 일반적으로 6주간의 정규실습 기간 중 초반에 해당하며, 실습생이 어린이집의 제반사항을 객관적인 관점에서 관찰하게 된다. 참여실습은 실습생이 주교사의 보조교사로서 주교사가 계획하고 진행하는 보육활동에 여러 형태로 참여하게 된다. 실제 지도실습은 실습의 마지막 과정으로 실습생이 지도교사의 지도하에 영유아를 직접 지도하게 된다. 실제 지도실습은 부분수업(지도교사가 전체 교육활동을 진행하고 실습생은 부분적으로 한 가지 수업 및 활동만 준비하여 실행해 보는 과정), 연결수업(지도교사가 전체 교육활동을 진행하고 실습생은 연계된 두 가지 수업 및 활동을 준비하여 실행해 보는 과정), 전일수업(일과 전체를 실습생이 준비하여 직접 진행하는 과정)으로 나누어 단계적으로 진행된다. 실습의 마지막에는 실습생에 대한 평가회를 가지게 되며, 정규실습의 내용에는 관찰, 놀이 및 활동 지도, 일과지도, 생활 및 행동 지도, 사무관리가 모두 포함된다.

보육실습 기간이 6주 240시간 이상으로 늘어남에 따라, 보육교사 양성과정 및 보육실습 매뉴얼(보건복지부 · 육아정책연구소, 2016)에서 제안된 보육현장실습의 운영 모형 사례는 [그림 1-2]와 같다. 상황에 맞게 최적의 보육실습 운영 모형을 선택할 필요가 있다.

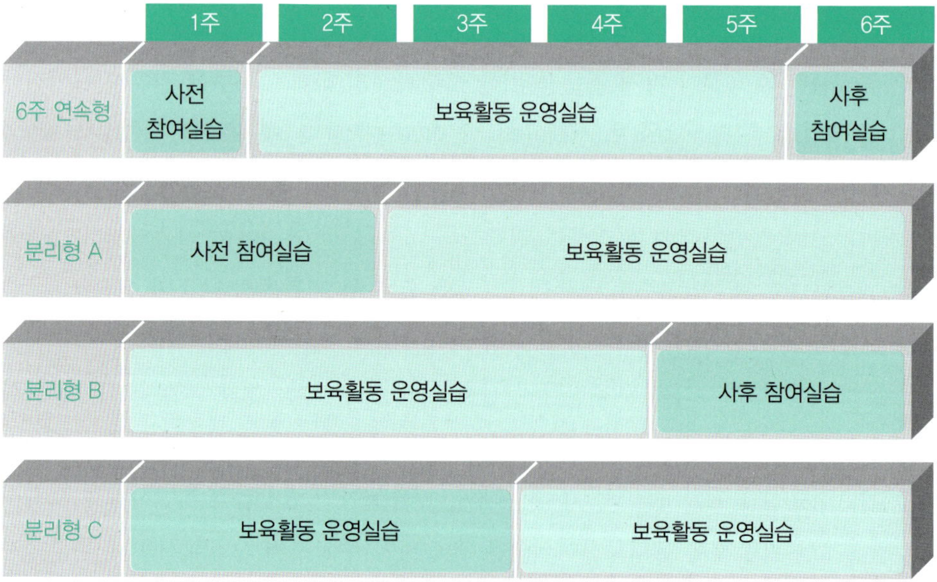

[그림 1-2] 보육실습 운영 모형 사례

출처: 보건복지부 · 육아정책연구소(2016).

6주 연속형 보육실습 진행과정의 예시는 다음과 같다.

〈표 1-1〉 6주 연속형 보육실습 진행과정의 예시

<table>
<tr><th colspan="2">주</th><th>1일차</th><th>2일차</th><th>3일차</th><th>4일차</th><th>5일차</th></tr>
<tr><td colspan="2">사전 방문과 교육</td><td colspan="5">• 사전 방문하여 사전교육을 함
• 보육실습 일정과 내용, 준비물, 준비 서류 및 기타 유의사항 협의</td></tr>
<tr><td>사전 참여 실습 (1주)</td><td>1주</td><td colspan="5">• 어린이집의 운영 철학 및 서비스 등의 특징 파악
• 어린이집 보육교직원들과 친밀감 형성
• 모든 연령의 반 참여관찰: 일과 운영, 보육환경, 영유아-교사 상호작용 등
• 보육실습일지 작성과 지도교사의 평가</td></tr>
<tr><td rowspan="8">보육 활동 운영 실습 (4주)</td><td rowspan="2">2주</td><td colspan="5">• 실습반 영유아와 친밀감 형성하기
• 보육실습생으로서의 역할 수행</td></tr>
<tr><td colspan="2">• 실습반 관찰(일과 운영, 보육환경, 영유아-교사 상호작용 등)</td><td colspan="3">• 영역별 보육활동 선정 및 계획안 제출과 지도교사의 평가</td></tr>
<tr><td rowspan="2">3주</td><td></td><td>영역별 보육활동 실습</td><td></td><td>영역별 보육활동 실습</td><td></td></tr>
<tr><td></td><td>자기 평가, 지도교사 평가</td><td>영역별 보육활동 선정</td><td>자기 평가, 지도교사 평가</td><td>연계활동 계획안 제출</td></tr>
<tr><td rowspan="2">4주</td><td></td><td>연계활동 실시</td><td></td><td></td><td></td></tr>
<tr><td>연계활동 자료 준비 및 제작</td><td>자기 평가, 지도교사 평가</td><td colspan="2">반일(일일) 보육계획 협의</td><td>반일(일일) 보육계획안 제출</td></tr>
<tr><td rowspan="2">5주</td><td></td><td></td><td>일일(반일) 보육활동 실시</td><td></td><td></td></tr>
<tr><td colspan="2">일일(반일) 보육활동 자료 점검</td><td>자기 평가, 지도교사 평가</td><td></td><td></td></tr>
<tr><td>사후 참여 실습 (1주)</td><td>6주</td><td colspan="3">• 참여관찰(일과 운영, 보육환경, 영유아-교사 상호작용 등)
• 보육실습생 역할 수행하기
• 보육실습일지 작성 및 참관 경험에 대한 저널 작성하기</td><td>최종 어린이집 실습 평가회 (원장, 지도교사 등 참여)</td><td>실습일지 및 기타 실습 관련 서류 제출</td></tr>
</table>

출처: 보건복지부 · 육아정책연구소(2016).

정규실습의 유의점

- 실습 계획은 관찰실습의 기초 위에서 일관성 있게 수립되어야 한다.
- 실습의 목적 및 목표를 명확히 인식하고 그에 적합하게 행동해야 한다.
- 지도교사와 협의하고 실제 지도활동을 계획하며, 그에 필요한 시설 및 자료 등 제반 조건을 충분히 준비하여야 한다.
- 영유아 교수법의 원리를 적용하여 지도상의 제반 문제를 발견하고, 해결하며, 예비보육교사로서 교직에 관한 여러 능력을 배양해야 한다.
- 실습생은 일관된 체제에 따라 학급 경영의 제반활동을 내면화 또는 행동화의 상태까지 발전시켜야 한다.
- 실습으로 인해 교실 내 영유아에게 피해가 가지 않도록 본래 보육활동의 분위기에서 벗어나지 않도록 해야 한다.

3) 사후실습

사후실습은 일정 기간의 정규실습 이후에 갖게 되는 현장 경험으로 정규실습 과정을 보완하고 심화시키는 과정이다. 정규실습 이후에도 실습 과정에서 나타난 문제점을 보완하고 학급 운영에 더욱 능동적으로 참여하며, 반성적 사고를 통해 보육철학 및 보육에 대한 정체성을 확립하는 과정으로 지속적인 사후실습은 반드시 필요하다. 사후실습어린이집은 정규실습어린이집과 같은 기관을 선택할 수도 있으나 다른 어린이집을 선택하는 것도 가능하며, 사전실습과 마찬가지로 의무적인 과정은 아니므로 사후실습의 참여 여부, 시기 또는 기간은 양성교육기관이나 보육현장, 실습생의 필요에 의해 결정될 수 있다.

보육교사로서의 적성을 점검하기 위한 질문

- 나는 참으로 보육교사라는 직업을 좋아하며, 교직에 대한 깊은 신념과 보람을 느낄 수 있겠는가?
- 나는 보육교사로서 갖춰야 할 능력과 자질을 갖추고 있으며, 나에게 보육교사가 참으로 알맞은 직업인가?
- 나는 보육교사로서 동료의 신뢰와 영유아들로부터의 신망을 얻을 수 있겠는가?

출처: 임재택 · 고영인 · 김정신(1997).

4 보육실습의 법적 기준

보육실습의 법적 기준은 「영유아보육법 시행규칙」에 명시되어 있는데, 최근 「영유아보육법 시행규칙」 일부 개정안(2016. 8. 1. 시행, 보건복지부령 제392호)이 고시되었다.

1) 보육실습 교과목

보육실습은 보육실습 교과목을 이수하는 것이 원칙이며, 보육실습 교과목의 인정 여부는 다음과 같다(보건복지부 · 육아정책연구소, 2016).

- 보육실습 교과목은 3학점을 기준으로 하되, 최소 2학점 이상 이수하여 보육실무 영역(아동관찰 및 행동연구, 보육실습 교과목)의 이수학점 기준(2과목 6학점)을 필수로 충족하여야 한다.
- 보육실습은 이론수업과 보육현장실습으로 운영한다.
- 성적증명서를 통하여 보육실습 교과목 확인이 가능해야 한다.
- 보육현장실습, 학교현장실습, 교육실습은 교과목 명칭이 다르더라도 기관 및 실습 기간의 조건을 만족하는 경우 보육실습으로 인정한다(「영유아보육법 시행규칙」 제12조 제1항 관련 별표4).
- 양성교육기관에 따라 보육실습Ⅰ, 보육실습Ⅱ로 나누어 개설할 수 있다.
- 교육봉사활동은 보육실습 교과목 인정에서 제외된다.
- 보육실습 교과목의 평가점수가 80점(B학점) 이상인 경우에만 보육실습을 이수한 것으로 인정된다.

2) 보육실습 이수 시기 및 기간

「영유아보육법 시행규칙」 일부 개정안(2016. 8. 1. 시행)에 제시된 보육실습 이수 시기 및 보육실습 기간은 다음과 같다.

(1) 보육실습 이수 시기

보육실습은 보육실습 교과목이 개설된 학기 중(직전 및 직후 방학 포함)에 반드시 실시해야 한다. 일상적인 보육이 이루어지는 3~6월, 9~11월에 보육실습을 하는 것이 바람직하며, 학점에 따라 보육실습 교과목의 강의시간을 할당하여 이론수업과 보육현장실습으로 교과목 내용을 운영해야 한다.

(2) 보육실습 기간

보건복지부(2016. 1. 12.)는 보육교사의 자격기준을 강화하기 위해 현장실습을 확대하는 등 「영유아보육법 시행규칙」을 개정하여 공포하였다. 개정된 내용 중 보육실습 관련 내용에서 가장 큰 변화는 보육실습 기간을 4주 160시간 이상에서 6주 240시간 이상으로 확대하여 실습 과정을 운영한 것이다.

대학에서는 2017년 1월 1일 이후부터 보육실습을 6주 240시간 이상 연속(월요일~금요일)으로 해야 하며, 1일 8시간(오전 9시부터 오후 7시 사이의 보육실습기관 운영 중) 동안 해야 인정을 받는다. 주 1회 보육실습 또는 주말실습 등 특정 요일에만 보육실습을 하거나, 오전 9시 이전과 오후 7시 이후 오전이나 야간에 실습하면 240시간 이상이 되더라도 보육실습을 이수한 것으로 인정받을 수 없다(보건복지부 · 육아정책연구소, 2016).

5 보육교사의 역할, 자질, 직무

보육교사는 영유아의 보육, 건강관리 및 보호자와의 상담, 그 밖에 어린이집의 관리 운영 등의 업무를 담당하는 전문가로, 보육교사 역할, 자질, 직무를 구체적으로 살펴보면 다음과 같다.

1) 보육교사의 역할

보육교사의 역할은 시대적인 변화, 사회, 문화, 제도 등에 따라 다르게 규정하기 때문에 한마디로 규정하기가 어렵다. 그러나 영유아기는 어느 시기보다 환경의 영향을 가장 많이 받는 시기로 부모와 더불어 보육교사가 매우 중요한 역할을 한다.

(1) 양육자로서 역할

보육교사는 일차적으로 영유아를 안전하게 보호하고 이들의 신체적 · 생리적인 욕구를 충족시키는 양육자 역할을 해야 한다. 특히, 영아를 보육하는 교사들은 영아와의 개별적인 관계를 형성하기 위해 민감하게 반응을 해야 한다.

(2) 환경 제공자로서 역할

보육교사는 영유아의 최적 발달과 안전을 고려하여 적절한 환경을 구성하는 역할을 수행하여야 한다. 즉, 영유아의 발달적 요구에 맞게 교재 · 교구와 실내외 환경을 조성해야 한다.

(3) 상호작용자로서 역할

보육교사는 영유아, 자연, 사물 간의 상호작용이 충분히 일어나도록 도와주어야 한다.

(4) 모델로서 역할

보육교사는 영유아에 대해 긍정적인 태도를 보임으로써 바람직한 동일시 대상이 되어 주어야 한다.

(5) 관찰자로서 역할

보육교사는 영유아를 제대로 보호하고 교육하기 위해서 이들의 발달 수준이나 개인적인 요구를 파악하고 있어야 한다. 즉, 영유아의 건강상태, 행동, 생각, 느낌 등을 유심히 관찰하여 기록하고 이를 기초로 영유아에게 적절한 보육을 제공하여야 한다.

(6) 부모 및 지역사회와의 교류자로서 역할

보육교사는 부모와 원활한 의사소통을 통해 부모를 지원해 주고 부모와 어린이집 사이의 신뢰감을 형성하기 위해 노력해야 한다. 또한, 지역사회의 자연, 자원, 인사 등을 활용하고 영유아가 지역사회를 긍정적으로 인식할 수 있도록 도와주어야 한다.

좋은 교사로서의 특성은 영유아의 연령에 따라 다르다(표 1-2).

〈표 1-2〉 영유아의 연령에 따른 좋은 교사의 특성

구분	보육교사	좋은 교사의 특성
인간적 특성	0세 교사	영아를 엄마처럼 사랑해 주기, 신체적 · 정서적으로 건강하기, 부모의 마음 이해하기, 영아의 새로운 시도를 격려하는 마음 갖기
	1세 교사	영아를 이해하고 허용하기, 항상 즐거움과 행복감 느끼기, 부모와 신뢰감 형성하기
	2세 교사	인내심 갖기, 부드러운 언행 보이기, 적극적인 모습 보이기, 편안한 복장을 하기, 부모와 안정적인 관계 형성하기
	3세 교사	항상 잘 웃고 재미를 느끼기, 원장과 긍정적인 관계 형성하기, 책임감 갖기
	4세 교사	긍정적인 마음 갖기, 동료 교사와 협력하기
	5세 교사	열린 마음 갖기, 단정한 복장을 하기, 부지런하기, 성취감 느끼기, 유아와 공감대 형성하기
전문적 특성	0세 교사	기초적인 양육기술을 알고 영아를 돌보기, 영아의 안전 및 건강관리 잘하기, 영아의 월령에 따라 적절한 신체 움직임 및 탐색 활동하기, 영아의 발달 관찰 및 확인하기
	1세 교사	영아와 지속적으로 의사소통하기, 영아 발달에 대해 부모와 지속적으로 의사소통하기, 관찰을 통해 민감한 대처 능력 갖추기, 영아 보육에 대한 지식 가지기
	2세 교사	기본생활습관 지도 잘하기, 영아의 심리적 안정 돕기, 영아의 발달에 대해 부모와 상담하기, 영아의 발달 단계에 따른 전문적 지식 가지기
	3세 교사	바른 모델링 보이기, 유아와 언어적 상호작용 잘 하기, 유아의 독립성 키워 주기
	4세 교사	유아의 사회성 길러 주기, 다양한 활동 지도 및 융통성 갖기, 유아의 인지적 욕구 채워 주기, 교사의 역할 숙지하기
	5세 교사	수업을 효과적으로 계획하고 운영하기, 유아의 창의성 및 인지적 사고 능력 길러 주기, 초등학교와 연계한 부모 상담 잘하기, 성교육과 관련한 안전교육하기, 평가를 기초로 반성하기, 확실한 교육관 갖기

출처: 백승선(2010).

〈표 1-3〉 하루 일과에서 보육교사의 역할

구분	하루 일과
등원 전	• 영유아가 오기 전에 교실을 둘러보고 점검하기 • 수업 계획에 따라 교재 · 교구를 정비하는 등 수업 준비하기 • 화장실 청결상태를 살피고, 수건을 새로 걸어 놓기
등원 및 맞이하기	• 현관, 통합보육놀이실에서 일찍 온 영유아를 반갑게 맞이하기 • 부모와 간단한 대화를 나누고 영유아의 그날 상태(기분, 건강)를 확인하기 • 영유아가 조용한 음악을 들으며 그림책 보거나 조작놀이 등 조용한 개별 활동을 하도록 돕기 • 현관에 일일보고서를 비치하여 부모가 등원 전 영유아의 상태와 전달사항을 기록하도록 하기 • 전체 교실환경을 점검하고 그날 활동 자료를 준비해 놓은 상태에서 영유아를 맞이하기 • 통합보육놀이실에서 영유아와 함께 놀잇감을 정리하고 각 놀이실로 이동하기
오전 실내 자유놀이	• 각 흥미 영역에서 계획된 활동이나 영유아의 정적인 자유놀이 진행하기 • 같은 놀잇감을 충분히 준비하여 분쟁을 막고, 효과적인 놀이 환경 마련하기 • 영유아를 관찰하여 개인적 특성을 파악하고 적절한 방법으로 상호작용하기
전이	• 정리 · 정돈 시간 5분 전에 예고하고, 놀잇감을 정리하도록 하기 • 정리 · 정돈이 즐거운 활동이 되도록 분위기를 이끌기, 화장실 다녀오기
실외 자유놀이	• 비오는 날, 너무 추운 날을 제외하고 가능한 한 실외 자유놀이하기 • 실외 환경의 안전점검에 유의하여 안전사고를 예방하기 • 실외 놀이는 실내 놀이와 동일하게 미리 계획하고 자료를 준비하여 적극적으로 상호작용하고 놀이를 촉진하기 • 신체 영역, 물 · 모래놀이 영역, 탐구 영역에서 활동이 고르게 일어나도록 돕기
집단 활동	• 영유아의 주의 집중이 쉽고 교사가 전체 영유아를 볼 수 있는 장소에서 실시하기 • 게임, 이야기 나누기, 동화 및 언어 활동, 음률 활동 등 다양한 활동을 계획, 실시하기 • 교사가 일방적으로 주도하기보다 영유아의 생각을 묻고, 영유아의 반응에 따라 적절하게 활동을 전개하기 • 영유아가 집중할 수 있는 시간을 고려하여 너무 지루하지 않도록 하며, 집단에 모이기 힘든 영유아는 서서히 집단에 참여하도록 하기
간식 및 점심	• 영유아가 감사하는 마음으로 즐겁게 식사할 수 있게 분위기 이끌기 • 식사 시간을 통해 영양 교육, 바람직한 식습관 형성, 기본생활습관 훈련이 이루어지도록 하기 • 식사 속도가 다를 수 있으므로 2명의 교사가 적절히 영유아를 나누어 돌보기 • 학기 초에는 2명의 교사 중 1명이 먼저 식사를 마치고 영유아를 돕기

구분	하루 일과
낮잠	• 놀이실의 조용하고 넓은 영역을 택해 잠자리 준비하기 • 양치질, 손 씻기가 끝나면 각자 자기 자리에 누워 조용히 휴식하거나 낮잠 자기 • 낮잠 자기를 힘들어하는 영유아에게는 너무 강요하지 말고, 조용히 쉬도록 하기 • 영유아들이 완전히 잠든 다음 교사는 관찰일지, 일일보고서 등을 작성하고, 자료를 준비하기
오후 실내 자유놀이	• 오전 활동을 연장하거나, 확장하도록 돕기 • 영유아가 선택 활동을 충분히 즐길 수 있도록 교구와 자료를 제공하고 적절히 개입하기
개별 활동 및 귀가 준비	• 실내에서 조용하고 개별적인 활동이 이루어지도록 지도하기 • 귀가 준비하기 • 일일보고서를 현관에 비치하기 • 부모와 영유아의 당일 활동에 관해 간단히 대화를 나누고 인사하기 • 당직 교사에게 남아 있는 영유아를 인도하고 전달사항 알리기
원아 하원 후	• 하루를 정리하고 다음 날 수업 및 활동을 준비하기 • 일지, 영유아 관찰기록, 작품 정리 등 각종 파일을 정리하기 • 교실 청소하기 • 교구 제작하기 • 어린이집 전체의 문단속, 소등 상태를 점검한 후 퇴근하기

쉬어가기 보육실습생의 전반적인 역할

- 어린이집의 환경 탐색
- 보육일과 및 수업 참관
- 영유아 행동 및 활동 관찰
- 보육실습일지 작성 및 자기 평가
- 보조교사 역할
- 보육활동 지도계획안 작성
- 단위활동, 반나절 보육활동, 일일 보육활동 등의 계획과 실시
- 보육실 정리정돈

2) 보육교사의 자질

교사의 자질은 타고난 성품이나 소질에 기초하여 발휘된다고 볼 수 있으나 전문적인 교육 역량을 발휘하는 능력은 교육과 훈련의 과정을 통해 향상될 수 있다. 특히, 학습자가 어릴수록 교사는 모방과 동일시의 대상이 된다는 점을 참고하면, 가장 어린 시기의 영유아를 담당하는 보육교사의 자질은 무엇보다도 강조된다.

보육교사의 자질을 명확하게 정의하기는 어려우나, 보육교사의 역할을 효율적으로 수행하는 데 필요한 능력을 의미하며 교사가 지녀야 할 모범적 품성, 교양, 전문 지식, 태도 등을 갖춘 특성이라고 할 수 있다.

표갑수(1998)는 개인적 자질과 전문적 자질로 구분하여 보육교사 자질의 중요성을 강조하였다. 개인적인 자질이란 교사 개개인의 사람됨과 관계되는 특성으로 주로 인성적인 측면의 자질을 말하며, 전문적인 자질이란 영유아에 관한 전문적인 지식, 보육과정 및 교수에 대한 전문적인 지식과 운영 기술, 교직에 대한 건전한 태도 및 윤리의식과 관련된 자질을 말한다.

(1) 개인적 자질

보육교사의 개인적인 자질은 양질의 보육을 가능하게 해 주는 핵심 요소로 유희정(1996)은 애정적이고 허용적인 관심과 태도, 적극적인 반응을 들었으며, 여러 연구자의 의견을 종합해 보면 건강, 인간에 대한 애정, 원만한 인간관계의 요소가 포함된다.

① 건강

영유아는 끊임없이 교사에게 무엇인가 요구를 한다. 이러한 요구에 부응하려면 보육교사는 신체적으로 건강해야 하며, 정신적인 건강도 중요하다.

② 인간에 대한 애정

보육교사의 애정과 사랑을 통해 영유아는 안정감과 자존감을 느낄 수 있으며, 건전한 성장과 발달이 이루어진다.

③ 원만한 인간관계

단순히 영유아와의 상호작용뿐만 아니라 많은 사람과 원만한 인간관계를 맺기 위해서는 효율적인 의사소통 능력과 다른 사람의 의견을 경청하고 수용할 수 있는 열린 마음을 가져야 한다.

(2) 전문적 자질

보육교사의 전문적인 자질에 관해 이은화 · 배소연 · 조부경(1995)은 지식 영역으로 일반적 교양 지식, 보육과정에 대한 지식, 교수방법과 평가에 대한 지식을, 보육기술 영역으로는 보육과정 구성 기술, 프로그램 실천 및 평가 기술, 의사소통 기술, 부모와 전문가 참여 기술, 창의성, 융통성, 교재 · 교구의 제작 및 활용 기술을, 그리고 교육관 영역으로는 교육에 대한 소명감, 직업윤리, 전문성 함양의 노력 등을 제시하였다.

① 영유아 발달에 대한 전문적인 지식

영유아의 성장과 발달에 관한 체계적인 지식으로 보육교사가 가장 먼저 갖추어야 할 지식이다. 영유아 발달에 대한 관점, 이론, 발달 단계에 따른 지식은 영유아를 이해하고 효과적으로 상호작용을 하여, 영유아의 성장과 발달을 촉진하는 중요한 요소이다.

② 보육과정에 대한 지식

보육교사는 보육 프로그램을 계획하는 능력, 보육활동을 조직하고 수행하는 능력, 보육활동을 선택하고 적절한 교수방법과 매체를 이용하여 수행하는 능력, 적절한 보육환경을 구성하는 능력, 교수-학습과정에서 필요한 교재나 교구를 제작하고 효과적으로 활용할 수 있는 능력 등을 갖추고 있어야 한다.

③ 교사 윤리

보육교사의 윤리에는 영유아의 개인차를 존중하고 인격적으로 대우하고, 편애하지 않는 태도를 포함하고 있으며, 교직에 대한 긍지와 전문직 종사자로서 부단한 노력의 자세가 필요하다.

3) 보육교사의 직무

보육교사의 직무는 어린이집에서 수행해야 할 업무를 말한다. 「영유아보육법」 제18조 제2항에 "보육교사는 영유아를 보육하고 어린이집의 원장이 불가피한 사유로 직무를 수행할 수 없을 때는 그 직무를 대행한다."라고 규정되어 있다. 보육교사의 직무 영역과 직무 내용을 정리해 보면 〈표 1-4〉와 같다(강문숙 · 황해익, 2008).

〈표 1-4〉 보육교사의 직무 영역과 직무 내용

직무 영역	직무 내용
보육활동 준비	연간 · 월간 · 주간 · 일일 보육계획, 현장학습 계획, 교재 · 교구 제작, 교재 · 교구 보수 및 정리, 주제에 따라 흥미 영역 구성, 흥미 영역 외 교실환경 구성, 교실 외 환경 구성, 실외 흥미 영역 구성, 수업준비를 위한 정보 검색, 보육자료 준비 및 점검, 개별 수준에 따라 수업자료 수정, 다른 교사와 수업에 관해 협의, 학급 내 교사 간 역할 분담, 공동시설 사용 협의
보육활동 실제	실내 놀이 계획, 실외 놀이 활동 및 평가, 발달과 수준에 따른 개별 지도, 바른 인사방법 지도, 자기 물건 · 놀잇감 정리 지도, 바른 언어사용 지도, 차례 지키기, 아껴 쓰기, 부적응 행동 관리, 친사회적 행동 격려, 영유아의 독립성 격려, 영양교육, 급 · 간식 준비 및 도우미 지도, 화장실 사용, 귀가 지도, 영유아 간 상호작용 격려, 개별 유아와 긍정적 상호작용, 대집단 활동 운영, 소집단 활동 운영, 전이 활동, 특기교육, 학기 초 영유아 오리엔테이션 진행, 현장학습 지도
보육활동 평가	표준화 검사, 놀이 관찰 기록, 흥미 영역 평가, 영유아 포트폴리오 제작 및 분석, 영유아와 일과 평가, 수업에 대한 저널 쓰기, 학급 운영 평가 기록, 다른 교사와 보육과정 운영 평가, 평가척도를 이용한 프로그램 평가, 프로그램에 대한 부모 의견 수렴, 평가결과 반영
전문성 신장	원내 연수 참여, 외부 연수 참여, 외부 수업 및 시설 참관, 영유아 보육박람회 참관, 연구회 활동, 신입교사 오리엔테이션 진행, 교생 지도, 동료 장학 실시 및 받기, 자기 장학, 교사윤리 실천, 교사 법적 권리와 의무 이행, 구성원 협동
영유아 보호 관련 업무	영유아 건강검진 계획 세우기, 교사 건강검진 받기, 적절한 휴식 지도, 식단 짜기, 영유아 씻기기, 기저귀 갈아 주기, 배변 처리하기, 실내온도 · 습도 · 채광 · 조도 조절, 영유아 개인용품 청결 관리, 놀잇감 청결 유지, 교실 청소, 교실 외 시설 청소, 아픈 영유아 간호, 영유아 안전교육 받기, 원내 안전규칙 세우기, 위험물에 대한 안전관리, 안전점검 기록부 관리, 차량 탑승 안전지도, 영유아 안전 관련 보험가입, 아동학대 징후 살피기, 응급상황 시 역할분담 계획, 응급상황 훈련, 응급상황 대비 부모동의서 받기, 응급 시 의료처치 부모동의서 받기, 응급처치하기, 사고 시 적법절차 따르기

직무 영역	직무 내용
학부모 관련 업무	부모-교사 협의회, 학부모와 수시로 정보 교환, 학부모 지원 요청, 학부모 상담, 부모참여수업, 부모 간 교류 제공, 지역사회자원에 대한 정보 제공, 다양한 방법으로 가족 지원
행사 관련 업무	행사 계획하기, 행사준비 위한 정보 수집하기, 행사 역할 분담하기, 행사 진행하기, 행사 뒷정리하기
사무 관련 업무	보육과정 운영문서 작성, 원아관리 문서 작성, 교원관리 문서 작성, 재무관리 문서 작성, 보건복지부 요청자료 작성, 각종 보고서 작성, 각종 문서관리, 회의록 관리, 각종 신청서 관리, 공문 처리, 유인물 제작 및 발송, 전언 통신, 제증명 발급, 우편물 확인, 예금 관련 업무, 사진 관련 업무, 회계 관련 업무, 당직, 재고 조사, 물품구매 계획, 물품구매, 원아모집 관련 업무, 홈페이지 관리, 학급 편성, 차량노선 편성
시설 관련 업무	실내외 안전점검 의뢰, 실내 시설 안전점검, 실외 시설 안전점검, 실내 소독 계획 및 의뢰, 기자재 바른 사용법 익히기, 기자재 점검, 기자재 보수
대인관계 및 사회적인 업무	교사 친목 및 경조 활동 참여, 상사 업무 보조하기, 손님 및 상사 접대하기, 졸업생 관리하기, 지역사회행사 참여하기

6 보육실습의 효과

보육교사의 역량은 교사가 받은 교사 양성교육의 질을 크게 벗어날 수 없으며, 교사 양성교육 가운데 실습과목은 현장 및 실제에 대한 생생한 경험 때문에 교직에 대한 인식과 태도, 행동 등에 직접적인 영향을 미친다. 이러한 보육실습에 긍정적 또는 부정적 영향을 미치는 요인은 실습 시 접촉한 사람들, 실습 프로그램, 실습어린이집 시설의 특징 및 환경 요인으로 나눌 수 있다. 부정적인 영향을 줄이려는 방법으로 적절한 실습어린이집을 선정하여 실습생들이 교재 · 교구 만들기, 청소하기, 잡무 보조와 같이 소모적인 활동으로 시간을 보내지 않도록 하며, 실습생과 지도교사, 그리고 학교(양성기관) 간의 긴밀한 협조 체제를 이루어 보육실습이 계획적이고 체계적으로 이루어지도록 해야 한다.

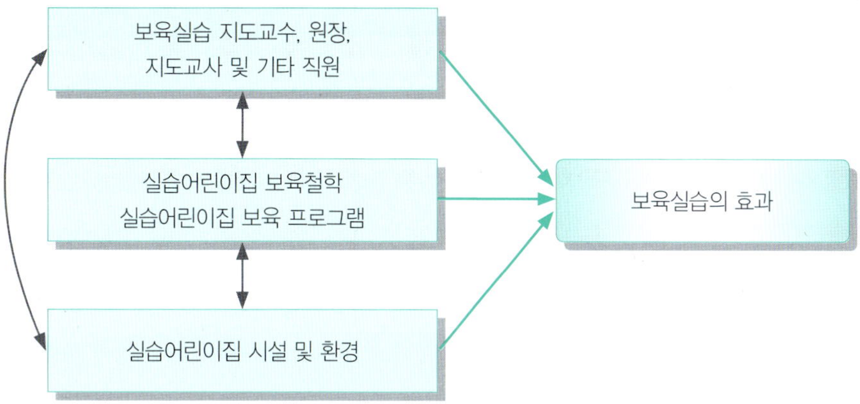

[그림 1-3] 보육실습의 효과에 영향을 미치는 요인

보육실습의 긍정적 효과

- 영유아기 및 영유아를 바르게 판단하고 이해하는 능력 향상
- 수용적이고 비편견적 태도와 문제를 가진 영유아를 수용하고 문제를 해결하는 능력 향상
- 개인차를 인정하는 태도와 민주적인 학급 운영 태도 증가
- 교수 준비도 및 신중한 교수 태도의 증가
- 교수방법의 정교화와 능숙화 및 영유아의 학습 동기 유발 능력의 향상
- 영유아 중심의 교수방법 선호 및 교수방법에 대한 정확한 평가 능력의 향상

보육실습의 부정적 효과

- 보육교사직에 대한 심적 갈등과 영유아에 관한 관점의 변화
- 권위적이고 관료적인 태도 및 현실적이고 안이한 태도 증가
- 실습 이전에는 바람직하지 않다고 생각하던 교수방법의 사용 증가 및 집단적이고 획일적인 활동 선호
- 실습 기간에 경험한 것들을 실제 현장의 전부로 확대 인식

쉬어가기 미국 청교도 시인 헨리 반 다이크(Henry Van Dyke, 1852~1933)의 '무명 교사에게'라는 교사 예찬사

나는 무명교사를 예찬하는 노래를 부르노라. 전투를 이기는 것은 위대한 장군이로되, 전쟁에 승리를 가져오는 것은 무명의 병사로다. 새로운 교육제도를 만드는 것은 이름 높은 교육자이로되, 젊은이를 올바르게 이끄는 것은 무명의 교사로다. 그가 사는 곳은 어두운 그늘, 역경을 당하되 달게 받도다.

그를 위하여 부는 나팔 없고, 그를 태우고자 기다리는 황금마차 없으며, 금빛 찬란한 훈장이 그 가슴을 장식하지 않도다. 묵묵히 어둠의 전선을 지키는 그 무지와 우매의 참호를 향하여 돌진하는 그이어니, 날마다 날마다 쉴 줄을 모르고 젊은이의 적인 악의 세력을 정복하고자 싸우며, 잠자고 있는 영혼을 일깨우도다. 게으른 자에게 생기를 불어넣어 주고, 하고자 하는 자를 고무하며 방황하는 자에게 안정을 주도다. 그는 스스로 학문하는 즐거움을 젊은이에게 전해 주며, 지극히 값진 정신적 보물을 젊은이들과 더불어 나누도다. 그가 켜는 수많은 촛불, 그 빛은 후일 그에게 되돌아와 그를 기쁘게 하나니, 이것이야말로 그가 받는 보상이로다. 지식은 책에서 배울 수 있으나 지식을 사랑하는 마음은 오직 따뜻한 인간적 접촉으로써만 얻을 수 있는 것이로다. 공화국을 두루 살피되 무명의 교사보다 예찬을 받아 마땅할 사람이 어디 있으랴! 민주 사회의 귀족인 반열에 오를 자, 그밖에 누구일 것인고. 자신의 임금이요, 인류의 머슴인저!

출처: 이형행(2007).

CHAPTER

02 보육실습의 준비 및 계획

PRACTICUM IN CHILD CARE & EDUCATION

1 대학 및 양성기관에서의 준비

2 보육실습어린이집에서의 준비

3 보육실습생의 준비 및 실습 지침

4 보육실습 평가

5 보육실습생이 알아야 할 어린이집에서의 건강 · 영양 · 안전

성공적인 보육실습을 위해서는 사전에 철저한 준비과정이 필수적으로 요청된다. 본 장에서는 대학 및 양성기관, 보육실습어린이집, 그리고 보육실습생 등 세 가지 차원에서의 준비와 계획 시 필요한 절차와 내용 등을 살펴본다.

보육실습에 대한 6주간 주별 계획과 전반적인 절차는 〈표 2-1〉과 [그림 2-1]로 제시한다.

〈표 2-1〉 보육실습을 위한 전체적인 계획 예시

주	내용
1주	① 실습생, 교직원, 원아와 상호 인사 ② 어린이집 현황에 대한 오리엔테이션 ③ 실습 계획 협의 ④ 수업 및 생활지도 참관 ⑤ 영유아 관찰
2주	① 수업 및 생활지도 참가 ② 학급교사 보조 및 협의 ③ 교재연구 및 시청각 교재 · 교구 계획 ④ 영유아 관찰
3주	① 수업 및 생활지도 참가 ② 학급교사 보조 및 협의 ③ 교재연구 및 시청각 교재 · 교구 계획 및 제작 ④ 영유아 관찰 및 영유아의 교우도 작성
4주	① 부분적인 실제 수업 및 평가 ② 부적응 영유아 지도 계획 작성 및 사례 연구 ③ 학급 경영 실습 ④ 실습 중간평가 및 반성
5주	① 부분적인 실제 수업 및 평가 ② 부적응 영유아 지도 계획 작성 및 사례 연구 ③ 학급 경영 실습 ④ 전일제 보육활동 계획안 및 실습일지 작성 점검
6주	① 전일제 보육활동 실습 ② 연구수업 실시 및 평가 ③ 보육교사로서의 자질 토의 ④ 실습 총 평가

보육실습의 시기와 방법의 결정

↓

보육실습생의 보육실습어린이집 배정

↓

보육실습어린이집 선정

↓

서류작성 및 발송

↓

보육실습생의 사전 교육

↓

보육실습생의 보육실습어린이집 사전 방문

↓

보육실습 실시

↓

지도교수의 보육실습어린이집 순회 방문

↓

보육실습의 평가 및 추후지도

[그림 2-1] 보육실습의 절차

1 대학 및 양성기관에서의 준비

1) 보육실습어린이집 선정

실습어린이집은 실습을 준비하는 학생 자신의 거주 지역과 희망하는 어린이집의 특성 등을 반영하여 고려해야 하며, 먼저 여러 지역의 어린이집에 대한 현황 파악이 우선되어야 한다. 중앙육아종합지원센터나 해당 관청의 보육 담당 관계자를 통해 인가된 어린이집의 유형과 규모, 어린이집 평가 여부, 학급 수와 원아 수, 위치와 연락처

등을 상세히 알 수 있다. 그 밖에 이전까지 실습해 온 선배들이나 졸업생들의 실습 평가 결과를 정보로 활용할 수 있다. 이를 통해 실습생이 희망하는 실습어린이집을 선정하고, 실습을 의뢰한 후 해당 어린이집으로부터의 회신을 통해 수락이 이루어지면 실습어린이집이 최종적으로 결정된다.

2) 보육실습 시기 및 방법

실습 시기는 대학 및 양성기관의 교육과정과 보육현장의 상황 등을 고려하여 결정해야만 한다. 기본적으로 보육실습과 관련된 교과목을 이수하고 영유아 관찰 및 사전실습 등을 실행한 이후에 실습해야만 예비보육교사로서 의미 있는 경험과 학습이 이루어질 수 있으며, 보육과 관계된 학문적 이론과 실제를 접목할 수 있을 것이다. 또한, 실습생의 편의를 위해 여름 및 겨울방학 동안 실습을 유도하기보다는 현장에서 일상적인 보육 일과가 이루어지는 4~6월 또는 9~11월을 선택하는 것이 더욱 바람직하다.

3) 서류작성 및 발송

실습 학기가 시작되면 실습하기 최소 2~3개월 전 사전 전화 작업과 어린이집 방문, 공문 발송 등의 절차를 통해 공식적인 실습 협력을 요청한다.

준비해야 할 서류

- 사전 협조공문 및 실습어린이집 명단
- 실습 협조공문
- 실습생 신상소개서
- 실습 지도 수당/영수증: 실습생 수×지도 수당
- 실습생 평가서
- 실습 결과보고서
- 실습 지도 계획서

4) 보육실습생 사전 지도

대학 및 양성기관에서의 실습생 사전 지도는 보육실습이 시작되기 약 1~2주일 전에 이루어지는 것이 효과적이다. 이때 어린이집에 보내는 실습 관련 서류들을 실습생에게 배부한다. 사전 지도의 내용으로는 실습 기간 중 실습생이 지녀야 할 태도, 실습생의 역할 및 과제, 현장의 구체적인 상황, 보육실습의 목표, 실습일지의 작성 방법 등이 포함된다.

5) 보육실습생의 보육실습어린이집 사전 방문

실습생은 실습 시작일 이전에 실습 배정을 받은 어린이집에 사전 방문을 하여 전반적인 시설과 어린이집의 특징을 파악하고, 원장과 지도교사 등을 만나 미리 준비해야 할 사항을 점검한다. 사전 방문을 통해 알아 두어야 할 사항은 다음과 같다(류진희, 2000).

① 실습어린이집의 위치와 교통편 확인(위치, 자기 집과의 거리, 교통편, 출근해야 할 시간대의 소요시간)
② 원장, 지도교사의 성명과 대체적인 개인사항
③ 실습어린이집의 연혁, 보육 목표, 보육 방법, 수업시간, 시설 규모, 학급 수, 원아 수 및 교직원 수
④ 담당 학급 구성(연령, 인원수, 남녀별 영유아 수, 영유아의 이름과 얼굴 외우기, 간단한 특기사항 메모)
⑤ 실습어린이집의 주변 환경
⑥ 보육계획안에 따른 보육활동의 범위
⑦ 실습할 학급에서 실습 전에 이루어진 생활주제 및 활동 점검

6) 지도교수의 보육실습어린이집 방문

실습생의 보육실습 중 지도교수의 방문은 여러 가지 의미에서 중요한 의미를 지닌다. 즉, 지도교사에게 실습생의 배경 및 재능, 보육실습의 준비 상태 등을 알려 주어 지도교사를 도울 수 있으며, 지도교사는 기관의 상황, 실습생의 현장실습 상황 등을 지도교수에게 알려 주어 서로 간에 협력적인 실습 지도가 이루어질 수 있다. 또한, 이러한 과정은 실습이 종료된 후 평가 및 추후지도에 중요한 정보로 활용할 수 있다. 다음은 지도교수의 실습어린이집 방문 시 준비해야 할 사항이다(이소희 외, 2006).

① 방문 실습어린이집 선정 원칙

- 실습생 인원이 많은 곳을 우선 선정

② 방문 일정 수립

③ 사전 방문 연락

- 방문 전에 각 어린이집에 전화를 하여 사전 약속

④ 방문 시 할 일

- 실습생의 실습활동 관찰
- 지도교사로부터 실습생 실습 현황과 지도상의 문제 경청
- 실습어린이집 원장이나 지도교사와 이야기를 나눈 뒤 실습을 위해 토의되어야 할 내용을 기록
- 실습어린이집 선정과 절차에 관한 설명
- 지도교수의 실습어린이집 방문과정 설명
- 방문 실습어린이집의 선정 원칙을 간단하게 설명하여, 방문하지 않은 어린이집에 오해가 없도록 함
- 내년도 현장실습 협조 요청
- 실습어린이집의 협조 정도와 보육환경의 질적 요건을 고려하여 상 · 중 · 하로 평정

⑤ 실습어린이집 방문 결과 토의 모임

- 실습어린이집 방문이 끝난 후, 실습 방문 결과에 대한 토의 모임을 가짐

2 보육실습어린이집에서의 준비

1) 사전 지도 계획

실습어린이집의 원장이나 교사들은 앞으로 보육교사가 될 인재를 양성한다는 관점을 가지고 더욱 긍정적이며 적극적으로 실습 지도에 임해야 한다. 6주간에 걸쳐 지도해야 할 계획을 구체적으로 살펴보면 다음과 같다.

① 제1주

- 보육실습어린이집 및 보육실습에 대한 전체적인 오리엔테이션
- 수업관찰을 충분히 할 수 있는 자료와 시간 제공(영유아 관찰 · 기록 후 피드백 하기)
- 영유아를 대하는 자세와 언어사용 지도
- 환경 구성 및 정리 지도

② 제2주

- 영유아 관찰 및 기록
- 지도교사 수업보조: 수업 및 놀이와 생활지도 참여 지도
- 교재 · 교구 제작, 환경 구성 및 정리 지도
- 활동계획안 작성 및 제출과 그에 따른 피드백 제공

③ 제3주

- 영유아 관찰 및 기록
- 부분수업과 연계수업 실시 및 평가
- 교재 · 교구 제작, 환경 구성 및 정리 지도

④ 제4주

- 부분수업과 연계수업 실시 및 평가
- 교재 · 교구 제작, 환경 구성 및 정리 지도
- 학급 운영 전반에 관한 이해: 영유아, 교직원, 학부모, 지역사회 이해

⑤ 제5주

- 부분수업과 연계수업 실시 및 평가
- 교재 · 교구 제작, 환경 구성 및 정리 지도
- 영유아와의 상호작용에 대한 조언 및 평가

⑥ 제6주

- 부분수업과 전일수업 실시 및 평가
- 영유아 관찰 및 기록
- 보육실습 총 평가

2) 사전 지도 내용

의미 있는 실습을 위해 실습어린이집에서는 실습이 시작되기 전에 지도할 내용을 미리 선정하는 것이 요구되는데, 구체적인 내용은 〈표 2-2〉와 같다.

〈표 2-2〉 실습어린이집에서의 사전 지도 내용

항목	내용
실습어린이집의 보육방침	연혁, 보육이념
	연간 보육계획안
시설 · 설비	실습어린이집 건물 배치도
	시설 · 설비, 비품에 대한 설명 및 사용 규칙
교직원	교직원 명단과 소개
	교직원 조직도

항목	내용
학급 및 영유아	전체 학급 편성표
	학급별 실습생 배정
	배정 학급 영유아 명단과 간단한 특징
	배정 학급 운영방법
	배정 학급 보육계획안
	일과 계획
실습 일정 및 실습생의 역할	실습 일정표
	실습생 지도방침
	실습생의 역할과 책임
	실습생의 근무상 유의사항(출 · 퇴근 시간, 복장, 말씨, 태도, 점심)
	실습생 평가방법

출처: 이선경 · 이은정(2007).

사전 준비 자료(실습어린이집)

- 어린이집의 건물 배치도 및 평면도
- 어린이집의 설립 목적, 연혁, 교육철학, 원훈
- 생활기록부
- 영유아 행동발달 관찰기록지
- 실습생 출근부
- 연간 부모교육 계획
- 보육교직원 명단
- 어린이집 일과표
- 어린이집의 연간 행사 일정표
- 학급 편성 현황표
- 보육실습 일정표
- 보육실습생 지도방침
- 보육실습생의 준수사항 및 유의사항
- 주간 보육계획안, 월간 보육계획안, 연간 보육계획안

3) 보육실습어린이집 원장의 역할

보육실습과 관련하여 원장은 대학 또는 양성기관 측과 공동 협의하에 실습이 원활히 이루어지도록 지도와 감독 및 평가에서 총괄적인 감독의 역할을 수행하게 된다. 구체적인 역할은 다음과 같다.

① 실습에 대한 전반적인 계획과 분위기 형성

대학 또는 양성기관 측과 실습 계획을 협의하여 실습이 적절히 진행될 수 있도록 체계적인 계획을 세운다. 또한, 실습생이 잘 적응할 수 있게 어린이집 분위기를 온정적이고 민주적으로 만들고, 지도교사와 실습생 간의 관계를 원만히 유지할 수 있도록 돕는다.

② 지도교사 선정

실습과 관련한 원장의 가장 중요한 역할은 지도교사 선정에 있다. 보육에 경험이 풍부하며, 인격적으로 성숙하고, 열성적으로 실습생을 지도할 수 있는 유능한 교사를 지도교사로 선정해야 한다.

③ 사전 교육 실시

실습생이 알아야 할 사항이나 전체적인 실습 지침, 인적사항, 근무 요령 등을 사전 교육을 통해 이해시킴으로써 빠른 시일 내에 어린이집에 적응하여 실습의 효과를 높이게 한다. 원장이 실시해야 하는 사전 교육의 내용은 다음과 같다.

- 어린이집 교직원 전원 소개
- 실습반 배정과 지도교사 소개
- 어린이집 시설과 자료
- 어린이집 보육방침 및 보육 프로그램
- 실습 지도 계획 및 실습 지침
- 출 · 퇴근 시간 및 구체적인 근무 요령
- 실습생의 복장 및 태도
- 지역사회의 특징과 해당 영유아의 특징 및 가정환경, 학부모 특성 소개

④ 실습생 지도와 평가

원장은 실습생과 지도교사에 대한 정확한 평가를 통해 바람직한 방향을 제시해야 한다. 지도교사가 더욱 열의를 가지고 실습생을 지도할 수 있게 하며, 과정을 감독하여야 한다. 실습일지에 대한 점검을 주중에 한 번 이상 하거나 직접적인 대화를 실습생과 나누면서, 실습생이 느끼는 어려움은 없는지, 지도교사의 어려움은 무엇인지를 파악하여 조언한다. 실습 중과 실습 종결 시 대학의 지도교수와 지도교사의 협의를 통해 실습에 대한 전반적인 평가를 공동으로 진행한다.

4) 보육실습 지도교사의 역할

지도교사가 실습 기간에 실습생에게 미치는 영향력은 매우 크다. 따라서 지도교사는 실습 지도를 유능하게 수행할 만한 능력과 태도를 겸비하여야 한다. 즉, 보육전문가로서 사명감과 보육의 이론과 실제를 연결할 수 있는 능력과 함께 교직에 대한 전문지식을 가지고 있어야 한다. 이를 고려하여 지도교사의 자격 기준은 보육교사 1급 이상에 해당하는 현장 경력과 교육 경력이 있는 자로 규정하고 있다. 지도교사가 보육실습을 위하여 수행해야 할 역할을 구체적으로 살펴보면 다음과 같다.

① 실습생을 편안하고 따뜻하게 대한다

지도교사는 실습생에게 칭찬과 지지 등을 통하여 긍정적인 정서 지원을 해 주어야 한다. 낯선 현장에서 실습한다는 것만으로도 실습생은 많은 스트레스와 갈등을 느낄 수 있는 정서적 상태에 놓여 있다. 따라서 지도교사의 작은 관심과 배려가 실습생에게는 큰 힘으로 작용하여 효과적인 실습의 기초가 된다.

② 실습생에게 필요한 정보를 충분히 주어 현장을 이해하는 데 어려움이 없도록 한다

실습생에게 어린이집의 현황과 특이사항, 실습 지침, 해당 학급 운영 전반에 관한 정보, 학급 영유아 발달을 이해하는 데 필요한 설명을 충분히 하여 현장에 대한 적응력과 친근감을 빠른 시일 내에 형성할 수 있게 한다.

③ 효과적인 영유아와의 상호작용자로서 시범을 보여 준다

보육교사의 전문성은 영유아와의 상호작용의 질에 달려 있다 해도 과언이 아니다. 실제로도 실습생이 가장 어려워하는 부분 중 하나는 영유아와의 상호작용이기 때문에 지도교사는 수업시간이나 행동 지도 시 바람직한 영유아와의 상호작용을 보여 주어 실습생이 교사로서 반드시 익혀야 하는 적절한 상호작용 기술을 터득하게 도와주어야 한다.

④ 실습생에게 교사로서 갖추어야 할 능력과 태도, 대인관계 기술 등의 시범을 보인다

지도교사는 실습생을 포함하여 교직원, 영유아, 지역사회 인사, 학부모들과의 관계에서 친절하고 진실한 모습을 보여 주는 동시에 지적 · 정서적 안정감과 품위를 유지해야 한다. 이러한 이미지는 실습생이 바람직한 교사상을 형성하는 데 도움을 줄 수 있으며, 교직을 수행하면서 필요한 학문적 이론과 새로운 교수법, 프로그램 개발 등에 관심을 가지고 탐구하는 자세를 보여 주어야 한다.

⑤ 실습생의 행동을 관찰하여 기록·정리·평가하고 지도한다

실습생의 일상적인 언어 사용이나 영유아를 대하는 태도, 성실성 등을 관찰하여 미성숙한 점과 부족한 점에 대해 꼼꼼히 평가하고 지도해 준다. 이를 통해 보육교사로서 필요한 개인적인 자질을 익힐 기회를 준다.

⑥ 실습생의 참여수업에 대해 계획·준비부터 결과까지 구체적인 평가를 한다

실습생이 참여하는 부분수업, 연계수업, 전일수업 등에 대해 보육계획안 작성부터 해당하는 교재 · 교구 제작방법과 수업진행 방식, 영유아의 반응 등에 대해 구체적으로 평가하여 의미 있는 피드백을 제공한다. 학습목표를 제대로 설정했는지, 적절한 학습내용과 교수방법을 채택했는지, 활용된 시청각 교재 · 교구는 흥미롭고 교육적 가치가 있는지, 예기치 않은 영유아의 반응에 적절히 대처하였는지, 영유아들의 독특한 특성은 반영하였는지 등을 평가하고 조언한다.

지도교사의 역할을 실습 계획, 지도, 평가로 구분하여 살펴보면 〈표 2-3〉과 같다.

〈표 2-3〉 지도교사의 단계별 역할

구분	역할
실습 계획 시	• 대학(양성기관)의 교사 양성 목표, 실습어린이집의 여건을 고려하여 실습 지도교수와 지도교사가 실습의 내용 및 과정 등을 계획한다.
실습 지도 시	• 교사의 역할에 대한 시범을 보여 준다. • 보육계획안을 검토하고 수정한다. • 일과 진행 시 적절한 도움을 준다.
실습 결과 평가 시	• 실습이 진행되는 동안 관찰한 예비교사의 행동, 태도 등과 제출한 과제물을 토대로 평가한다.

출처: 문혁준 · 백혜리 · 김정희 · 김혜연 · 김민희(2012).

3 보육실습생의 준비 및 실습 지침

1) 보육실습 관련인 역할 이해

(1) 영유아 이해

실습생은 실습 기간에 자신과 생활해야 하는 영유아를 잘 이해해야 한다. 해당 영유아들의 신체적 · 심리적 · 사회적 발달과 요구를 제대로 파악해야 적절한 지도를 할 수 있다. 또한, 관련 과목의 이론을 다시 검토하고 숙지하는 것은 영유아 이해에 도움을 줄 수 있다. 영유아는 선천적으로 새로운 것에 관한 호기심이 크며, 실습생도 그 대상이 될 수 있다. 담임교사에게 느낄 수 없는 실습생만의 신선함, 적극적이며 친절한 자세, 열정이 영유아에게 인기를 끌 수 있는 요소로 작용하는 것이다. 실제로 영유아 앞에서 실습생은 교사의 신분으로 역할을 수행한다. 실습생은 영유아에게 최대한 친절히 잘 대해 주고 싶은 심리 상태에 있으므로, 해당 영유아의 요구를 잘 들어 주며 영유아도 실습생을 잘 따르는 경향이 있다. 이때 실습생은 전체 영유아를 관찰하고 편애하지 말아야 하며, 지도교사의 영역을 침해하면서까지 영유아와 절친한 관계를 갖는 것은 삼가야 한다.

(2) 지도교사 이해

실습생은 영유아 앞에서는 교사의 모습으로 존재하지만 지도교사 앞에서는 배우는 학생임을 잊지 말아야 한다. 지도교사는 학교(양성기관)의 지도교수를 대리하는 교육자이다. 실습생은 지도교사의 현장 경험을 통하여 얻은 지식과 실제를 진지하게 배워야 한다. 이를 위해서는 늘 진지하고 개방된 자세로 지도교사와 상의하고 조언을 구해야 한다. 한편, 실습생은 지도교사에게서 일방적으로 지도받는 것만은 아니다. 어떤 경우에는 실습생이 대학이나 양성기관에서 최신의 전문 지식과 정보를 확보하였기 때문에 지도교사에게 부분적인 조언과 정보를 제공해 줄 수도 있다.

(3) 학부모 이해

학부모는 어린이집에서 보면 수요자라 할 수 있는데, 영유아를 등·하원시킬 때나 그 외의 일로 어린이집을 방문할 때 쉽게 마주칠 수 있다. 이때 실습생은 학부모에게 친절하고 정중히 대해야 한다. 단, 학부모와 실습생이 직접적인 접촉을 하는 것은 바람직하지 않다. 따라서 학부모와의 대화는 가급적 삼가고 도움을 요청하거나 질문을 할 때도 가능한 한 지도교사에게 요청하도록 하며, 다급한 상황에서는 일을 처리하되 이후에 결과를 지도교사에게 꼭 보고하도록 한다.

(4) 지역사회 이해

지역사회는 어린이집에 직·간접적인 영향을 미치는 중요한 자원으로 지역의 특성에 따라 사회문화적 기반이 다르므로 보육의 목적에서부터 프로그램에 이르기까지 많은 연관성을 가진다.

실습생은 어린이집과 관련된 지역사회의 다음과 같은 사항을 파악해야 한다(이소희 외, 2006).

- 지역사회 안에서 어린이집의 지위와 어린이집에 대한 지역사회의 태도
- 어린이집이 위치한 지역주민의 생계유지 형태
- 지역사회의 행정조직 형태
- 다른 지역과의 비교를 통한 두드러진 차이점
- 영유아를 위한 지역 문화시설
- 지역사회 형성에 대한 역사적 배경
- 지역사회 내의 교육 자원(유적지, 관공서, 자원 인사 등)
- 지역주민의 보육에 대한 인식
- 어린이집 원아 부모의 사회경제적인 지위 및 보육에 관한 관심

(5) 지도교수 이해

지도교수는 실습과목을 직접 담당하는 교수와 현장방문을 하는 교수가 있다. 강의 담당교수는 실습준비 교육과 실습 기간에 어린이집과의 연계·협조와 실습 종결 후 실습 평가를 진행한다. 현장방문 교수는 학과에서 실습어린이집을 분담하여 실습 기간에 어린이집을 방문해 원장 및 지도교사를 면담하고 실습생을 만나 현장의 상황을 지도하고 점검하는 역할을 수행한다. 실습생은 어린이집에 교수가 방문했을 때, 실습 상황을 간략하게 보고하며, 어려운 점에 대해서 상의하고 조언을 구할 기회로 삼는다. 이때 교수가 있다고 해서 근무 장소를 이탈하거나 시간을 함부로 사용해서는 안 되며, 지도교사의 배려 아래 교수와 개별적인 만남을 가지는 것이 필요하다.

2) 보육실습 지침

(1) 기본적인 근무지침

- 실습어린이집의 보육방침에 따르고 이에 적극적인 협력을 한다.
- 무단으로 결근, 조퇴, 외출, 지각을 해서는 안 된다. 불가피한 경우에는 사전에 사유서를 제출하고 허락을 받는다.

- 출 · 퇴근 시간을 준수하며, 지도교사보다 먼저 출근하고 나중에 퇴근한다는 자세를 지닌다.
- 실습생은 배우는 자로서 예의를 갖춘다.
- 실습어린이집의 비밀, 지도교사 등 교직원의 사적인 내용, 영유아와 그들 가정에 대한 사항을 외부에 이야기하여서는 안 된다.
- 실습 기간에 보육교사로서의 품위를 지킨다.
- 실습생은 서로를 존중하며 좋은 실습 결과를 위해 협력하는 자세를 지닌다.
- 실습어린이집의 서류, 기자재, 재료 등을 사용하고자 할 때 담당자의 허가를 받은 후 사용하며, 사용 후에는 즉시 제자리에 반납한다.

(2) 근무태도

- 교사로서 요구되는 바람직한 인간성을 갖도록 노력한다. 명랑하고 즐겁게 사람을 대할 줄 알아야 하며, 지적 · 정서적인 안정을 유지해야 한다. 무엇보다 책임감과 성실함을 지니고, 긍정적이며 능동적인 자세를 갖추어야 한다. 타인의 충고와 제안에 대해 존중하는 태도가 필요하다.
- 실습 중의 실패는 긍정적으로 생각한다. 그때마다 지도교사와 대화하고 조언을 받아, 다음 날 실습에 도움이 되도록 마음을 가다듬는 것이 필요하다. 설령, 잘하지 못해도 위축되지 않도록 자신감을 유지한다.
- 목적의식을 가지고 적극적으로 행동한다. 실습의 과제를 명확하게 하여 의욕적으로 행동한다. 모르는 것이 있을 때는 미루지 말고 그때마다 지도교사에게 진지한 태도로 질문하여 해결하도록 한다.
- 실습생으로서의 입장 및 역할을 상기한다. 실습생은 자신의 대학이나 양성기관을 대표한다는 생각을 갖고 신중히 행동해야 한다.
- 자신의 건강관리에 신경을 써야 한다. 실습 기간에는 평소와는 다르게 심신의 피로가 누적될 수 있고 스트레스로 인한 감정의 기복이 심해질 수 있다. 따라서 건강을 유지하기 위한 시간 관리와 생활습관을 형성하는 것이 바람직하다.

- 회의 시에는 반드시 필기한다. 전체 회의 또는 원장님이나 지도교사의 개별적인 지도나 지시사항이 있을 때는 자세히 메모하여 끝난 후에 반복하여 질문하지 않도록 한다.
- 매일 작성하는 실습일지는 정확하고 구체적으로 기록한다. 그날그날에 작성하는 것을 원칙으로 하며, 그 내용을 지도교사에게 점검받는다. 글씨는 정성 들여 써야 하며 오자나 탈자가 없도록 주의한다.
- 음성과 화술 면에서는 명확하고 부드러운 음성과 적절한 억양을 사용한다. 대화 내용의 전후 연결이 정확하고 자연스러워야 한다. 되도록 표준말을 사용하고, 낱말 하나하나가 명확해야 한다.
- 적절한 어휘를 사용해야 한다. 자연스럽게 말해야 하며, 바람직한 관용구를 사용한다. 비속어나 잠시 유행하는 말, 줄임말 등을 삼가고 알맞은 말과 좋은 말을 써야 한다.
- 학습 지도를 위한 준비를 성실히 한다. 다양한 학습 지도방법을 알고, 학습과 관계된 개별 영유아의 요구를 파악한다. 학습 지도의 준비계획, 학습내용, 활동, 시청각 자료에 대해 자세히 알고 있어야 한다.
- 실습 중의 복장은 활동하기 편한 것이어야 하며, 청결해야 하고, 화장이나 머리 모양, 손톱 등은 단정히 해야 한다. 액세서리는 자제하는 것이 영유아와의 활동에 도움을 준다. 이 밖의 복장은 실습어린이집의 규칙과 분위기 등과 조화를 이루어야 한다.
- 실습생이 갖추어야 할 준비물은 어린이집의 방침에 따르며 기본적으로 앞치마, 이름표, 필기구, 순간 기록을 위한 카메라, 녹음기, 영유아에게 줄 간단한 선물 등이 있다.
- 상호 인간관계에 유의한다. 실습생과 지도교사, 실습생과 영유아와의 관계도 중요하지만, 특별히 실습생 상호 간의 보완적이며 협력적인 인간관계가 실습의 성패를 가르는 열쇠가 됨을 상기해야 한다. 이때 다른 학교 실습생과 같은 학급에서 지내게 될 때는 더욱 유의하고, 경쟁자이기보다는 협력자로서 관계를 유지한다.

- 근무시간 중에는 동료실습생과의 잡담이나 휴대전화 사용 등 사적인 행동은 하지 않는다.
- 실습생과 실습생 간, 실습생과 영유아 간, 실습생과 지도교사 간, 실습생과 그 밖의 보육교직원들 간에는 표준말과 존댓말을 사용하며 예의를 갖춘다.
- 필요한 인사는 생략하지 말고 꼭 한다. “고맙습니다.”, “안녕하세요.”, “실례하겠습니다.”, “죄송합니다.” 등 친절하고 상냥한 태도로 인사한다. 무언가 지시나 부탁을 받았을 때는 “예.”라고 대답하고 바로 행동으로 옮긴다. 업무가 끝나면 바로 보고하여 일을 깔끔하게 마무리한다.

(3) 영유아들과의 관계

- 영유아를 지도할 때 항상 사랑으로 대하며 본보기가 되는 생활태도를 지녀야 한다.
- 영유아와의 관계는 어디까지나 교육적이어야 하며, 특정한 영유아에 대한 편견이나 가정방문 등은 허용되지 않는다.
- 어떤 이유에서든 영유아에게 체벌을 가해서는 안 된다. 그 외의 어떤 벌도 지도교사와 상의해야 한다.
- 영유아의 이야기를 듣거나 이야기할 때는 다리를 구부려 영유아의 키 높이에 맞춘 자세로 이야기한다. 영유아가 말할 때는 눈을 보면서 진지하게 들어 준다.
- 영유아가 느끼고 있는 감정이나 상황을 있는 그대로 받아들인다. 자기 생각이나 감정을 표현할 때 이를 잘 파악하여 그 감정을 언어로 표현해 주며 반응해 준다.
- 영유아와 이야기할 때는 따뜻하고 부드러운 표정을 지어야 한다. 이는 효과적인 의사소통을 가져올 뿐 아니라 영유아와 긍정적인 관계를 형성하는 데에도 도움이 된다.
- 개별 영유아에 관해 잘 알아야 한다. 이름과 식습관 등의 체질, 장애아, 문제행동, 가정환경 등을 빠른 시간 내에 파악하여 그에 맞는 적절한 생활지도를 한다.
- 개별 영유아의 신체적 욕구를 파악하여 적절한 지도를 한다. 피곤해하거나 몸이

아플 경우 개별적인 도움을 주어야 한다. 간혹 놀이에 열중하여 오줌을 싸는 등의 실수를 하였을 경우 신속히 도와주어야 하며, 적당한 간격으로 화장실을 다녀오게끔 한다.

- 영유아가 무엇인가를 요구할 때는 무조건 허용하지 말고, 허용되는 일인지 아닌지를 정확히 판단하여 영유아가 알아들을 수 있게 의사표현을 분명히 한다. 영유아들은 지도교사보다 실습생을 더 편하게 생각하는 경향이 있으므로 불필요하거나 억지스러운 요구를 하는 경우가 있다. 이때 해도 되는 일과 해서는 안 되는 일을 명확히 구분하여 전달한다.
- 영유아의 개별적인 발달 수준을 고려한다. 영유아에게는 한 번에 한 가지만 지시하고, 지시할 때는 행동에 관련된 중요한 말을 먼저 한다. 영유아들에게 어떤 것을 요구할 때는 그렇게 해야 하는 이유를 논리적으로 설명하며 일관성을 유지하는 것이 바람직하다.
- 영유아들이 신체적인 싸움이 생겼을 때는 일단 제지하거나 그 상황에서 서로 격리해, 마음을 가라앉힐 수 있는 여유를 둔 다음 상황을 파악하고 해결하는 것이 좋다. 이때 직접 싸움을 해결하려고 하기보다는 중재자 관점에서 영유아들이 스스로 해결방안을 찾도록 유도한다. 또한, 지도교사와 상의하여 문제를 해결하는 것이 바람직하다.
- 지도교사의 행동과 수업방법, 영유아와의 상호작용 등을 세밀하게 관찰한다. 등원 시 지도교사가 학부모와 영유아를 어떻게 맞이하는지, 일상적인 생활지도는 어떻게 하는지, 수업 시 영유아의 반응을 어떻게 이끄는지 등을 파악하여 참여수업에 효과적으로 활용할 수 있다. 무엇보다 보육교사로서의 역할을 지도교사를 통하여 전체적으로 접해 볼 기회로 삼아, 이후 정교사로 근무하게 되었을 때 많은 도움이 되게 하는 것이 실습의 궁극적인 목표가 될 것이다.
- 실습생은 학급의 규칙과 약속을 가급적 빠른 시일 내에 익힌다. 모든 교사와 영유아가 교실에서 생활하는 방법은 다르다. 실습생이 기존의 규칙을 모르고 영유아에게 개입한다면 혼란을 가져올 수 있다. 실습생이 생각하기에 올바르지 않은 규칙이라도 일단 수용하면서 지도교사와 상의하는 게 바람직하다.

- 실습생은 자유선택활동 시간이나 바깥 놀이 시간에 다른 업무를 보거나 느리게 행동하지 않는다. 이 시간은 가장 활발한 활동이 이루어지는 때이므로 안전사고가 일어날 확률이 가장 높다. 항상 부지런히 관찰하고 언제든지 도와줄 준비를 해야 하며, 갑자기 일어나는 예기치 못한 사고에 대비할 수 있어야 한다.
- 자유선택활동 시간에 영유아들이 자율적이며 독립적인 놀이를 하도록 실습생의 지나친 개입은 삼간다. 영유아들이 교사와 상호작용하는 것도 교육적으로 의미가 있으나 또래 간의 상호작용을 통하여 여러 발달을 도울 기회가 된다. 무엇보다 놀이에 더 흥미롭게 몰입할 수 있으므로, 상황에 따라 적절하게 개입하도록 주의를 기울인다.
- 수업이 끝난 후 교실 정리시간이 되면 지도교사가 이야기하지 않아도 스스로 청소를 시작한다. 교실의 안전을 위해서는 위생적인 환경 유지가 필수적이다. 영유아가 모두 귀가하고 나면 실습생은 환기를 위해 창문을 열고, 청소를 시작한다. 이때 지도교사의 특별한 지시사항이 있으면 그에 맞게 정리한다. 또한, 평소에 지도교사가 미처 관리하지 못했던 부분까지 청소한다.

4 보육실습 평가

보육실습을 마친 후 대학 및 양성기관에서는 지도교수와 실습생이 함께 실습어린이집의 시설과 프로그램, 보육교사와의 인간관계, 실습 시 어려웠던 점, 실습 전후로 변화된 점, 대학 및 양성기관에 대한 건의사항 등을 고려하여 보육실습 평가회를 한다. 평가회를 통해 보육실습에 대한 구체적이고 실질적인 문제점을 찾아 개선 방안을 모색하도록 한다.

쉬어가기 보육실습생의 윤리규정

- 신체적 · 정신적 · 사회적으로 건강해야 한다.
- 영유아를 존중하고, 있는 그대로 수용해야 한다.
- 영유아를 돌보고 지도하는 것을 즐거워하며 인내심과 참을성이 있어야 한다.
- 지도교사에게는 물론, 보육실습생 상호 간에 존중하고 예절을 지킨다.
- 특정 영유아를 편애하거나 처벌 및 상벌을 하지 않는다.
- 학부모와 개인적인 관계를 갖지 않는다.
- 영유아의 신상과 관련된 사항(주민등록번호, 가정사, 질병 등)을 밖으로 유출하지 않는다.
- 실습어린이집의 내부 정보를 밖으로 유출하지 않는다.
- 실습어린이집의 물품을 함부로 다루지 않으며, 개인적 용도로 사용하지 않는다.

5 보육실습생이 알아야 할 어린이집에서의 건강·영양·안전

1) 건강

영유아기는 일생에서 신체 발달이 가장 급격하게 이루어지고 평생의 건강에 중대한 영향을 미치는 결정적 시기이다. 특히, 영유아는 면역계의 불완전한 발달로 인하여 감염성 질환에 대한 감수성이 높으며, 자신의 건강 문제를 확인하고 능동적으로 대처하는 능력이 부족하기 때문에 질병과 각종 사고의 위험에 노출되기 쉽다. 또한, 영유아기에는 건강에 대한 지각, 신념, 가치를 비롯한 건강 생활태도와 습관이 형성되기 시작하는데, 이는 이후의 아동기, 성인기의 건강에까지 큰 영향을 미쳐 일생의 건강을 좌우하게 된다. 따라서 교사는 영유아의 건강상태를 점검하여 질병을 조기에 발견하고 적절히 관리함으로써 일상생활을 건강하게 보낼 수 있는 기반을 마련해 주고, 건강 지도를 통하여 올바른 건강 생활태도와 습관을 지니도록 도와주어야 한다.

(1) 건강관리

건강관리는 영유아가 신체적 · 정서적으로 건강한 생활을 하여 최적의 성장 · 발달을 이루도록 하는 데 목적이 있다. 이를 위하여 교사는 영유아의 건강상태를 파악하고, 질병 예방에 필요한 일을 실천할 뿐 아니라 아프거나 심리적 결핍을 느끼는 영유아에게 적절한 의료적 조치와 따뜻한 보살핌을 제공하고, 실내외 환경을 위생적으로 관리하며, 규칙적인 생활 및 건강습관에 대해 지도하여야 한다. 구체적으로 살펴보면 다음과 같다.

- 교사는 영유아 개개인의 신체적 건강, 정서적 상태 등 전체적인 건강상태를 파악해야 한다. 즉, 개별 영유아의 건강상태에 대한 정보를 보호자로부터 수집하고, 매일 영유아의 건강상태를 관찰하며, 정기적으로 건강검진을 하여 그 결과를 기록해야 한다.
- 교사는 영유아의 발달, 습관, 일상을 포함한 영유아의 건강 정보를 수집하고, 필요할 때 참고할 수 있도록 잘 정리해 두어야 한다. 이러한 정보는 영유아의 건강에 관한 문제점의 조기 발견과 적절한 대응을 할 수 있게 한다.
- 교사는 영유아의 등 · 하원 시와 일과 활동이 진행되는 동안에 관찰을 통하여 영유아의 기분과 건강상태를 살펴야 한다. 이를 통해 영유아의 신체에 나타나는 이상 여부를 신속하게 발견하고 적절한 치료를 받도록 함으로써 질병이 악화되는 것을 방지하고 전염병을 예방할 수 있다.

쉬어가기 일일 건강 관찰 사항

- 인사를 명랑하게 하는가?
- 기운이 있어 보이는가?
- 무표정하거나 우울해 보이는가?
- 얼굴이 창백해 보이는가?
- 감기 증상, 찰과상, 피부병 증상이 나타나는가?
- 눈이 충혈되거나 눈을 심하게 깜박이거나 문지르지 않는가?

- 구역질하거나 어지러워하지 않는가?
- 입 주위에 수포가 있거나 분비물이 흐르는 작은 물집과 딱지가 있는가?
- 잇몸에서 피가 나고 붓거나 입술이 부어 있지 않은가?
- 귀를 자주 만지고 후비거나, 청력 장애 등 귀의 이상이 있는가?
- 팔, 다리의 피부색이 청색이거나 창백하거나 부어 있지 않은가?
- 몸 전체에 붉은 반점이나 작은 물집이 있는가?
- 걸음걸이가 비정상적이지 않은가?
- 기타 불편해하거나 비정상적인 증후를 보이지 않는가?
- 얼굴과 손, 발, 머리 등이 깨끗한가?
- 복장이 깨끗하고 기후에 맞는가?
- 음식물을 먹고 난 후 양치를 하였는가?
- 부모와 떨어졌을 때 울지 않는가?
- 평소와 같이 활동에 참여하는가?
- 교사의 지시에 잘 따르는가?
- 다른 아이들과 잘 어울리는가?
- 갑자기 말을 더듬지 않는가?
- 음식을 잘 먹으려 하지 않거나 먹는 양이 줄었는가?
- 수면에 문제를 보이는가?
- 화장실에 자주 가지 않는가?

출처: 박은혜 · 김혜금 · 남궁선혜(2005).

(2) 위생관리

영유아의 건강과 정서적 안녕을 위해서는 어린이집을 청결하게 유지해야 한다. 이를 위해서 무엇보다 가장 중요한 것은 영유아가 자주 접촉하게 되는 각종 표면을 깨끗이 함으로써 세균 오염과 이로 인한 질병 감염의 위험을 예방하는 것이다. 세균에 쉽게 오염되는 표면으로는 기저귀 갈이대, 유아용 변기, 장난감, 유아용 침대와 침구 등의 표면을 들 수 있다. 구체적으로 살펴보면 다음과 같다.

- 기저귀 갈이대는 기저귀를 갈아 줄 때만 이용하여야 하며, 표면은 부드럽고 독

성이 없으며, 방수가 되고 쉽게 깨끗해지는 것이어야 한다. 또한, 기저귀를 간 후에는 표면을 깨끗이 하면서 살균해야 한다.

- 배변 훈련용으로 사용되는 유아용 변기는 욕실에서만 사용하고 영유아의 손에 닿지 않게 해야 한다. 변기를 사용한 후에는 변기 속 내용물이 손이 닿거나 튀지 않도록 조심하면서 즉시 내용물을 비우고, 세척만 하는 공간에서 물로 변기를 헹군 다음, 변기의 모든 노출된 표면을 씻고 살균해야 한다.
- 영유아가 입에 넣은 장난감은 매일 세척하고 살균해야 한다. 입에 장난감을 넣지 않는 좀 더 나이 든 유아가 사용한 장난감과 놀이기구는 최소한 일주일에 한 번은 세척해야 한다.
- 침대 및 침구에는 수백만 마리의 진드기와 각종 병원균이 건강을 위협하고 있으므로 영유아가 입을 대기 쉬운 유아 침대 난간 표면은 비눗물로 씻고 무독성 살균제로 최소한 하루에 한 번 살균해야 한다.

(3) 건강 지도

질병을 예방하고 건강을 유지하기 위해서는 건강 생활에 대한 올바른 태도와 습관을 지니는 것이 중요하다. 교사는 일상생활의 경험과 놀이를 통해 손 씻기, 이 닦기, 배변, 수면 등에 대한 기초 지식과 기술, 태도를 가르치고 이를 습관화하도록 반복적이고 일관성 있는 지도를 하여야 한다. 이를 구체적으로 살펴보면 다음과 같다.

- 신체적 건강은 청결과 직결되므로 영유아에게 손 씻는 방법과 손 씻기를 해야 하는 때를 일과 속에서 강조하고 지속적으로 반복시켜 바람직한 손 씻기 습관을 갖도록 도와주어야 한다. 또한, 영유아의 중요한 모델링이 되는 교사 또한 자주 손을 씻어야 한다.
- 영유아기부터 적절한 치아 관리를 위해 교사는 영유아에게 이 닦기의 중요성, 칫솔질하는 방법, 칫솔 관리 요령 등을 알려 주고 이 닦기를 생활화시켜야 한다.
- 배변 훈련을 진행하면서 교사는 영유아에게 배변 의사 표시하기, 배변 시 옷 입고 벗기, 화장실 노크하기, 변기와 휴지의 정확한 사용법, 배변 후 뒤처리하는

법, 배변 후 손 씻기 등 화장실 이용하기에 대해서 지도한다.

- 신체 활동이 활발한 영유아는 쉽게 피로해질 수 있으므로 적절하게 휴식을 취해야 한다. 이를 위해 낮잠 시간을 하루 일과에 포함시키고, 영유아가 조용히 쉴 수 있는 특별한 공간을 마련하는 것이 필요하다.

2) 영양

영유아기는 일생에서 신체의 성장이 가장 왕성한 시기이며, 그 가운데서도 영아기의 발육은 더욱 왕성하게 이루어진다. 영유아의 건강한 성장과 발달을 위해서 균형 잡힌 영양 관리가 매우 중요하다. 성인보다 단위체중당 소모되는 영양소의 필요량과 열량이 훨씬 높으므로 어린이집에서는 양질의 식품으로 골고루 준비된 식단에 따라 식사와 간식을 늘 제공하여 영유아의 건강한 성장과 발달을 도와주어야 한다.

영유아를 대상으로 한 급식 및 간식 식단은 그들의 성장과 발달에 필요한 영양소와 식품의 균형을 고려해 양질의 다섯 가지 기초식품군이 함유된 식단에 의한 식사 및 간식을 제공하도록 구성한다. 다섯 가지 기초식품 중 단백질과 무기질은 신체를 구성하고 유지하는 영양소이고 단백질, 탄수화물, 지방은 에너지원이다. 무기질 및 비타민은 신체의 기능을 보정 및 조절하는 영양소로 영유아기에는 특히 양질의 단백질 섭취가 필요하다. 또한, 영유아의 소화 능력을 고려한 식품과 조리법을 선택하여야 한다. 이 시기는 소화 능력이 미숙하므로 주 2회쯤 한 가지 정도의 잡곡을 혼합하여 제공하는 것이 적절하다(문혁준 · 권희경 · 김명애 · 김상희 · 김정희 외, 2016).

영유아기의 식습관은 이후의 식습관에 많은 영향을 미치기 때문에 적절한 식습관을 돕는 지도가 필요하다. 식사 시간이 즐겁고 안정된 가운데 진행된다면 결과적으로 신체적 · 정서적 안정감을 제공한다. 또한, 급식 및 배식에 대한 위생관리에 신중해야 한다. 치아가 나기 시작하는 영아의 경우에는 이유식을 유동식에서 시작해 반유동식의 무른 음식, 잘게 썬 음식 순으로 제공해야 한다. 영유아를 위한 급 · 간식 식단 계획 시 참고할 다섯 가지 기초식품군과 1일 영양필요량은 각각 〈표 2-4〉, 〈표 2-5〉에 제시한다.

〈표 2-4〉 영유아를 위한 급·간식 식단 계획 시 참고할 다섯 가지 기초식품군

구분	군별	식품군	주요 영양소	대표 식품명
구성소 식품	1	수조어육류, 난류, 두유 및 콩제품	단백질	쇠고기, 돼지고기, 닭고기, 토끼고기, 생선, 조개, 굴, 두부, 콩, 땅콩, 달걀, 베이컨, 소시지, 치즈, 어패류, 통조림, 조미건조 어패류, 두유, 생선묵
	2	우유 및 유제품, 뼈째 먹는 잔생선	칼슘	멸치, 뱅어포, 새우, 잔생선, 사골, 우유, 유제품, 분유, 요구르트, 아이스크림
조절 식품	3	채소 및 과일류, 녹황색·담색 과일	무기질 및 비타민	시금치, 당근, 쑥갓, 상추, 토마토, 미역, 다시마, 파래, 김, 톳, 당근즙, 맛김, 배추, 무, 오이, 양배추, 김치, 콩나물, 사과, 감, 딸기, 포도, 배, 수박, 토마토케첩, 과일주스, 과일통조림
열량소 식품	4	곡류, 감자류	당질	쌀, 보리, 콩, 팥, 옥수수, 밀, 감자, 고구마, 꿀, 밤, 밀가루, 녹말가루, 미숫가루, 라면, 마카로니, 당면, 식빵, 비스킷, 케이크, 도넛
	5	유지류	지방	참기름, 면실유, 들기름, 콩기름, 깨소금, 호두

출처: 한국영양학회(2005).

〈표 2-5〉 어린이집에서 섭취해야 할 영유아의 영양필요량 및 비율

연령	1일 에너지 필요추정량	어린이집	
		점심	간식
1~2세	100%	28%	20%
	1,000kcal	280kcal	200kcal
3~5세	100%	28%	20%
	1,400kcal	392kcal	280kcal

출처: 이명희·정은정·최인숙(2006).

(1) 영유아를 위한 급식

영양학적으로 균형 있는 식사는 영유아의 건강과 신체 발달에 중요한 역할을 한다. 어린이집에서는 성장기 영유아의 발달 단계와 영양적 요구를 고려하여 체계적으로 수립된 계획에 따라 양질의 음식을 제공해야 한다. 영유아 100명 미만을 보육하는 어린

이집의 경우 인근의 육아종합지원센터, 보건소 등의 영양사의 지도를 받아 식단을 작성하는 것이 바람직하다. 어린이집에서 바람직한 급식을 위한 식단 구성 시 고려할 사항은 다음과 같다.

- 1회 조리되어 배식된 음식이 남을 경우 당일 소모를 원칙으로 하며, 재배식하지 않는다.
- 영아를 위해 이유식을 조리할 경우 다양한 종류의 식자재를 사용하여 영양학적 균형을 고려한 식단을 별도로 계획하고 사용해야 하며, 이유식은 영아에게 적절한 형태와 크기로 조리되는 것이 바람직하다.
- 1일 2회의 간식과 1회의 급식에서 나오는 음식의 종류와 조리방법이 중복되지 않도록 계획한다.
- 밥과 국 또는 찌개, 김치, 단백질류 반찬 1가지, 채소류 반찬 1~2가지 정도가 1회 식사로 구성 · 제공되는 것이 좋다.
- 인스턴트식품을 배제하고 자연식품으로 조리된 것을 최대한 활용해 제공한다.
- 영유아의 연령별 특성을 고려하여 음식의 형태나 크기, 맛, 조리방법 등을 조절하여 제공한다.

실습어린이집에서 매일 제공되는 급식이 적절한지 아닌지를 다음의 질문 내용을 염두에 두고 실습생으로서 점검해 볼 수 있다.

- 급식 계획에 따라 어류, 육류, 채소류 등의 식품이 균형을 이루고 있는가?
- 탄수화물과 단백질, 비타민과 무기질 등의 영양상 균형을 이룬 양질의 식품이 제공되고 있는가?
- 조리방법이 영유아의 연령을 고려하여 이루어지는가?
- 음식의 형태, 크기가 영유아가 먹기 쉽게 준비되는가?

(2) 영유아를 위한 간식

어린이집에서 간식은 영유아의 성장에 필요한 열량 보충과 영양의 균형 차원에서 중요한 일과로 다루어야 한다. 간식으로 제공되는 식품은 가능한 한 식사와 중복되지 않아야 하며, 영유아의 신체적 요구와 연령별 특성을 고려하여 오전과 오후로 나누어 제공해야 한다. 비타민과 무기질이 풍부한 제철 과일이나 채소를 제공하는 것이 바람직하다.

어린이집에서 바람직한 간식을 위한 식단 구성 시 고려할 사항은 다음과 같다.

- 간식은 소화가 잘되어 식사에 방해되지 않는 것이어야 한다.
- 오전 간식은 조리 시간이 짧고 간편하면서 포만감이 적은 것으로, 오후 간식의 경우는 포만감이 어느 정도 있는 것이 적합하다.
- 첨가물(예 유화제, 발색제, 보존제 등)이 함유된 인스턴트식품, 탄산음료, 냉동식품과 과자류는 간식으로 제공되는 것을 피하는 것이 바람직하다.
- 사전에 수립된 간식 식단표에 따라 신선하고 다양한 과일(예 딸기, 참외, 수박, 배, 감, 밤 등)이나 채소(예 오이, 옥수수, 감자, 고구마 등) 등의 간식이 제공되어야 하며, 제공된 간식에 대한 기록을 구체적으로 유지하는 것이 바람직하다.

- 식단표는 필수내용(오전 · 오후 간식, 점심, 계획된 식단의 변동 사항)이 누락되지 않도록 하고, 제공된 간식명(과일 및 채소)은 구체적으로 기록한다.

실습어린이집에서 매일 제공되는 간식이 적절한지 아닌지를 다음의 질문 내용을 염두에 두고 실습생으로서 점검해 볼 수 있다.

- 1일 2회 이상의 간식이 오전과 오후로 계획되어 제공되는가? (식사 시 후식으로 제공되는 과일은 간식에 포함되지 않음)
- 영유아들의 영양을 고려하여 비타민과 무기질이 풍부한 제철 과일, 견과류, 채소 등의 자연식품이 주 3회 이상 포함하여 제공되는가?

- 간식으로 제공되는 식품은 식사와 중복되지 않고, 식사에 방해되지 않는 양과 내용으로 적당히 제공되는가?
- 고열량 식품이나 인스턴트식품, 지나치게 영유아들의 기호만을 존중한 음식, 같은 조리법의 음식이 지나치게 많이 제공되지는 않는가?

- 급식 및 간식에서 제외해야 할 인스턴트식품의 예: 당분이 많은 과자류, 햄, 햄버거용 고기, 튀김옷을 입혀 파는 냉동식품, 라면, 통조림류 등

〈표 2-6〉 영아반 식단표 예

	월	화	수	목	금	토
				☆생일식단☆	1	2
오전 간식				행사 당일 오전간식 적용	신 정	잡곡가루/우유
점심				쌀밥 소고기미역국 돈까스/소스 조랭이떡볶이 양상추유자샐러드 (백)김치		떡만두국 쌀밥 김치
오후 간식				케이크(떡)/ 우유(차)		
초기 이유식				쌀미음		쌀미음
중기 이유식				소고기미역죽		노른자야채죽
후기 이유식				과일스틱 소고기미역진밥 잘게 자른 떡(케이크)		노른자야채진밥 치즈야채진밥
	4	5	6	7	8	9
오전 간식	계절과일	다진 견과류/ 두유(우유)	채소스틱/치즈 (우유)	(호상/액상)요구르트	계절과일	잡곡가루/우유

이달의 제철음식

채소	무, 배추, 양상추, 우엉, 연근, 당근, 양배추, 쑥
생선	가자미, 고등어, 갈치, 꼬막, 오징어, 정어리, 다랑어, 미더덕, 미역, 다시마, 삼치, 낙지, 대구, 명태, 옥돔, 아귀, 게, 새조개
과일	귤, 사과, 감, 배, 레몬, 참다래

	월	화	수	목	금	토
점심	쌀밥 소고기무국 계란말이 호박나물 김치	잡곡밥 느타리버섯국 삼치살구이 (두부구이/양념장) 브로콜리찜 김치	[국 없는날] 카레라이스 숭늉 김말이튀김/ 스위트칠리소스 김치 계절과일(귤)	쌀밥 콩나물국 돼지고기간장볶음 파래무생채 김치	잡곡밥 다시마국 훈제오리구이 숙주부추나물 김치	김치볶음밥 두부된장국 김치
오후 간식	(소보로)빵/우유	야채전/차	단호박꿀찜/차	어묵우동	(바람)떡/우유	
초기 이유식	애호박미음	애호박미음	애호박미음	단호박미음	단호박미음	단호박미음
중기 이유식	소고기무죽	흰살생선야채죽	치즈야채죽	소고기야채죽	노른자야채죽	두부야채죽
후기 이유식	과일스틱 소고기무진밥 잘게 자른 빵	과일스틱 흰살생선야채진밥 잘게 자른 전	채소스틱 치즈야채진밥 으깬 단호박	(호상/액상)요구르트 소고기야채진밥 잘게 자른 우동	과일스틱 노른자야채진밥 잘게 자른 떡	두부야채진밥 노른자야채진밥
	11	12	13	14	15	16
오전 간식	계절과일	다진 견과류/ 두유(우유)	채소스틱/치즈 (우유)	(호상/액상)요구르트	계절과일	씨리얼/ 두유(우유)
점심	쌀밥 맑은김치국 소불고기 도라지나물 김치(깍두기)	잡곡밥 감자된장국 고등어무조림 (동그랑땡) 쑥갓나물 김치	(해물)새우볶음밥 계란국 꽃맛살샐러드 건파래볶음 (구이김) 김치	쌀밥 호박맑은국 닭살데리(간장)구이(너비아니구이) 양배추샐러드/소스 김치	잡곡밥 북엇국 돼지고기보쌈 상추무침 김치	마파두부덮밥 팽이버섯국 김치
오후 간식	(페스츄리)빵/ 우유	잔치국수	찐고구마/차	소고기주먹밥/차	(증편)떡/ 우유(두유)	
초기 이유식	배미음	배미음	배미음	양배추미음	양배추미음	양배추미음
중기 이유식	소고기야채죽	흰살생선야채죽	노른자야채죽	닭가슴살야채죽	갈은북어죽	두부야채죽
후기 이유식	과일스틱 소고기야채진밥 잘게 자른 빵	과일스틱 흰살생선야채진밥 잘게 자른 국수	채소스틱 노른자야채진밥 으깬 고구마	(호상/액상)요구르트 닭가슴살야채진밥 한입 크기 주먹밥	과일스틱 갈은북어진밥 잘게 자른 떡	두부야채진밥 치즈야채진밥

출처: 서울 관악구 육아종합지원센터. 2021년 1월 식단표.

〈표 2-7〉 유아반 식단표 예

<table>
<tr><th></th><th>월</th><th>화</th><th>수</th><th>목</th><th>금</th><th>토</th></tr>
<tr><td></td><td colspan="3" rowspan="6">이달의 제철음식
<table><tr><td>채소</td><td>무, 배추, 양상추, 우엉, 연근, 당근, 양배추, 쑥</td></tr><tr><td>생선</td><td>가자미, 고등어, 갈치, 꼬막, 오징어, 정어리, 다랑어, 미더덕, 미역, 다시마, 삼치, 낙지, 대구, 명태, 옥돔, 아귀, 게, 새조개</td></tr><tr><td>과일</td><td>귤, 사과, 감, 배, 레몬, 참다래</td></tr></table></td><td>☆생일식단☆</td><td>1</td><td>2</td></tr>
<tr><td>오전 간식</td><td>행사 당일
오전간식 적용</td><td rowspan="4">신정</td><td>잡곡가루/우유</td></tr>
<tr><td>점심</td><td>쌀밥
소고기미역국
돈까스/소스
조랭이떡볶이
양상추유자샐러드
(백)김치</td><td>떡만둣국
쌀밥
김치</td></tr>
<tr><td>오후간식</td><td>케이크(떡)/
우유(차)</td><td></td></tr>
<tr><td>Kcal. Ca.Fe</td><td>834-289-3.7</td><td>415-242-2.6</td></tr>
<tr><td></td><td></td><td></td><td></td></tr>
<tr><td></td><td>4</td><td>5</td><td>6</td><td>7</td><td>8</td><td>9</td></tr>
<tr><td>오전 간식</td><td>계절과일</td><td>다진 견과류/
두유(우유)</td><td>채소스틱/치즈
(우유)</td><td>(호상/액상)요구르트</td><td>계절과일</td><td>잡곡가루/우유</td></tr>
<tr><td>점심</td><td>쌀밥
소고기무국
계란말이
호박나물
김치</td><td>잡곡밥
느타리버섯국
삼치살구이
(두부구이/양념장)
브로콜리찜
김치</td><td>[국 없는날]
카레라이스
숭늉
김말이튀김/
스위트칠리
김치
계절과일(귤)</td><td>쌀밥
콩나물국
돼지고기간장볶음
파래무생채
김치</td><td>잡곡밥
다시마국
훈제오리구이
숙주부추나물
김치</td><td>김치볶음밥
두부된장국
김치</td></tr>
<tr><td>오후 간식</td><td>(소보로)빵/우유</td><td>야채전/차</td><td>단호박꿀찜/차</td><td>어묵우동</td><td>(바람)떡/우유</td><td></td></tr>
<tr><td>Kcal. Ca.Fe</td><td>674-329-4.0</td><td>633-128-4.3</td><td>612-243-8.0</td><td>604-270-5.8</td><td>633-284-4.2</td><td>480-290-2.8</td></tr>
<tr><td></td><td>11</td><td>12</td><td>13</td><td>14</td><td>15</td><td>16</td></tr>
<tr><td>오전 간식</td><td>계절과일</td><td>다진 견과류/
두유(우유)</td><td>채소스틱/치즈
(우유)</td><td>(호상/액상)요구르트</td><td>계절과일</td><td>씨리얼/
두유(우유)</td></tr>
<tr><td>점심</td><td>쌀밥
맑은김치국
소불고기
도라지나물
김치(깍두기)</td><td>잡곡밥
감자된장국
고등어무조림
(동그랑땡)
쑥갓나물
김치</td><td>(해물)새우볶음밥
계란국
꽃맛살샐러드
건파래볶음
(구이김)
김치</td><td>쌀밥
호박맑은국
닭살데리(간장)구이(너비아니구이)
양배추샐러드/소스
김치</td><td>잡곡밥
북엇국
돼지고기보쌈
상추무침
김치</td><td>마파두부덮밥
팽이버섯국
김치</td></tr>
<tr><td>오후 간식</td><td>(페스츄리)빵/
우유</td><td>잔치국수</td><td>찐고구마/차</td><td>소고기주먹밥/차</td><td>(증편)떡/
우유(두유)</td><td></td></tr>
<tr><td>Kcal. Ca.Fe</td><td>666-304-5.9</td><td>681-168-6.4</td><td>643-297-12</td><td>667-223-3.8</td><td>686-295-4.1</td><td>526-227-2.9</td></tr>
</table>

출처: 서울 관악구 육아종합지원센터. 2021년 1월 식단표.

쉬어가기 영유아 영양관리와 관련된 법

영유아보육법

제33조(급식 관리) 어린이집의 원장은 영유아에게 보건복지부령으로 정하는 바에 따라 균형 있고 위생적이며 안전한 급식을 하여야 한다.

영유아보육법 시행규칙

제34조(급식 관리) 법 제33조에 따른 급식 관리의 기준은 별표 8 제3호 나목과 같다.

3. 안전 · 급식 및 위생관리

나. 급식관리

1) 어린이집의 원장 및 어린이집에서 급식을 조리 · 제공하는 보육교직원은 어린이집에서 식중독 환자가 발생하지 않도록 위생관리를 철저히 하여야 한다.
2) 원장 등은 영유아가 필요한 영양을 섭취할 수 있도록 영양사가 작성한 식단에 따라 급식을 공급하여야 한다. 이 경우 영양사(5개 이내의 어린이집이 공동으로 두는 영양사를 포함한다)를 두고 있지 아니한 100명 미만의 영유아를 보육하고 있는 어린이집은 육아종합지원센터, 보건소 및 「어린이 식생활안전관리 특별법」 제21조에 따른 어린이집 급식관리지원센터 등에서 근무하는 영양사의 지도를 받아 식단을 작성하여야 한다.
3) 원장 등은 영유아에 대한 급식을 어린이집에서 직접 조리하여 제공하여야 한다. 다만, 공공기관이나 사회복지관 안에 설치된 어린이집의 경우에는 같은 건물에 있는 조리실을 사용하여 급식을 제공할 수 있다.
4) 원장 등은 식기, 도마, 칼, 행주, 그 밖에 주방 용구를 정기적으로 세척 · 살균 및 소독하는 등 항상 청결하게 유지 · 관리하여야 하며, 어류 · 육류 · 채소류를 취급하는 칼 · 도마는 각각 구분하여 사용하여야 한다.
5) 원장 등은 유통기한이 지나거나 상한 원료 또는 완제품을 조리할 목적으로 보관하거나 이를 음식물의 조리에 사용하여서는 아니 되며 이미 급식에 제공되었던 음식물을 재사용하여서는 아니 된다.
6) 원장 등은 식품 등의 원료 및 제품 중 부패 · 변질이 되기 쉬운 것은 냉동 · 냉장시설에 보관 · 관리하여야 한다.
7) 조리원 등 음식물의 조리에 직접 종사하는 보육교직원은 위생복 · 앞치마 · 위생모를 착용하는 등 개인위생관리를 철저히 하여야 한다.

다. 위생관리

1) 조리실, 식품 등의 원료 · 제품 보관실, 화장실 및 침구 등을 정기적으로 소독하고, 항상 청결하게 관리하여야 한다.
2) 어린이집의 음용수는 상수도 및 간이상수도를 사용하는 경우에는 물을 끓여 사용하는 것을 원칙으로 하고, 정수 장치를 설치하는 경우에는 정기적인 필터 교환 등으로 수질을 관리하여야 하며, 음용수로 지하수를 사용하는 경우에는 「먹는 물 수질기준 및 검사 등에 관한 규칙」 제3조에 따라 수질검사를 신청하여야 하며, 수질검사기관으로부터 발급받은 먹는 물 수질검사 성적서를 갖춰 두어야 한다.
3) 보육교직원은 영유아의 위생에 영향을 미치는 감기, 독감, 홍역 등 유행성 질환 감염 여부, 영유아의 피부, 머리, 손톱 · 발톱, 치아 상태, 어린이집의 청소 상태, 침구 및 기저귀 등의 위생 상태, 욕실 및 화장실의 청결 상태, 세면도구 등의 위생 상태 등에 대하여 수시로 점검하여야 한다.
4) 동물을 두는 때는 미리 부모에게 그 사실을 알리고, 동물로부터 영유아가 알레르기 및 질병, 상해를 입지 아니하도록 정기적으로 수의사를 통해 면역조치 등을 받아야 하며, 동물 · 곤충 또는 배설물 등을 접촉한 경우에는 접촉 부위를 씻어야 한다.
5) 어린이집 내부의 쾌적한 공기 질을 유지하기 위하여 수시로 환기 및 청소 등을 하여야 한다.

3) 안전

어린이집은 영유아의 안전에 각별한 관심을 가지고 각종 안전사고를 예방하기 위해 노력하여야 한다. 이를 위해서 어린이집 실내외의 각종 시설 · 설비와 비품 등의 안전성 여부를 점검 · 관리하여 안전한 환경을 마련하고, 체계적인 안전교육을 하여 영유아 스스로 안전을 지킬 수 있는 능력을 길러 주어야 한다. 또한, 교사를 비롯한 직원들이 응급상황에서의 행동 요령을 숙지하여 안전사고 발생 시 당황하지 않고 신속하게 대처할 수 있어야 한다.

(1) 안전사고 원인

어린이집에서 영유아 안전사고 발생에 영향을 미치는 원인은 크게 어린이집의 환경적 요인과 영유아의 인적 요인으로 구분할 수 있는데, 안전사고는 이 중 어느 한 가지 요인으로 발생할 수도 있고 여러 요인의 동적 상호작용에 의해서 발생하기도 한다.

어린이집의 환경적 요인으로는 각종 실내외의 시설 · 설비와 비품, 놀잇감, 영유아 용품, 칼 · 가위 · 세제류 등과 같은 물품으로 인한 위험을 들 수 있으므로 어린이집의 실내외 환경을 영유아의 입장에서 안전하게 구성하고 영유아가 정해진 규칙 내에서 즐겁고 편안하게 생활할 수 있는 기반이 되도록 해야 한다.

영유아의 인적 요인으로는 영유아의 발달 특성상의 신체적 미성숙, 스트레스, 피로, 질병, 시력 손상, 신체적 결함, 안전하지 못한 생활태도와 습관, 안전 지식과 안전에 대한 인식 부족 등을 들 수 있다. 따라서 영유아의 발달 특성에 따른 위험 요인을 교사가 숙지하고 대처방법을 제공한다면 사고를 예방할 수 있다.

(2) 안전관리

안전관리는 사람이나 사물에 잠재하는 위험 요인을 초기에 발견하고 이를 신속히 제거하여 사고나 재해를 미리 방지하고자 하는 것이다. 영유아의 주변 환경은 모두 사고 요인이 될 수 있으므로 어린이집 주변의 인적 · 물적 환경에 대해 다음과 같은 방법으로 안전관리가 이루어져야 한다.

- 어린이집 실내외 시설 및 설비와 비품, 놀잇감, 영유아용품 등은 영유아의 발달 특성에 맞도록 안전한 것으로 구입 · 설치한다.
- 문서화된 안전점검 목록, 일지 등을 사용하여 실내외 시설 및 설비와 비품, 놀잇감, 영유아용품 등이 안전한지 연간, 월간, 주간, 일일 단위로 점검 · 기록하고, 위험 요소가 발견되거나 파손된 곳이 있으면 즉시 수리 · 보완한다.
- 영유아를 항상 주의 깊게 감독하고 일관성 있는 지도를 한다.
- 안전사고 발생 시 적절하게 대처하여 피해를 최소화할 수 있도록 사고 처리 절차나 대비책을 마련한다.

쉬어가기 어린이집 실내외 안전을 위한 주요 점검 사항

[실내 안전]

- 출입문 및 창문의 가장자리에 손 끼임 방지장치가 있다.
- 현관문을 비롯한 여닫이문에는 자동 안전경첩이 설치되어 있다.
- 창문은 깨지지 않는 안전유리이거나 깨진 유리창이 없고 안전장치와 방충망이 설치되어 있다.
- 창문 주변에 영유아가 딛고 올라갈 수 있는 물건이 없다.
- 모든 설비는 움직이거나 떨어지지 않도록 바닥과 벽면에 단단히 고정되어 있다.
- 가구나 벽, 비품의 모서리는 둥글고 표면이 매끄럽게 처리되어 있거나 보호대가 있다.
- 교구장, 수납장 등은 아래쪽에 무거운 물건을 보관하고, 선반에는 물건이 떨어지지 않도록 지지대가 설치되어 있다.
- 영유아 침대는 연령별 안전 기준에 부합한다.
- 놀잇감에 유해 색소가 칠해져 있거나 칠이 벗겨져 있는 부분이 없다.
- 영유아가 삼킬 만한 작은 놀잇감, 부품이 없다.
- 그네, 말 타기, 보행기 등 움직이는 놀잇감의 바닥에는 충격을 흡수하고 미끄럼을 방지할 수 있는 고무 매트 등이 깔렸다.
- 보육실, 통로의 바닥에 미끄럽거나 돌출된 부분이 없고 압핀이나 못 등이 떨어져 있지 않다.
- 화장실이나 세면장, 계단의 바닥은 미끄럼방지 처리가 되어 있다.
- 계단 양쪽 난간의 높이는 120cm 이상이고, 난간 세로대 사이로 영유아의 머리가 빠져나가지 못한다.
- 계단에 불필요한 물체가 쌓여 있지 않다.
- 냉온수기, 세정장치와 수도꼭지 등에는 온수 잠금장치나 온도 고정장치가 설치되어 있다.
- 냉난방 기구에 영유아의 신체가 직접 닿지 않도록 울타리나 적절한 보호장치가 설치되어 있다.
- 약품이나 교사용 가위, 세척제, 랩 등의 위험한 물건은 영유아의 손이 닿지 않는 곳에 보관되어 있다.
- 손상된 전선이 없으며 콘센트에 안전장치가 설치되어 있다.

[실외 안전]

- 놀이 시설물은 「품질경영 및 공산품 안전관리법」에 의하여 안전 검사를 필한 제품이며, 제조업자의 취급 설명서에 따라 안전하게 설치되었다.
- 놀이터 시설의 볼트와 너트 등의 이음 장치와 울타리나 보호벽에 이상이 없으며, 부식된 구조물이 없다.
- 놀이터 및 놀이 시설물 주변에 깨진 유리, 돌, 오물, 망가진 시설물, 독성이나 가시가 있는 식물, 물웅덩이 등과 같은 위험 요인이 없다.
- 놀이 시설물에 영유아의 살을 베거나 찌를 수 있는 날카로운 부분, 모서리, 뾰족한 부분이 없다.
- 놀이 시설물의 구멍이나 틈새는 영유아의 몸이 끼이지 않는 넓이(9~23cm는 피함)이다.
- 놀이 시설물 주변에 충격 흡수를 위한 장치(모래 등)가 있다.
- 모래놀이 영역은 세균 번식을 막기 위해 양지에 설치되어 있고, 더운 날씨의 강한 햇빛을 막는 시설도 설치되어 있다.
- 그네나 시소 등의 움직이는 방향을 고려해서 놀이 시설물 주변에 경계를 구분해 두었다.
- 스테인리스스틸 미끄럼틀은 여름철 직사광선을 피하게 되어 있다.

출처: 문혁준 · 권희경 · 김명애 · 김정희 · 김혜금 외(2009).

(3) 안전교육

안전교육이란 안전을 위협하는 여러 요소로부터 건강한 생활을 유지하기 위한 적극적인 방법으로 사고의 위험을 사전에 방지하여 사고율을 줄이고, 사고에 대한 대책을 마련하여 그 피해를 줄이기 위한 방법을 주된 내용으로 하는 교육을 의미한다.

영유아에게 일어나는 우발적인 사고를 예방하기 위한 방법은 크게 두 가지로 나누어 생각해 볼 수 있다. 하나는 사고가 일어날 수 있는 환경적 요인을 변화시키는 것이고, 다른 하나는 사고를 유발할 수 있는 영유아의 행동을 교육을 통해 변화시키는 것이다. 환경적 요인을 변화시키는 것은 사고별로 환경 내 위험 요인을 찾아내어 안전시설과 설비를 완비하는 일이다.

사고를 미리 방지하는 데에는 물리적 환경의 안전 측면도 강조되어야 하지만 모든 위험 요소를 제거하거나 개선하는 것은 불가능하므로 안전교육을 통해 사고를 예방하는 것이 무엇보다 중요하다. 안전교육은 사고에 대한 예방교육을 함으로써 사고가 일어날 수 있는 상황을 판단하여 미리 방지하는 것이다.

안전교육을 효율적으로 지도하기 위한 교사의 역할은 다음과 같다.

- 교사 자신이 안전을 중시하는 태도와 행동을 갖추는 것이 물리적 환경의 안전성만큼 중요하다는 것을 인식한다.
- 긍정적인 역할 모델이 된다.
- 영유아에게 교육활동 중 예상되는 각종 위험 요인에 대한 안전교육을 하되, 여러 가지 방법을 사용한 안전교육을 통해 안전에 대한 지식과 태도, 기술을 증진시킨다.
- 응급한 상황에서 무엇을 해야 하는지, 도움을 요청할 곳이 어디인지를 안다. (응급처치법, 소화기 사용법 등)
- 영유아뿐만 아니라 자신의 안전도 간과하지 말아야 한다. 스트레스를 받거나 피로하면 부주의해지기 쉬우므로 교사는 일상에서 스트레스를 긍정적으로 전환하고 과로를 피하도록 한다.
- 영유아가 스스로 자신을 보호할 수 있는 능력과 기술을 갖추도록 교육해야 하며, 영유아의 안전사고에 대한 예방교육을 주기적으로 실시한다.
- 교육활동 중에는 가급적 교육활동이 이루어지는 장소에서 떠나서는 안 되며, 불가피한 경우 학급 전체를 상대로 명확하게 지시하도록 한다.
- 현장 체험 학습, 특기 · 적성교육 등의 교육계획을 수립 · 시행 시는 안전수칙을 준수한다.
- 교사는 반드시 안전교육지침 등을 숙지하여야 하며, 시 · 도 및 시 · 군 · 구 등에서 안전 관련 교육을 시행할 때 적극적으로 참여해야 한다.
- 화재 등 긴급사태에 대비한 계획을 수립하고 정기적으로 점검하며 훈련해야 한다.
- 직무상 아동학대를 알게 될 때는 아동보호전문기관 또는 수사기관에 신고하여야 한다.

(4) 영유아 안전교육의 법적 근거

최근 영유아기의 신체에 대한 이해와 교통 및 환경 문제로 인해 안전사고에 관한 관심이 증가하고 있어 어린이집에서도 더욱 다양하고 체계적인 교육이 요구된다. 영유아에게 일어나는 안전사고를 예방하기 위해서는 안전한 환경을 조성하고 지속적인 교육을 통해 사고를 일으키는 영유아의 행동을 변화시켜야 한다. 이를 위해서 「학교보건법」 제12조, 「아동복지법」 제9조, 「아동복지법 시행령」 제4조 제3항 및 제9조 제3항에 따른 어린이집의 원장은 특별시 · 광역시 · 도의 교육감이 정하는 교육계획에 따라 제1항에 따른 교육을 하여야 한다.

〈표 2-8〉 교육기준(「아동복지법 시행령」 제28조 제1항 관련)

구분	실시 주기 (총 시간)	교육내용	교육방법
성폭력 및 아동학대 예방 교육	6개월에 1회 이상 (연간 8시간 이상)	1. 내 몸의 소중함 2. 내 몸의 정확한 명칭 3. 좋은 느낌과 싫은 느낌 4. 성폭력 예방법과 대처법	1. 전문가 또는 담당자 강의 2. 장소별 · 상황별 역할극 실시 3. 시청각 교육 4. 사례 분석
실종 · 유괴의 예방 · 방지 교육	3개월에 1회 이상 (연간 10시간 이상)	1. 길을 잃을 수 있는 상황 이해하기 2. 미아 및 유괴 발생 시 대처방법 3. 유괴범에 대한 개념 4. 유인 · 유괴 행동에 대한 이해 및 유괴 예방법	1. 전문가 또는 담당자 강의 2. 장소별 · 상황별 역할극 실시 3. 시청각 교육 4. 사례 분석
감염병 및 약물의 오용 · 남용 예방 등 보건위생 관리 교육	3개월에 1회 이상 (연간 10시간 이상)	1. 감염병 예방을 위한 개인위생 실천 습관 2. 예방접종의 이해 3. 몸에 해로운 약물 위험성 알기 4. 생활 주변의 해로운 약물 · 화학제품 그림으로 구별하기 5. 모르면 먼저 어른에게 물어보기 6. 가정용 화학제품 만지거나 먹지 않기 7. 어린이 약도 함부로 많이 먹지 않기	1. 전문가 또는 담당자 강의 2. 시청각 교육 3. 사례 분석

구분	실시 주기 (총 시간)	교육내용	교육방법
재난대비 안전 교육	6개월에 1회 이상 (연간 6시간 이상)	1. 화재의 원인과 예방법 2. 뜨거운 물건 이해하기 3. 옷에 불이 붙었을 때 대처법 4. 화재 시 대처법 5. 자연재난의 개념과 안전한 행동 알기	1. 전문가 또는 담당자 강의 2. 시청각 교육 3. 실습교육 또는 현장학습 4. 사례 분석
교통안전 교육	2개월에 1회 이상 (연간 10시간 이상)	1. 차도, 보도 및 신호등의 의미 알기 2. 안전한 도로횡단법 3. 안전한 통학버스 이용법 4. 날씨와 보행안전 5. 어른과 손잡고 걷기	1. 전문가 또는 담당자 강의 2. 시청각 교육 3. 실습교육 또는 현장학습 4. 일상생활을 통한 반복 지도 및 부모 교육

CHAPTER

03

보육실습의 실제

PRACTICUM IN CHILD CARE & EDUCATION

전문직에 종사하기 위하여 이론적 바탕을 잘 이해하는 것도 중요하지만, 실습을 통하여 현장 감각을 익히는 것 역시 대단히 중요하다. 보육교사도 전문직으로서 학교에서 배운 이론을 실습을 통하여 현장과 연결시키는 과정이 필요하다. 그러나 대다수의 예비교사가 실습에 대한 막연한 두려움이 있으며, 실습 시간이 기존 4주 160시간에서 6주 240시간으로 늘어난 부분도 실습에 대한 스트레스가 가중되는 요인이다. 그러나 실습 과정은 교사가 지녀야 할 능력과 자질을 시험하는 과정이 아니라 교사가 되기 위하여 실제적인 교사의 역할을 연습해 보는 과정이라고 할 수 있다. 따라서 보육실습의 구성과 특성, 실제적인 운영과정을 살펴보고, 이러한 지식을 통하여 앞으로 경험할 교사로서의 연습에 대해서도 긍정적으로 인식하도록 한다.

1 실습 교육과정에 대한 이해

2016년 1월 12일에 개정 · 공포된 「영유아보육법」에 따르면, 현재 보육실습은 6주 240시간 이상을 시행하도록 되어 있다. 6주간의 실습은 크게 참관과 관찰, 참여실습으로 구분할 수 있다. 참관과 관찰로 이루어지는 참관실습과는 달리, 참여실습에서는 부분수업, 연결수업, 그리고 전일수업의 과정을 경험하도록 한다. 또한, 수업을 위한 환경 구성 및 보육에 필요한 제반 행정문서 경험, 회의 및 행사 경험까지도 포함한다.

1) 참관실습

참관실습은 대체적인 어린이집의 운영과정, 하루 일과 및 보육과정의 특성, 그리고 담임 영유아와의 친밀한 관계 형성 등이 이루어지는 시기이다. 이 시기에 얼마나 세밀하고 자세하게 관찰하고 영유아, 지도교사와 친밀하게 관계 형성을 하였는가에 따라 앞으로 이루어질 부분과 전체 보육에서의 성패가 결정된다고 할 수 있다. 따라서 보육과정, 환경 및 영유아의 발달적 특성, 지도교사의 보육철학 및 보육과정 운영 방식 등에 대하여 충분히 파악하고자 노력하여야 한다. 참관실습 시 중요한 점은 다음과 같다.

- 교실 환경에 대하여 자세하게 살펴보고, 교실 환경의 특성이 영유아의 행동에 미치는 영향에 대해 세밀하게 살펴보는 것이다. 이를 위해서는 해당 학급의 대상연령에 따라 환경 구성이 어떻게 이루어져 있는지, 각 영역에 놓여 있는 교구의 특성은 어떠한지, 어떻게 배치되어 있는지 등을 자세히 관찰한다. 또한, 각 교구에 대한 영유아의 반응 등을 살펴본다. 환경을 구성하는 교사의 철학을 살펴보고, 6주에 걸쳐 교사가 환경 구성을 통하여 전하고자 하는 메시지를 파악한다.
- 담당 학급 영유아의 발달 특성에 대하여 관찰한다. 담당 반 영유아의 발달 정도, 행동적 특성을 분석하는 것이 중요한데, 이는 같은 연령의 영유아라 하더라도 개별적인 발달에서 차이가 크게 나타나기 때문이다. 따라서 영유아의 행동에서 나타나는 특성과 연령적 발달 특성을 함께 고려해 보는 것이 중요하다. 또한, 같은 반 영유아 사이에 나타나는 또래관계를 파악하는 것도 중요하다. 관찰한 발달 특성을 관찰일지 및 행정 문서에 어떠한 방식으로 표현하고 기록하는지도 알아본다.
- 지도교사의 교사 역할에 대해 파악하는 것이 필요하다. 교사가 일과를 어떻게 계획하였는지, 어떻게 운영하는지, 활동은 어떻게 이끌어 가는지 등을 살펴보아야 한다. 이러한 세밀한 관찰은 나중에 직접 보육에 참여하게 될 때, 영유아와 원활하게 상호작용을 하게 되는 중요한 정보가 된다. 따라서 다음과 같은 사항에 대해 의문을 가지고 분석하는 것이 도움이 된다.

참관실습 시 관찰 내용

- 활동을 시작할 때 교사는 어떤 말을 사용하는가?
- 교사의 언어는 어떠한가? (예 존댓말/반말의 사용)
- 간식 및 급식 시간은 어떻게 운영되는가? (예 개별 급식/당번 정하기)
- 학급 운영 방법은 어떠한가? (예 교실 내에 특별한 규칙들은 어떠한가?)
- 등 · 하원, 기저귀 갈이, 낮잠 등 일상적인 하루 일과는 어떻게 이루어지는가?

2) 참여실습

참여실습은 실습생이 교사처럼 직접 활동을 계획하고 수행해 보는 과정이다. 하루 일과 중 수업을 계획하고 수행하는 정도에 따라 부분수업, 연결수업, 종일수업 등으로 구분해 볼 수 있다. 이처럼 참여실습을 부분과 전체 수업 두 가지로 구분하여 시행하는 이유는 학급에서의 실습활동이 영유아가 교육받을 권리를 침해하지 않도록 하기 위해서이다. 실습은 영유아나 실습어린이집의 입장에서 보면 그다지 이상적인 상황은 아니다. 외부 사람이 갑작스럽게 교실에서 보육활동을 주도한다면 영유아의 활동에 방해가 되기도 하고, 실습생이 수업하게 됨에 따라 비전문성이 나타날 수 있기 때문이다. 따라서 먼저 참관을 통하여 영유아와의 친밀감을 형성한 후, 일과 중 한두 활동만을 실습생이 담당하도록 한다. 그 이후, 학급 내의 생활, 영유아와의 친밀감 등을 형성한 다음, 전체 일과에서 영유아의 보육활동에 지장이 없도록 하고, 두 가지 활동을 연결해 보는 연결수업을 거쳐 차츰 종일수업을 하도록 하는 것이 적절하다. 또한, 실습생의 입장에서 보더라도 영유아와의 상호작용과 수업 준비가 미숙성된 상황에서 종일수업을 처음부터 준비하기보다는 하루 일과 중 몇몇 활동을 준비하여 시행해 보고, 이를 바탕으로 하루 일과를 준비 · 실행하는 것이 더 많은 경험을 할 수 있다는 점에서 장점이 된다.

부분수업은 하루 일과 중 한 가지 활동을 실습생이 준비하고 수행하는 것을 의미한다. 종일수업은 일과 전체, 즉 영유아를 아침에 맞이하고, 급 · 간식 지도를 하는 것, 활동을 이끌고 준비하여 하원시키는 일과의 전체 과정을 실습생이 완전히 책임지고 수행하는 것을 의미한다. 이때 지도교사는 보조교사의 역할을 담당하게 된다.

참여실습은 보육실습에서 핵심이라고 할 수 있다. 따라서 실습어린이집과 지도교사의 보육철학과 요구를 적절하게 수용하여 실습을 준비하는 것이 좋다.

(1) 부분수업

하루 일과 중 이야기 나누기, 율동, 새 노래 배우기, 동시나 동화 듣기, 동극하기, 게임하기, 조형 활동 등의 다양한 활동 중 하루에 한 가지 정도씩 두세 가지의 활동을 해 보게 된다. 이때 실습생은 처음에는 한 가지 활동에 대한 보육과정을 계획하고 실행해 보는 경험을 하게 된다. 보육과정을 계획함에 있어서 무엇보다도 지도교사와의 긴밀한 논의과정이 요구된다. 이는 어린이집에서 실행 중인 전체 보육과정과 일치하여야 하기 때문이다. 따라서 어린이집의 연간, 월간, 주간 보육계획안 등을 기반으로 부분수업의 목적 · 목표를 일치시키고, 활동의 내용을 결정하여야 한다. 또한, 담당 학급의 영유아의 연령에 적합한 활동을 선정하도록 최선을 다하여야 한다.

(2) 연결수업

부분수업에서 경험했던 활동을 두 가지 정도 연결하여 계획해 보고 실행하는 과정이다. 이 과정에서 전이 활동이 포함되며, 활동 두 가지를 연결할 때는 동적 활동과 정적 활동, 실내 활동과 실외 활동의 균형을 맞추어 영유아의 흥미와 집중도를 고려하여 계획하도록 한다.

(3) 종일수업

참관과 몇 차례의 부분수업, 연결수업의 경험이 쌓이고 나면 실습생이 하루 일과를 전담하여 실습하는 종일수업을 경험하게 된다. 이 과정은 실습생이지만 한 사람의 담임교사 역할을 수행해 보는 과정을 의미한다. 따라서 아침에 영유아의 등원을 맞아들이는 일에서부터 시작하여 급 · 간식, 휴식 및 낮잠, 실외 놀이, 하원에 이르기까지 모든 보육과정을 경험하게 된다.

이제까지 언급한 과정에 기초하여 2명의 실습생이 한 학급에서 보육실습하는 교육과정을 구성해 보면 다음과 같다.

〈표 3-1〉 보육실습계획표 예시

<table>
<tr><th>실습생 \ 날짜</th><th>월</th><th>화</th><th>수</th><th>목</th><th>금</th><th>토</th></tr>
<tr><td></td><td></td><td></td><td></td><td>1</td><td>2</td><td>3</td></tr>
<tr><td>실습생 A, B</td><td></td><td></td><td></td><td>참관</td><td>참관</td><td>참관</td></tr>
<tr><td></td><td>5</td><td>6</td><td>7</td><td>8</td><td>9</td><td>10</td></tr>
<tr><td>실습생 A</td><td rowspan="2">참관</td><td rowspan="2">참관</td><td rowspan="2">참관</td><td rowspan="2">참관</td><td></td><td rowspan="2">참관</td></tr>
<tr><td>실습생 B</td><td>부분수업
(게임)</td></tr>
<tr><td></td><td>12</td><td>13</td><td>14</td><td>15</td><td>16</td><td>17</td></tr>
<tr><td>실습생 A</td><td>부분수업
(동화/동시)</td><td></td><td>부분수업
(조형 활동)</td><td></td><td>부분수업
(이야기 나누기)</td><td rowspan="2">참관</td></tr>
<tr><td>실습생 B</td><td></td><td>부분수업
(새 노래 배우기)</td><td></td><td>부분수업
(요리하기)</td><td></td></tr>
<tr><td></td><td>19</td><td>20</td><td>21</td><td>22</td><td>23</td><td>24</td></tr>
<tr><td>실습생 A</td><td>부분수업
(요리하기)</td><td></td><td>부분수업
(새 노래 배우기)</td><td></td><td>부분수업
(게임)</td><td rowspan="2">참관</td></tr>
<tr><td>실습생 B</td><td></td><td>부분수업
(이야기 나누기)</td><td></td><td>부분수업
(동화/동시)</td><td></td></tr>
<tr><td></td><td>26</td><td>27</td><td>28</td><td>29</td><td>30</td><td>1</td></tr>
<tr><td>실습생 A</td><td></td><td></td><td>연결수업</td><td></td><td></td><td rowspan="2">참관</td></tr>
<tr><td>실습생 B</td><td>부분수업
(조형 활동)</td><td></td><td></td><td>연결수업</td><td></td></tr>
<tr><td></td><td>3</td><td>4</td><td>5</td><td>6</td><td>7</td><td>8</td></tr>
<tr><td>실습생 A</td><td></td><td></td><td></td><td>종일수업</td><td></td><td rowspan="2">참관</td></tr>
<tr><td>실습생 B</td><td></td><td></td><td></td><td></td><td>종일수업</td></tr>
<tr><td></td><td>10</td><td>11</td><td>12</td><td></td><td></td><td></td></tr>
<tr><td>실습생 A</td><td rowspan="2">관찰 및 행정
서류 작성법</td><td></td><td rowspan="2">실습정리 및
평가</td><td></td><td></td><td></td></tr>
<tr><td>실습생 B</td><td></td><td></td><td></td><td></td></tr>
</table>

2 어린이집 일과운영에 대한 이해

1) 어린이집의 일과운영

어린이집은 오전 7시 30분부터 오후 7시 30분까지 운영하는 것을 원칙으로 하며, 교사들의 근무시간을 조절하여 운영한다. 어린이집의 일과 운영은 발달적 차이가 큰 영유아의 연령적 특성에 따라 다르게 구성되며, 어린이집의 유형에 따라 일과 운영에 차이가 나타날 수 있다. 어린이집의 일과운영은 일반적으로 다음과 같다.

〈표 3-2〉 영아반 - 일과운영 예시

<table>
<tr><th>시간</th><th>기본 교육</th><th colspan="2">연장 보육</th></tr>
<tr><td>7:30~9:00</td><td>등원 및 통합보육</td><td colspan="2" rowspan="7"></td></tr>
<tr><td>9:00~10:20</td><td>실내(외) 자유놀이</td></tr>
<tr><td>10:20~10:50</td><td>손 씻기 및 화장실 가기(기저귀 갈이)
오전 간식(또는 이유식)</td></tr>
<tr><td>10:50~11:30</td><td>바깥 놀이</td></tr>
<tr><td>11:30~12:40</td><td>손 씻기 및 화장실 가기(기저귀 갈이)
점심 및 이 닦기</td></tr>
<tr><td>12:40~14:30</td><td>낮잠 및 휴식
(보조교사 지원 시 교사 휴게시간)</td></tr>
<tr><td>14:30~15:00</td><td>손 씻기 및 화장실 가기(기저귀 갈이)
오후 간식(또는 이유식)</td></tr>
<tr><td>15:00~16:00</td><td>실내 자유놀이
기본보육 아동 하원</td><td colspan="2">연장반 전담교사 출근
(인수인계 및 휴게시간)</td></tr>
<tr><td>16:00~16:30</td><td rowspan="2">기본교육 아동 통합보육 및 하원
(교사 휴게시간)</td><td>연장반 아동(아동 수 확인)
개별 옷, 가방 등 정리</td><td rowspan="2">자유놀이
및 휴식</td></tr>
<tr><td>16:30~17:00</td><td>인사 나누기
손 씻기 및 화장실 가기(기저귀 갈이)</td></tr>
<tr><td>17:00~18:00</td><td>기본보육 준비 및 행정 업무</td><td colspan="2" rowspan="2">자유놀이 및 휴식(쉼)
일상생활(손 씻기, 화장실 가기 등)
연장보육 아동 하원</td></tr>
<tr><td>18:00~19:30</td><td>퇴근</td></tr>
<tr><td>19:30~ :</td><td></td><td colspan="2">퇴근</td></tr>
</table>

출처: 중앙육아종합지원센터(2020).

만 2세 이전 영아의 보육 프로그램은 교육을 위한 활동보다는 먹고, 자고, 씻고, 배변하고, 노는 일상적 양육과 관련된 시간이 많이 배정되며, 영아들이 일상의 규칙적인 리듬을 익히고 기본적인 일상이 편안하게 이루어질 수 있도록 돕는다. 교육활동도 대부분 개별 활동으로 이루어지기 때문에 교사에게는 영아와의 개별적 상호작용의 기술이 요구되며, 언어적 표현이 부족한 영아의 필요와 요구에 민감하게 반응하여 교사와 안정적인 애착이 형성될 수 있도록 하여야 한다.

어릴수록 수유 및 이유, 잠자기, 배변하기 등의 일상생활에 대한 비중이 높지만 1세와 2세가 될수록 놀이의 시간이 더 길어지도록 일과를 구성한다. 2시간 이상의 실내놀이와 30분 이상의 실외놀이가 지원되도록 운영하되, 계절과 날씨의 특성에 맞게 시간과 장소를 조절할 수 있다.

2020년 3월부터는 하루 일과가 4시까지의 기본보육과 4시부터 7시 30분까지의 연장보육으로 구분되어 4시부터는 연장반 교사에 의한 보육이 이루어진다.

〈표 3-3〉 유아반 - 일과운영 예시

<table>
<tr><th>시간</th><th>기본 교육</th><th colspan="2">연장 보육</th></tr>
<tr><td>7:30~9:00</td><td>등원 및 통합보육</td><td colspan="2" rowspan="8"></td></tr>
<tr><td>9:00~10:30</td><td>실내(외) 자유놀이 / 오전 간식</td></tr>
<tr><td>10:30~10:40</td><td>정리 정돈 및 화장실 가기</td></tr>
<tr><td>10:40~11:10</td><td>대 · 소집단 활용(또는 자유놀이)</td></tr>
<tr><td>11:10~12:20</td><td>바깥 놀이 / 손 씻기</td></tr>
<tr><td>12:20~13:20</td><td>점심 및 이 닦기</td></tr>
<tr><td>13:20~14:30</td><td>낮잠 및 휴식
(4~5세는 자유놀이 및 휴식,
보조교사 지원 시 교사 휴게시간)</td></tr>
<tr><td>14:30~15:00</td><td>손 씻기 및 오후 간식</td></tr>
<tr><td>15:00~16:00</td><td>실내 자유놀이
기본교육 아동 하원</td><td colspan="2">연장반 전담교사 출근
(인수인계 및 휴게시간)</td></tr>
<tr><td>16:00~16:30</td><td rowspan="2">기본교육 아동 통합보육 및 하원
(교사 휴게시간)</td><td>연장반 아동(아동 수 확인)
개별 옷, 가방 등 정리</td><td rowspan="2">자유놀이
및 휴식</td></tr>
<tr><td>16:30~17:00</td><td>인사 나누기
손 씻기 및 화장실 가기(기저귀 갈이)</td></tr>
</table>

시간	기본 교육	연장 보육
17:00~18:00	기본보육 준비 및 행정 업무	자유놀이 및 휴식(쉼) 일상생활(손 씻기, 화장실 가기 등) 연장보육 아동 하원
18:00~19:30	퇴근	
19:30~ :		퇴근

출처: 중앙육아종합지원센터(2020).

만 3~5세, 유아반이 되면 기본적인 일상생활보다는 다양한 교육활동이 제공된다. 개별적인 활동도 중요하지만 여러 친구와 어울려 함께 협동하며 사회적으로 상호작용이 활발해지고 이러한 과정을 통해 사회적인 기술을 배워야 하는 시기이므로 대집단 활동과 개별 활동이 균형 있게 배치된다. 또한, 정적 활동과 동적 활동이 교차하여 일과가 구성되어 유아가 활동에 몰입할 수 있도록 지원하게 되며, 하루 일과 중 적어도 1회 이상의 실외 활동을 배치하여 실내 활동과 실외 활동이 조화를 이루도록 구성되어야 한다. 일과 시간동안 유아가 교사, 또래, 환경과 적극적으로 상호작용할 수 있는 환경과 시간을 구성한다.

2) 보육교사의 역할

교사의 역할에 대한 논의는 매우 다양하다. 스포덱(Spodek, 1985)은 영유아를 담당하는 교사는 양육 역할(nurturant role), 교수 역할(instructional role), 관련 역할(relational role)을 수행한다고 보았다.

양육의 역할이란 영유아를 보호하고 사랑하며 훈육하는 것으로, 영유아가 어린이집을 가정과 같은 분위기로 느끼게 하는 것을 의미한다. 따라서 영유아를 위하여 급·간식을 제공하는 일, 기저귀를 갈고 수유 혹은 이유하는 일, 낮잠이나 배변 훈련 등의 영유아의 생리적인 요구를 충족시키는 일, 그리고 영유아와 애착을 형성하고 교실의 분위기를 가정과 같이 따뜻하고 편안하게 만드는 일 등을 포함한다.

교수자의 역할이란 적극적으로 영유아를 교육하는 역할이다. 교수자의 역할은 양육의 역할과는 달리, 더욱 체계적이고 합리적인 방법으로 영유아의 성장과 발달을 지원하는 역할을 의미한다. 이를 위해 교사에게는 영유아기 학습에 유용하도록 교실 환경을 구성하고, 학습을 계획하며, 이를 수행하고, 평가하는 것은 물론이며, 더 나은 보육의 실천을 위하여 연구 · 노력하는 역할이 포함된다. 또한, 영유아와의 적극적인 상호작용을 통하여 영유아의 잠재적 발달 가능성을 최대화시키고 그들의 개별적인 발달을 지원한다. 이러한 영유아의 발달에 대한 지원은 과학적으로 접근되며, 전문적인 관점에서 계획, 수행, 평가된다.

마지막으로 관련 역할이란 보육서비스의 실행이 원활하게 이루어지게 하는 지원자의 역할을 의미한다. 즉, 양육의 역할, 교수의 역할과 같은 영유아의 성장 · 발달에 직접 관여되는 영유아와의 상호작용이나 보육계획의 수립과 환경의 구성 및 운영, 학부모와의 상담 등과 같은 직접 보육서비스가 원활하게 운영되도록 지원하는 역할을 한다. 구체적으로 시설의 청결과 위생 등의 유지 · 관리는 물론이고 영유아 건강기록부, 가정환경 조사서 등 서류 정리, 영유아 평가 자료 정리, 관찰기록부 정리 · 보전 등과 같은 다양한 서류 관리 및 행정 업무 관리 등을 포함한다. 교실과 교구를 안전하고 청결하게 유지 · 관리하고, 간식(점심) 식단을 관리 · 점검하는 일, 영유아의 부모에게서 유용한 육아 정보나 건강 정보를 수집하고, 가정통신문을 만드는 일, 관공서로부터 문서를 수발하고 공문을 작성하여 발송하는 일, 교구와 비품 관리 등을 포함한다. 그뿐만 아니라 모든 교육적인 행사를 준비하고 실시하며, 원아모집을 계획과 실행하여 학급을 편성하고, 영유아에 대한 각종 기록을 보관하며, 교직원에 대한 문서의 기록 및 보관을 위한 지식을 갖추는 것도 관련 역할에 포함된다. 아울러 교재 · 교구 구매계획 수립에 참여하고 기준에 따라 목록화하며, 실내외 시설 · 설비의 안전성에 대한 일상적 점검을 하여 보완되어야 할 시설 · 설비의 계획 수립에도 참여해야 한다. 또한, 보육 관련 공무원 및 인근 기관 교사와의 유대관계, 학부모와 상호 협조 관계를 원만하게 맺고 필요시 활용할 수 있도록 부모와의 긴밀한 연락체계도 수립하는 것을 포함한다.

이러한 역할 중에서 더 중요하거나 소홀히 해도 되는 것은 없다. 교수의 역할만큼이나 양육의 역할도 중요하며, 이 두 가지의 보육교사의 전문적 역할을 제대로 수행하기 위해서는 이를 지원할 관련 역할 역시 빈틈없이 이루어져야 한다. 실습생은 실습과정에서 지도교사를 통해 교사의 역할을 관찰하고 보조하며 경험하여야 한다. 하루 일과 중 실습생이 담당하는 보조자의 역할에 대하여 구체적으로 살펴보면 다음과 같다.

(1) 등원 및 맞이하기

일반적으로 교사는 보육계획에 따라 환경을 준비하고, 영유아가 등원하기 전에 환경 및 보육계획을 미리 점검한다. 보조교사로서 실습생은, 지도교사와 함께 그날의 보육환경을 정비하고 보육계획을 확인하고 그에 대한 지원을 담당하게 된다. 먼저 영유아의 등원 시에 실습생은 주교사와 마찬가지로 영유아가 자신을 따스하고 반갑게 맞이한다는 느낌을 받도록 해야 한다. 이를 위해 영유아의 건강상태, 기분, 변화된 모습을 관찰하고 학부모와 이와 관련된 의견을 교환하게 된다. 이때 영유아에 대한 투약이 필요한 경우 학부모와 간단한 상담이나 투약 의뢰도 등원 시간에 이루어지게 된다.

(2) 실내자유놀이

이 시간은 교사와 영유아 간의 적극적인 상호작용을 통하여 영유아의 성장 · 발달을 지원할 수 있는 중요한 시간이다. 이때 영유아는 실내자유놀이를 통해 영유아와 영유아, 영유아와 교구, 그리고 교사와 영유아 간의 상호작용을 경험하게 되고 이를 통하여 능동적인 학습을 하게 된다. 영유아 연령, 보육실 크기, 영유아의 수, 현재 관심 주제 등에 따라 차이가 있으나, 기본적으로 언어 영역, 수 · 과학 영역, 미술 영역, 조작 영역 등의 정적인 활동 영역과 소꿉 영역, 블록 영역, 대근육 활동 영역, 음률 영역 등 활동성이 큰 동적 영역을 배치한다.

이 시간에 교사가 담당하여야 할 역할은 놀이에 함께 참여하거나 놀이 방법과 정보를 제공하는 것, 영유아 간의 갈등을 중재하는 것, 놀이의 선택과 실행과정 등을 도와주는 것 등이다.

(3) 실외 놀이

영유아를 위한 실외 놀이는 원칙적으로 하루에 1회 이상 실시되어야 한다. 실외 놀이 시 교사는 영유아의 안전에 가장 큰 관심을 두어야 하며, 비상약품을 꼭 챙기도록 한다. 놀이기구를 이용하여 놀이하거나 게임, 산책 등의 다양한 실외 활동을 할 때 교사의 세밀한 관심이 요구된다. 또한, 날씨나 계절 등의 사정이 생길 때나 실외 놀이터가 부족한 경우 실내에 대근육 활동 공간과 동 · 식물 영역을 마련하고, 지역사회 내 자연환경 시설도 자주 이용한다.

(4) 대 · 소집단 활동

대 · 소집단 활동은 영유아가 집단으로 모여서 함께 활동에 참여하는 것을 의미한다. 이는 영유아의 연령에 따라 활동의 종류, 시간, 집단의 크기 등에서 차이를 보이게 된다. 이때 가장 중요한 점은 영유아의 관심과 수준을 고려하여 여러 가지 집단 활동을 계획하는 것이다.

집단 활동의 종류는 동화 들려주기, 게임, 신체 표현, 노래와 악기 연주 소개 등 다양하게 있다. 이 시간에 실습생은 보조교사로서 적극적으로 지원하면서 전체 수업을 관찰하며, 영유아가 활동에서 주의 집중을 할 수 있도록 지원한다.

(5) 간식과 점심

급 · 간식 시간은 영양 및 식사 예절 지도가 이루어지는 중요한 시간이다. 이때 배식과 정리로 바쁘다 보면 개별적인 식사 지도와 상호작용이 소홀해지기 쉽기 때문에 주의해야 한다. 먼저, 식사 및 간식 시간은 영유아에게 즐거운 시간이 될 수 있도록 지원하며, 밝고 기분 좋은 분위기에서 식사할 수 있도록 환경을 만들어 준다.

식품 알레르기가 있는 영유아를 확인하여 대체식품을 제공하며, 먹기 싫은 음식에 대하여 개인차를 존중하여 적은 양을 권해 보는 등 억지로 먹이지 않도록 한다.

급 · 간식 후에는 너무 움직임이 많은 활동은 피하고 조용한 활동을 중심으로 하여 휴식을 취할 수 있도록 배려하여야 한다. 또한, 식사 이후 투약, 이 닦기, 보육실 정돈과 재배치 등이 이루어진다.

(6) 손 씻기와 이 닦기

올바른 손 씻기와 이 닦기는 영유아들의 건강관리에 필수적인 활동이다. 특히, 여러 영유아가 함께 생활하는 어린이집에서의 감염을 예방하고 위생을 지키기 위해서는 손을 자주 씻고 청결하게 유지하도록 지원하는 일이 필요하다. 손은 더러워졌을 때뿐만 아니라 규칙적으로 오전과 오후에 씻도록 하면 감염을 줄이는 데 도움이 된다. 특히, 음식을 먹기 전과 실외 활동 후에는 손을 꼭 씻도록 한다. 손 씻기를 하는 과정에서 실습생들은 교사들과 함께 손 씻는 방법을 지도하는 등 적극적으로 지원해야 한다.

(7) 휴식 및 낮잠

어린이집에서는 기본보육시간 내에 한 번의 낮잠이나 휴식 시간을 계획한다. 낮잠 시간은 개인차가 있으나 만 2세 이하 영아는 2시간, 만 3세는 1시간 반 정도의 시간을 계획하며, 만 3세 이상의 유아는 낮잠보다는 일정한 시간의 휴식 시간을 배정하는 경우가 많다. 일과 중 잠깐이라도 편안하게 누워서 조용히 쉴 수 있는 시간을 배정하는 것은 영유아의 성장과 발달을 위해 매우 유용하다.

교사들은 이 시간을 이용하여 여러 가지 관련 사무를 처리하거나 교사들 간의 회의 혹은 교육활동을 준비하는 시간으로 이용하기도 한다. 따라서 실습생은 영유아의 낮잠과 휴식을 최대한 지원할 수 있어야 한다. 낮잠과 휴식이 끝난 후, 영유아에게 화장실에 다녀오게 하거나 옷을 갈아입히고 머리 빗기 등을 하며, 잠이 깨는 동안의 전이 시간을 가지는 것이 좋다. 이때 빨리 잠에서 깨는 영유아도 있지만 그렇지 못한 경우도 있으므로 영유아에게 충분히 잠에서 깨어날 시간을 제공해 준다.

(8) 오후 보육

오후 보육활동은 오랜 시간 어린이집에 머무르게 되어 영유아가 정신적 · 신체적으로 피곤하므로 편안하게 지낼 수 있도록 배려하여야 한다. 이를 위해 오후의 통합보육실에는 다양한 놀이 자료 이외에도 부드러운 의자와 침대, 커다란 인형 등을 두어 긴장을 풀 수 있도록 지원하는 것이 필요하며, 오후 활동은 긴장하게 되는 집단 활동보다는 편안한 개별 활동을 주로 제공하여 가정에서처럼 자연스럽게 휴식을 취하는 것도 필요하다.

3 보육과정에 대한 이해

어린이집의 보육과정인 '표준보육과정'은 영유아의 전인적인 성장과 발달을 돕고 민주시민으로서의 자질을 길러 영유아가 심신이 건강하고 조화로운 사회 구성원으로 자랄 수 있도록 하기 위하여 2007년 고시되어 2세 미만 보육과정, 2세 보육과정, 3~5세 보육과정이 현장에 적용되었다. 2012년에 5세 과정은 유치원 교육과정과 통합하여 '누리과정'이라는 이름으로 고시되었고 2013년 '3~5세 연령별 누리과정'이 포함된 '3차 표준보육과정'이 고시되었으며, 2020년에는 영유아 중심, 놀이 중심의 '제4차 어린이집 표준보육과정'이 고시되었다. 현재 현장에 적용되고 있는 '제4차 어린이집 표준보육과정'의 내용은 다음과 같다.

1) 표준보육과정의 성격

어린이집 표준보육과정(이하, '표준보육과정'이라 함)은 0~5세 영유아를 위한 국가수준의 보육과정이며, 0~1세 보육과정, 2세 보육과정, 3~5세 보육과정(누리과정)으로 구성한다.

가. 국가 수준의 공통성과 지역, 기관 및 개인 수준의 다양성을 동시에 추구한다.
나. 영유아의 전인적 발달과 행복을 추구한다.
다. 영유아 중심과 놀이 중심을 추구한다.
라. 영유아의 자율성과 창의성 신장을 추구한다.
마. 영유아, 교사, 원장, 부모 및 지역사회가 함께 실현해 가는 것을 추구한다.

2) 표준보육과정의 구성 방향

(1) 추구하는 인간상

표준보육과정이 추구하는 인간상은 다음과 같다.

가. 건강한 사람
나. 자주적인 사람
다. 창의적인 사람
라. 감성이 풍부한 사람
마. 더불어 사는 사람

(2) 목적과 목표

표준보육과정의 목적은 영유아가 놀이를 통해 심신의 건강과 조화로운 발달을 이루고, 바른 인성과 민주 시민의 기초를 형성하는 데 있다.

이를 실현하기 위한 목표는 다음과 같다.

가. 0~2세 보육과정 목표

1) 자신의 소중함을 알고, 건강하고 안전한 환경에서 즐겁게 생활한다.
2) 자신의 일을 스스로 하고자 한다.
3) 호기심을 가지고 탐색하며 상상력을 기른다.

4) 일상에서 아름다움에 관심을 가지고 감성을 기른다.
5) 사람과 자연을 존중하고 소통하는 데 관심을 가진다.

나. 3~5세 보육과정 목표

1) 자신의 소중함을 알고, 건강하고 안전한 생활 습관을 기른다.
2) 자신의 일을 스스로 해결하는 기초능력을 기른다.
3) 호기심과 탐구심을 가지고 상상력과 감수성을 기른다.
4) 일상에서 아름다움을 느끼고 문화적 감수성을 기른다.
5) 사람과 자연을 존중하고 배려하며 소통하는 태도를 기른다.

(3) 구성의 중점

표준보육과정 구성의 중점은 다음과 같다.

가. 영유아는 개별적인 특성을 지닌 고유한 존재임을 전제로 구성한다.
나. 0~5세 모든 영유아에게 적용할 수 있도록 구성한다.
다. 추구하는 인간상 구현을 위한 지식, 기능, 태도 및 가치를 반영하여 구성한다.
라. 표준보육과정은 다음의 영역을 중심으로 구성한다.
1) 0~1세 보육과정과 2세 보육과정은 기본생활, 신체운동, 의사소통, 사회관계, 예술경험, 자연탐구의 6개 영역을 중심으로 구성한다.
2) 3~5세 누리과정은 신체운동 · 건강, 의사소통, 사회관계, 예술경험, 자연탐구의 5개 영역을 중심으로 구성한다.
마. 0~5세 영유아가 경험해야 할 내용으로 구성한다.
바. 초등학교 교육과정과의 연계성을 고려하여 구성한다.

3) 표준보육과정의 운영

(1) 편성 · 운영

다음의 사항에 따라 표준보육과정을 편성 · 운영한다.

가. 어린이집의 운영 시간에 맞추어 편성한다.
나. 표준보육과정을 바탕으로 각 기관의 실정에 적합한 계획을 수립하여 운영한다.
다. 하루 일과에서 바깥 놀이를 포함하여 영유아의 놀이가 충분히 이루어지도록 편성하여 운영한다.
라. 성, 신체적 특성, 장애, 종교, 가족 및 문화적 배경 등에 따른 차별이 없도록 편성하여 운영한다.
마. 영유아의 발달과 장애 정도에 따라 조정하여 운영한다.
바. 가정과 지역사회와의 협력과 참여에 기반하여 운영한다.
사. 교사 연수를 통해 표준보육과정의 운영을 개선할 수 있도록 한다.

(2) 교수 · 학습

교사는 다음 사항에 따라 영유아를 지원한다.

가. 영유아의 의사 표현을 존중하고 민감하게 반응한다.
나. 영유아가 흥미와 관심에 따라, 놀이에 자유롭게 참여하고 즐기도록 한다.
다. 영유아가 놀이를 통해 배우도록 한다.
라. 영유아가 다양한 놀이와 활동을 경험할 수 있도록 실내외 환경을 구성한다.
마. 영유아와 영유아, 영유아와 교사, 영유아와 환경 사이에 능동적인 상호작용이 이루어지도록 한다.
바. 각 영역의 내용이 통합적으로 영유아의 경험과 연계되도록 한다.
사. 개별 영유아의 요구에 따라, 휴식과 일상생활이 원활히 이루어지도록 한다.
아. 영유아의 연령, 발달, 장애, 배경 등을 고려하여 개별 특성에 적합한 방식으로 배우도록 한다.

(3) 평가

평가는 다음 사항에 중점을 두고 실시한다.

가. 표준보육과정 운영의 질을 진단하고 개선하기 위해, 평가를 계획하고 실시한다.
나. 영유아의 특성 및 변화 정도와 표준보육과정의 운영을 평가한다.
다. 평가의 목적에 따라 적합한 방법을 사용하여 평가한다.
라. 평가의 결과는 영유아에 대한 표준보육과정 운영 개선을 위한 자료로 활용할 수 있다.

4) 표준보육과정의 내용

0~1세와 2세 표준보육과정은 기본생활, 신체운동, 의사소통, 사회관계, 예술경험, 자연탐구의 6개 영역으로 이루어진다. 영역별 내용범주와 내용은 다음과 같다.

〈표 3-4〉 0~1세, 2세 표준보육과정의 영역과 내용

영역	내용범주	0~1세 내용	2세 내용
기본생활	건강하게 생활하기	도움을 받아 몸을 깨끗이 한다.	자신의 몸을 깨끗이 해 본다.
		음식을 즐겁게 먹는다.	음식에 관심을 가지고 즐겁게 먹는다.
		하루 일과를 편안하게 경험한다.	하루 일과를 즐겁게 경험한다.
		배변 의사를 표현한다.	건강한 배변 습관을 갖는다.
	안전하게 생활하기	안전한 상황에서 놀이하고 생활한다.	일상에서 안전하게 놀이하고 생활한다.
		안전한 상황에서 교통수단을 이용해 본다.	교통수단을 안전하게 이용해 본다.
		위험하다는 말에 주의한다.	위험한 상황에 대처하는 방법을 경험한다.
신체운동	감각과 신체 인식하기	감각적 자극에 반응한다.	감각능력을 활용한다.
		감각으로 주변을 탐색한다.	
		신체를 탐색한다.	신체를 인식하고 움직인다.
	신체활동 즐기기	대소근육을 조절한다.	대소근육을 조절한다.
		기본 운동을 시도한다.	기본 운동을 즐긴다.
		실내외 신체활동을 즐긴다.	실내외 신체활동을 즐긴다.

영역	내용범주	0~1세 내용	2세 내용
의사소통	듣기와 말하기	표정, 몸짓, 말과 주변의 소리에 관심을 갖고 듣는다.	표정, 몸짓, 말에 관심을 갖고 듣는다.
		상대방의 이야기를 들으면서 말소리를 낸다.	상대방의 이야기를 듣고 말한다.
		표정, 몸짓, 말소리로 의사를 표현한다.	표정, 몸짓, 단어로 의사를 표현한다.
			자신의 요구와 느낌을 말한다.
	읽기와 쓰기에 관심 가지기	주변의 그림과 상징에 관심을 가진다.	주변의 그림과 상징, 글자에 관심을 가진다.
		끼적이기에 관심을 가진다.	끼적이며 표현하기를 즐긴다.
	책과 이야기 즐기기	책에 관심을 가진다.	책에 관심을 가지고 상상한다.
		이야기에 관심을 가진다.	말놀이와 이야기에 재미를 느낀다.
사회관계	나를 알고 존중하기	나를 인식한다.	나와 다른 사람을 구별한다.
		나의 욕구와 감정을 나타낸다.	나의 감정을 표현한다.
		나와 친숙한 것을 안다.	내가 좋아하는 것을 한다.
	더불어 생활하기	안정적인 애착을 형성한다.	가족에게 관심을 가진다.
		또래에게 관심을 가진다.	또래와 함께 놀이한다.
		다른 사람의 감정과 행동에 관심을 가진다.	다른 사람의 감정과 행동에 반응한다.
		반에서 편안하게 지낸다.	반에서의 규칙과 약속을 알고 지킨다.
예술경험	아름다움 찾아보기	자연과 생활에서 아름다움을 느낀다.	자연과 생활에서 아름다움을 느끼고 즐긴다.
		아름다움에 관심을 가진다.	아름다움에 관심을 갖고 찾아본다.
	창의적으로 표현하기	소리와 리듬, 노래로 표현한다.	익숙한 노래와 리듬을 표현한다.
			움직임과 춤으로 자유롭게 표현한다.
		감각을 통해 미술을 경험한다.	미술 재료와 도구로 표현해 본다.
		모방 행동을 즐긴다.	일상생활 경험을 상상놀이로 표현한다.
자연탐구	탐구과정 즐기기	주변 세계와 자연에 대해 호기심을 가진다.	주변 세계와 자연에 대해 호기심을 가진다.
		사물과 자연 탐색하기를 즐긴다.	사물과 자연을 반복하여 탐색하기를 즐긴다.
	생활 속에서 탐구하기	친숙한 물체를 감각으로 탐색한다.	친숙한 물체의 특성과 변화를 감각으로 탐색한다.
		물체의 수량에 관심을 가진다.	물체의 수량에 관심을 가진다.
		주변 공간과 모양을 탐색한다.	주변 공간과 모양을 탐색한다.
		규칙성을 경험한다.	규칙성에 관심을 가진다.
			주변 사물을 같고 다름에 따라 구분한다.
			생활 도구에 관심을 가진다.
	자연과 더불어 살기	주변의 동식물에 관심을 가진다.	주변의 동식물에 관심을 가진다.
		날씨의 변화를 감각으로 느낀다.	날씨와 계절의 변화를 감각으로 느낀다.

3~5세 표준보육과정은 신체운동 · 건강, 의사소통, 사회관계, 예술경험, 자연탐구의 5개 영역으로 이루어진다. 영역별 내용범주와 내용은 다음과 같다.

〈표 3-5〉 3~5세 표준보육과정의 영역과 내용

영역	내용범주	3~5세 내용
신체운동 · 건강	신체활동 즐기기	신체를 인식하고 움직인다.
		신체 움직임을 조절한다.
		기초적인 이동 운동, 제자리 운동, 도구를 이용한 운동을 한다.
		실내외 신체활동에 자발적으로 참여한다.
	건강하게 생활하기	자신의 몸과 주변을 깨끗이 한다.
		몸에 좋은 음식에 관심을 가지고 바른 태도로 즐겁게 먹는다.
		하루 일과에서 적당한 휴식을 취한다.
		질병을 예방하는 방법을 알고 실천한다.
	안전하게 생활하기	일상에서 안전하게 놀이하고 생활한다.
		TV, 컴퓨터, 스마트폰 등을 바르게 사용한다.
		교통안전 규칙을 지킨다.
		안전사고, 화재, 재난, 학대, 유괴 등에 대처하는 방법을 경험한다.
의사소통	듣기와 말하기	말이나 이야기를 관심 있게 듣는다.
		자신의 경험, 느낌, 생각을 말한다.
		상황에 적절한 단어를 사용하여 말한다.
		상대방이 하는 이야기를 듣고 관련해서 말한다.
		바른 태도로 듣고 말한다.
		고운 말을 사용한다.
	읽기와 쓰기에 관심 가지기	말과 글의 관계에 관심을 가진다.
		주변의 상징, 글자 등의 읽기에 관심을 가진다.
		자신의 생각을 글자와 비슷한 형태로 표현한다.
	책과 이야기 즐기기	책에 관심을 가지고 상상하기를 즐긴다.
		동화, 동시에서 말의 재미를 느낀다.
		말놀이와 이야기 짓기를 즐긴다.
사회관계	나를 알고 존중하기	나를 알고 소중히 여긴다.
		나의 감정을 알고 상황에 맞게 표현한다.
		내가 할 수 있는 것을 스스로 한다.

영역	내용범주	3~5세 내용
사회 관계	더불어 생활하기	가족의 의미를 알고 화목하게 지낸다.
		친구와 서로 도우며 사이좋게 지낸다.
		친구와의 갈등을 긍정적인 방법으로 해결한다.
		서로 다른 감정, 생각, 행동을 존중한다.
		친구와 어른께 예의 바르게 행동한다.
		약속과 규칙의 필요성을 알고 지킨다.
	사회에 관심 가지기	내가 살고 있는 곳에 대해 궁금한 것을 알아본다.
		우리나라에 대해 자부심을 가진다.
		다양한 문화에 관심을 가진다.
예술 경험	아름다움 찾아보기	자연과 생활에서 아름다움을 느끼고 즐긴다.
		예술적 요소에 관심을 갖고 찾아본다.
	창의적으로 표현하기	노래를 즐겨 부른다.
		신체, 사물, 악기로 간단한 소리와 리듬을 만들어 본다.
		신체나 도구를 활용하여 움직임과 춤으로 자유롭게 표현한다.
		다양한 미술 재료와 도구로 자신의 생각과 느낌을 표현한다.
		극놀이로 경험이나 이야기를 표현한다.
	예술 감상하기	다양한 예술을 감상하며 상상하기를 즐긴다.
		서로 다른 예술 표현을 존중한다.
		우리나라 전통 예술에 관심을 갖고 친숙해진다.
자연 탐구	탐구과정 즐기기	주변 세계와 자연에 대해 지속적으로 호기심을 가진다.
		궁금한 것을 탐구하는 과정에 즐겁게 참여한다.
		탐구과정에서 서로 다른 생각에 관심을 가진다.
	생활 속에서 탐구하기	물체의 특성과 변화를 여러 가지 방법으로 탐색한다.
		물체를 세어 수량을 알아본다.
		물체의 위치와 방향, 모양을 알고 구별한다.
		일상에서 길이, 무게 등의 속성을 비교한다.
		주변에서 반복되는 규칙을 찾는다.
		일상에서 모은 자료를 기준에 따라 분류한다.
		도구와 기계에 대해 관심을 가진다.
	자연과 더불어 살기	주변의 동식물에 관심을 가진다.
		생명과 자연환경을 소중히 여긴다.
		날씨와 계절의 변화를 생활과 관련 짓는다.

4차 표준보육과정은 기존의 연령체계를 유지하여 0~1세 보육과정, 2세 보육과정, 3~5세 보육과정(누리과정)으로 제시되었으며, 영유아 기본 권리의 개별 보장을 중시하여 영유아는 개별적인 특성을 지닌 고유한 존재로 존중받아야 함을 강조하였고 전체적으로 영유아 중심, 놀이 중심을 추구하고 있다.

4 보육실습의 내용

1) 관찰하기

실습의 처음은 영유아의 행동과 하루 일과, 그리고 교사의 행동 등에 대한 관찰로 시작된다. 실습에서 첫 단계인 관찰은 전체 실습의 성패를 결정할 중요한 단계이므로 세밀히 관찰하고 분석하는 것이 필요하다. 이를 위해 관찰 방법에 대해 구체적으로 알고 있어야 한다.

관찰법이란 관찰 대상이 일상생활 속에서 자연스럽게 활동하는 모습을 본 대로 기록하는 것으로 가장 일반적이고 보편적인 방법이다. 관찰법에서는 일정한 도구가 없이 관찰자 자신이 평가 도구가 되며, 관찰자는 관찰된 사실을 그대로 기록하기 때문에 관찰 능력과 기술이 우수할수록 정확한 판단을 내리게 된다.

이를 통해 실습생은 담당 영유아의 행동과 발달 수준을 더욱 정확히 파악하여 영유아의 발달에 적합한 보육과정을 구성하는 데 중요한 자료를 제공한다. 이뿐만 아니라, 교사의 하루 일과 계획 및 운영, 그리고 교사의 교수 행동에 대해 세밀한 관찰을 할 수 있으며, 더욱 적합한 교수 활동에 관한 정보를 얻을 수 있다. 따라서 실습생이 관찰법의 장·단점에 관해 바르게 이해하고 관찰 방법에 익숙하다면, 유용하게 사용할 수 있을 것이다.

관찰을 통해 좋은 평가 자료를 얻기 위해서 관찰자는 다음과 같은 점에 주의하여야 한다.

관찰자가 주의할 점

- 다양한 상황에서 영유아를 관찰할 수 있도록 적절한 시간과 장소를 결정해야 한다.
- 관찰 내용은 일정한 형식에 따라 일관성 있게 기록해야 하며, 관찰된 내용을 기록할 때는 실제로 관찰한 것과 관찰자의 해석을 분명히 구분해야 한다.
- 영유아의 행동이 일어났을 때 즉시 기록할 수 있도록 항상 준비한다.
- 관찰할 때 관찰자는 추측해서는 안 되며, 오직 실제로 일어난 상황만을 그대로 기록으로 옮겨야 한다.
- 영유아나 교사의 주변 요소, 즉 후광효과(halo effect)에 의해 그들의 행동을 미리 판단하거나 선입견을 품고 관찰하여서는 안 되며, 영유아나 교사에 대한 자신의 느낌이나 태도에서 편견이 없도록 유의한다.

일반적으로 관찰법에는 일화기록법, 평정척도, 행동목록 등을 들 수 있다. 이러한 관찰 방법 중 실습생이 사용하기에 적합한 방법은 일화기록법이다. 평정척도나 행동목록 등은 관찰 대상이 영유아일 경우에는 유용할 수 있으나, 하루 일과 중 보조교사의 역할도 수행하여야 하는 실습생의 경우 이러한 척도를 이용하기에는 어려움이 있다.

일화기록(anecdotal record)이란 짧은 내용의 사건이나 행동에 대한 기록이다. 교실 내에서 눈에 띄는 행동이나 사건이 생길 때, 사실의 순서대로 기록하는 방법이다. 이때 그 현장에 없었던 사람이 읽어 보아도 그 사건이나 상황을 확실히 알 수 있도록 주변 상황과 주요 인물의 말 등을 사실적으로 기록해야 한다. 그러나 바쁜 하루의 모든 상황을 그 즉시 기록으로 남긴다는 것은 불가능하므로 사건, 말의 요지, 주변 상황, 주요 단어 등을 기록해 두었다가 일과가 끝난 후 바로 상황을 기록하는 것이 좋다.

〈표 3-6〉 일화기록의 예

이름	한이슬	일시	2012년 5월 4일(금)	장소	놀이터
기록	이슬이가 모래밭에서 놀고 있었다. 옆에서 훈이와 영희도 모래놀이를 하였다. 그때 훈이가 갑자기 눈에 모래가 들어갔다고 울기 시작했다. 이슬이는 얼른 훈이에게로 다가가서 "이리 와. 내가 수돗가에 데려가 줄게…. 눈 뜨지 마." 하고는 손을 잡고 수돗가로 데리고 갔다.				
분석	친구의 입장을 고려하여 도움을 주고자 하였음				

만약, 실습생이 이 방법을 사용하여 일과를 기록하고자 한다면, 먼저 그날의 일과 계획을 교사에게서 얻어 사용하는 것이 도움이 된다. 즉, 보육계획안을 기반으로 그날 활동에서 일어났던 일들을 자세히 기록하는 것이 좋다. 대부분은 하루 일과의 활동 중에는 일과를 기록하기 어려울 경우가 많다. 따라서 하루 일과가 끝난 후, 그 하루를 정리하면서 자세히 기억나는 것을 반추해 보는 것이 적절하다. 이러한 기억을 통하여 일과의 운영에 대해 자세히 분석해 볼 수 있으며, 교사와 영유아 간의 상호작용이나 교사의 역할에 관해 확인해 볼 수 있다.

2) 상호작용하기

학습과정에 있어서 보육교사의 가장 중요한 역할은 상호작용이다. 영유아는 사회의 규범, 생활양식, 인간관계 기술 등을 교사-영유아, 영유아-영유아, 영유아-교재·교구 간의 상호작용을 통해 습득한다. 이를 위해 교사는 영유아에게 언어뿐만 아니라 비언어적 상호작용도 적극적으로 사용해야 한다. 즉, 교사는 정보를 제공하며 개방적인 질문을 사용하는 등 언어적인 상호작용은 물론이며, 미소 짓기, 쓰다듬기, 안아주기와 같은 신체적 접촉과 교사가 몸을 낮추고 영유아와 눈 맞춤을 하는 등 비언어적 상호작용을 사용해야 한다.

실습생이 영유아와 올바르게 상호작용을 하기 위해서는 다음과 같은 사항을 주의하는 것이 좋다.

- 교사는 항상 영유아와 일대일로 얼굴을 마주 보며 말하고 상호작용해야 한다. 교사-영유아의 상호작용에서 가장 중요한 요소는 영유아와 교사가 일대일로 눈 맞춤하는 것이다. 눈을 맞추는 것은 영유아와 교사 간의 신뢰감을 높이며, 이를 기반으로 하여 상호작용이 더욱 효율적으로 이루어질 수 있을 것이다.
- 교사는 영유아의 놀이에 관해 관심을 보이고 그들의 관심과 욕구를 존중해야 한다. 영유아의 활동에 관해 관심을 보이고 관찰하고, 놀이에 대해 반응하고 놀이에의 참여를 격려해야 한다. 또한, 영유아의 성취에 대해 칭찬함으로써 영유아가 자신이 능력 있다고 느낄 수 있도록 지원해야 한다.
- 교사는 항상 영유아의 반응을 기다려 주고 스스로 성취할 수 있는 일, 스스로 탐구하고 탐색하는 일을 스스로 수행할 기회를 제공해야 한다. 또한, 영유아가 스스로 과제를 수행함에 있어서 도움이 필요할 경우, 스스로 수행할 수 있도록 지원해 주어야 한다.
- 언어적 자극을 통하여 영유아의 행동이나 활동, 새로운 시도의 성취 등에 대해 격려하고 언어적으로 확대시켜 준다. 또한, 영유아의 놀이가 더욱 복합적이 되며 다양한 놀이로 진전될 수 있도록 지원한다.
- 실습생의 상호작용 시도가 영유아의 활동에 방해되지 않도록 주의한다. 실습생은 항상 영유아와 상호작용하여야 한다는 강박관념에 적극적으로 상호작용을 시도하다 보면 오히려 영유아의 활동을 방해하기도 한다. 또한, 반대로 무엇을 어떻게 해야 하는지를 몰라 영유아를 가만히 쳐다보기만 하기도 한다. 이러한 오류를 줄이기 위하여 실내놀이활동 시간 등에서 영유아 간의 자연스러운 놀이가 이루어졌을 때 언제, 어떻게 상호작용을 시도하여야 하는지에 대해 알고 있는 것이 적절하다. 이를 위해 실습생은 먼저 영유아의 활동을 항상 세밀히 관찰하는 것이 좋으며, 정확하게 상호작용을 시도해야 한다고 확신이 들 때 개입하도록 노력한다. 일반적으로 영유아의 놀이 상황에서 교사가 상호작용을 시도할 때는 영유아가 놀이 중 도움을 요청할 때, 놀이가 새로운 방향으로 확장되어야 할 때, 영유아가 또래 집단으로부터 소외당하고 있을 때, 영유아가 교사를 놀이 상황으로 초대할 때 등이다. 또한, 영유아와의 상호작용을 시도할 때 무조건

"나도 같이 놀자." 등과 같이 적극적으로 시도하기보다는 현재 이루어지고 있는 영유아의 놀이를 방해하지 않는 방법으로 접근하는 것이 필요하다. 예를 들어, 역할놀이 중인 상황이라면 "똑똑, 저 차 한 잔 마시러 왔는데요.", "음식 장만하는 것을 도와드릴까요?" 아니면 "나도 예쁘게 화장해야 하는데요." 등의 시도를 통하여 놀이 상황에 적절하게 스스로 역할을 맡는 것이 유용할 수 있다.

3) 평가

실습에서의 평가는 자신의 전문적 발달을 위해 필수적인 요소이다. 이는 실습생이 자신의 책무를 다 했는지에 관한 검사나 판정의 측면이 아니라 전문적인 보육교사로 발전하기 위한 것으로, 객관적이고 세밀한 평가의 과정이 힘들고 심리적으로 괴롭더라도 필수적으로 수용해야 할 부분이다.

보육실습의 평가는 다음과 같은 목적과 목표가 있다(한국보육진흥원, 2017).

보육실습 평가의 목적

- 보육실습의 진행 정도를 파악하여 실습의 질을 진단한다.
- 실습생의 보육 역량을 강화하여 전문성을 확보한다.
- 예비보육교사의 발전과정을 이해하여 반성적 사고를 촉진한다.
- 보육교사의 역할 수행에 대한 긍정적 태도를 기른다.

보육실습 평가의 목표

- 보육실습의 목표달성 여부를 확인한다.
- 실습생의 보육실습 성취도를 구체화한다.
- 실습생에게 보육교사로서의 향후 진로에 도움을 준다.
- 실습생에게 보육교사로서의 역량 여부에 대한 자기 이해를 돕는다.
- 보육실습 결과를 확인하여 실무능력의 보완점을 파악한다.
- 국가자격증 부여의 조건인 학과목 이수 인정의 근거자료가 된다.

실습 평가는 지도교사에 의해 이루어지는 평가와 원장 혹은 주임교사의 평가, 그리고 자기 자신의 평가 등을 들 수 있다. 대부분은 교사나 주임, 원장의 평가 등 타인에 의한 평가는 많이 이루어지지만 자기 스스로 실습에 대해 평가하는 부분은 무시되기 쉽다. 그러나 교수–학습과정에서 능력 있는 교사가 되기 위해서 자신의 행동에 관한 평가는 필수적이다. 교사의 의식적 · 무의식적 행동 모두가 영유아에게 매우 큰 영향을 미칠 수 있으며, 영유아가 교사의 계획과는 다르게 교수–학습과정을 받아들일 수 있기 때문이다.

먼저, 실습생의 교수–학습과정에서 수업을 위한 준비와 교수 행동에 대한 타인의 평가는 긍정적으로 수용하는 것이 좋다. 더욱 객관적인 관점에서, 그리고 경험이 많은 교사에 의해서 이루어지는 평가는 교사로서 발전하기 위해 매우 유용한 것이기 때문이다. 실습생은 타인의 평가내용이 혹독하더라도 실습은 학생으로서 배우는 과정의 하나이기 때문에 자기 자신의 능력에 대한 신뢰를 잊지 않도록 노력하여야 하며, 이러한 경험을 바탕으로 더욱 전문적인 교사로 성장할 수 있다는 생각을 가지는 것이 좋다. 즉, 지도교사는 실습생의 행동과 태도까지 세밀하게 점검하므로, 실습생은 이러한 지도교사의 평가내용을 자신의 발전을 위한 과정으로 생각하고 수용하는 것이 바람직하다.

실습을 마치면 실습한 기관에서는 한국보육진흥원(2017)이 제시한 평가서를 참고하여 실습생의 실습내용을 평가한다. 그러므로 다음의 평가서를 참고하여 실습기간동안 스스로를 점검하고 돌아보는 것이 필요하다.

〈표 3-7〉 보육실습생 평가 영역 및 배점

영역		평가 항목	배점
근무태도와 자질(20점)	근무 사항	출석, 결석, 지각, 조퇴 등	5
	태도	성실성, 근면성, 친절, 적극성, 복장 및 용모, 예절	5
	자질	영유아 존중, 책임감, 인성, 열의	
	관계 형성	실습 지도교사와의 관계, 동료 실습생과의 관계	5
보육활동 계획과 실행(30점)	보육활동 계획	영역별, 반일(일일) 보육활동의 계획의 적합성과 충실한 준비	15
	보육활동 실행	영역별, 반일(일일) 보육활동의 효과적이고 적절한 실행 정도	15
예비보육교사로서 역할 수행(30점)		영유아 행동 및 놀이 관찰, 보육환경 관찰	5
		보육일과 진행 보조와 일생활지도	10
		영유아 상호작용과 놀이 참여	15
보육실습일지 작성(10점)		구체적이고 충실한 보육실습일지 작성과 일일자기평가 및 지도교사 평가 반영	10
총평(10점)		실습 기간 동안 예비보육교사로서 향상된 정도	10
총점			100

출처: 한국보육진흥원(2017).

타인의 평가 이외에 자기 자신에 대한 평가는 항상 이루어져야 한다. 이러한 교수-학습과정에서 자기 교수방법에 대한 평가는 영유아의 흥미, 반응, 태도 등에 관한 내용을 통해 이루어질 수 있다. 만약, 영유아의 성취도, 참여 및 흥미가 낮다면 교사가 준비한 자료나 활동, 활동의 제공방법이 적절치 않았기 때문일 수 있다. 따라서 일과를 마친 후 본인의 하루를 되돌아 생각해 보면서 앞으로의 새로운 실행을 위한 반성적 사고를 실행함으로써 본인의 교수활동을 되돌아 볼 수 있을 것이다.

자신의 실습에 대해 체계적으로 평가해 보려면, 자신의 보육과정 계획과 실행, 그리고 영유아와의 상호작용 등에 대해 다음과 같은 내용(심성경 · 조순옥 · 이정숙 · 이춘자 · 이효숙, 1998)을 중심으로 생각해 보는 것이 좋다.

보육실습에 대한 자기 평가 내용

- 활동이 영유아의 발달 정도에 적절하였는가? 적절하지 않았다면 어떻게 변형시킬 수 있는가?
- 활동이 잘 진행되었는가? 그렇게 생각하는 이유는? 아니라면 어떻게 수정할 수 있는가?
- 활동이 영유아의 사전 발달이나 활동과 어떻게 연결되는가?
- 모든 영유아를 반갑게 맞이하였으며, 그들의 말을 경청해 주었는가? 그리고 항상 따뜻하게 대하였는가?
- 개별적인 다양한 요구를 이해하고 이를 수용하였는가? (예 활동에 대한 흥미나 적극성의 차이/낮잠 등 신체적 요구/의사표현 기술/활동 수준 차이)
- 영유아와의 상호작용은 적합하였는가? (예 일대일 눈 맞춤/관심 표현/정보 제공/놀이/칭찬과 격려)
- 또래 간의 긍정적인 관계를 장려하였는가?

실습생은 자신의 6주 동안의 보육실습 과정을 스스로 평가하여 보육교사로서의 발전을 위한 토대로 삼을 수 있다. 자신의 보육실습 과정과 결과를 평가 척도에 의한 자기 평가, 반성적 저널에 의한 자기 평가, 보육실습 종료 후 보육실습 소감을 기록하거나 보육실습일지에 자기 평가를 기록할 수 있다.

쉬어가기 보육실습생의 자기 평가

1) 원아관리 및 생활지도

- 내가 맡은 학급원아 전체의 이름을 알고 있다.
- 내가 맡은 학급원아 전체의 개인신상카드나 원아 현황자료를 작성하여 참고하였다.
- 놀이에 열중하고 있는 원아들을 관찰, 기록하였다.
- 내가 맡은 학급 원아들의 개인적인 문제들을 파악하고 지도교사와 협의하였다.

2) 보육활동의 기술 향상

- 보육활동의 목표를 올바르게 이해하였다.
- 보육계획안을 충실하고 정확하게 계획하였다.
- 보육활동 목표에 알맞은 지도 계획을 수립하였다.

- 자료의 준비에 최선을 다했으며, 내가 제작한 학습 자료를 영유아들도 좋아하였다.
- 창의적인 교수-학습 방법을 활용하였다.
- 말을 명료하게 하고 영유아들이 하는 말을 적극적으로 수용하였다.
- 보육활동의 내용과 방법을 매일 분석하고 개선하려고 하였다.
- 보육활동을 수행하는 데 최선을 다하였다.

3) 영유아들의 특성 이해 및 개인차 고려

- 영유아들의 학습 동기를 유발하기 위하여 적절한 방법을 사용하였다.
- 영유아 개개인의 요구를 항상 파악하였다.
- 발달이 느리거나 이해도가 낮은 영유아의 향상을 위하여 노력하였다.
- 대학 또는 양성기관에서 배운 영유아 발달 심리의 지식을 실제에 적용하였다.
- 개인차에 따른 지도를 하였다.

4) 감정 조절 및 실습생의 자세

- 학습을 방해하거나 부적응 행동을 하는 영유아들을 감정적으로 대하지 않았다.
- 실습어린이집의 원장 및 지도교사, 지도교수의 충고를 적극적으로 수용, 실천하려 하였다.

5) 학급 집단의 구조 이해

- 학급 내에서 인기아, 고립아, 배척아를 찾아냈으며 그 이유를 알아냈다.
- 고립아, 배척아를 개별적으로 지도하여 집단 속에서 잘 어울리게 하였다.

6) 학습 자료의 효율적 사용

- 영유아들의 학습 효과를 높이기 위하여 나 스스로 학습 자료를 제작, 사용하였다.
- 학습 자료를 실제 교수-학습 활동 장면에서 적절하게 사용하였다.
- 보육활동의 목적에 적합한 학습 자료를 선정, 제작하여 사용하였다.

7) 학급 경영 기술의 향상

- 일과 운영을 충실하게 하기 위하여 일과 운영 계획을 실천에 옮기고자 노력하였다.
- 일과 활동 중 항상 흥미롭고 새로운 주제로 영유아들에게 다양한 경험을 제공하였다.
- 학급 전체 집단 영유아들과의 대화를 효율적으로 진행하였다.
- 보육실의 통풍, 채광, 청소 등 위생적 환경을 제공하고자 노력하였다.
- 실내외의 정돈 및 환경 미화를 열심히 하였다.
- 어린이집의 각종 장부와 기록물의 작성을 잘 하였고 보관에 신중하였다.

8) 영유아의 조화로운 성장 · 발달 추구

- 영유아 개개인의 보육활동 목표 선정에 적극적으로 참여하였다.
- 목표 달성을 위하여 영유아의 활동을 잘 도왔다.
- 목표 달성을 위한 영유아의 활동을 영유아 스스로 올바르게 평가할 수 있도록 지도하였다.
- 영유아 개개인의 특성과 능력을 파악하여 뒤떨어지는 면을 보완해 주고자 노력하였다.

9) 적절한 평가

- 다양한 평가방법 및 도구를 적절한 시기에 사용하였다.
- 영유아에 대한 평가 결과를 분석, 연구하여 영유아 지도에 활용하였다.
- 영유아의 행동 특성과 반응을 누가적으로 기록하였다.
- 보육실습생으로서 자기 평가가 중요함을 인식하고 있다.
- 유능한 교사가 되기 위하여 충고나 비판을 늘 수용하며 단점을 고치려고 노력하였다.

10) 실습어린이집과의 유대

- 어린이집의 인사행정체계를 잘 이해하였다.
- 원장, 주임, 지도교사의 특성을 이해하고 원만한 인간관계를 유지하였다.
- 보육실습 기간 중 늘 웃는 얼굴로 먼저 인사하였다.
- 어린이집 및 학급에서 일어난 일을 지도교사나 지도교수 외에 다른 사람에게 함부로 이야기하지 않았다.

11) 교직 수행

- 보육실습이 나의 보육교사 훈련에 도움이 되었다.
- 스스로 평가해 볼 때 보육교사로서의 자질과 기술을 갖추었다.
- 모든 영유아를 진심으로 사랑하며, 영유아들로부터 신뢰와 존경을 받았다.

12) 기타

- 어린이집에서 실시되는 부모교육의 내용 및 방법에 대하여 잘 알게 되었다.
- 각종 교직원 회의나 연수회, 사례 발표회 등에 적극적으로 참여하였다.
- 지도교사의 영유아 생활지도 및 상담 활동에 대한 사례를 충실하게 관찰하고 실행하였다.
- 어린이집에서 실시되는 각종 행사의 목적과 내용, 방법 등을 올바르게 이해하였다.

교사가 자신의 교수 활동과 관련하여 스스로 평가해 볼 수 있는 또 다른 방법은 스스로의 교수 활동에 대해 반성적 사고(reflective thinking)를 이용하는 것이다. 반성적 사고란 전문 직종에 종사하는 사람들이 가진 특성 중 하나이며(Schon, 1983), 과거나 현재에 일어나고 있는 실천적 행위에 대한 사려 깊고 분석적인 사고로부터 미래의 행위에 대한 방향을 결정하는 자연스러운 과정이다(박은혜, 1996).

반성적 사고가 일어나는 시기에 따라 실천 행위에 대한 반성적 사고(reflection-on-practice), 실천 행위 중의 반성적 사고(reflection-in-practice)와 실천 행위를 위한 반성적 사고(reflection-for-practice) 등으로 분류할 수 있다(Killion & Todnem, 1991). 실천 행위 중 반성적 사고란 영유아와의 교수 활동 중 일어나는 것으로 영유아를 위한 수업 중 영유아의 반응을 보고 판단하여 교수 내용이나 방법을 변경하는 실천적 행위가 일어날 때를 의미한다. 또한, 실천 행위에 대한 반성적 사고란 이미 일어난 상황에 대해 나중에 반성적으로 사고하고 그 결과를 다음의 실천 행위에 반영하는 것을 말한다. 마지막으로 실천 행위를 위한 반성적 사고란 위의 두 가지 반성적 사고의 결과를 바람직하게 하는 좀 더 적극적인 개념이다.

보육실습을 마친 후 대학 및 양성기관에서는 지도교수와 보육실습생이 함께 보육실습어린이집의 시설 및 프로그램, 보육교사와의 인간관계, 보육실습 시 어려웠던 점, 보육실습 전후로 변화된 점, 대학 및 양성기관에 대한 건의사항 등을 고려하여 보육실습 평가회를 한다. 평가회를 통해 보육실습에 대한 구체적이고 실질적인 문제점을 찾아 개선 방안을 모색하도록 한다.

4) 수업 준비하기

실습생이 수업을 준비하기 위해서는 먼저 수업지도안의 작성, 교수매체의 준비와 제작 등을 고려하여야 한다. 수업 준비에서 가장 첫 단계는 수업계획안의 작성이다. 수업계획안의 작성은 실습생 단독으로 하기보다는 지도교사의 지도와 안내에 따라 준비되어야 한다. 먼저 실습 당시 그 학급의 주제와 관련된 보육과정 분석, 교재에 대한 분석, 담당 학급 영유아의 발달 특성 등에 기초하여 수업계획안을 작성한다. 수업계획안은 실습생에게 자신이 무엇을 어떻게 해야 하는지에 대한 전체 과정을 짜임새 있게 준비할 수 있도록 도와주며, 아직은 미숙한 수업 상황에서 실수를 줄이는 데 도움을 주기 때문에 자세하고 세밀하게 작성할 필요가 있다.

수업계획안이 완성된 후에는 수업에서 사용할 교수매체를 준비한다. 교수매체는 그 기관에 이미 비치된 것을 선별하여 활용할 수도 있고 실습생이 직접 제작하여 사용할 수도 있다. 실습생이 자신의 수업에서 성공하기를 원한다면, 다양하고 풍부한 교수매체를 준비하는 것이 좋다. 다만, 각 활동에 따라 적절한 교구 · 교재를 준비해야 한다. 교수매체가 너무 많을 경우 오히려 영유아의 주의 집중을 방해하여 산만하게 만들어 각 교수내용의 목적 달성을 방해할 수 있으며, 반대로 교수매체가 충분하지 못할 경우 실습생의 적절한 수업 진행에 어려움을 줄 수 있기 때문이다. 특히, 실제 수업에서 실습생이 예측하지 못하였던 상황이 항상 발생할 수 있으므로 이를 철저하게 대비하여야 한다.

CHAPTER

04 보육실습현장에서의 지도

PRACTICUM IN CHILD CARE & EDUCATION

1 이야기 나누기
2 동화 활동
3 동극 활동
4 동시 활동
5 새 노래 활동
6 신체표현 활동
7 게임 활동
8 조형 활동
9 요리 활동

보육활동 계획 시 개별 활동과 집단 활동의 적절한 안배가 요구되는데 집단 활동이란 교사 중심으로 전체 영유아가 모여서 하는 활동을 말한다. 일반적으로 보육실습 시 보육실습생이 영유아를 대상으로 지도하는 활동으로는 이야기 나누기, 동화 활동, 동극 활동, 동시 활동, 새 노래 활동, 신체표현 활동, 게임 활동, 조형 활동, 요리 활동 등이 있다. 각 활동을 중심으로 지도방법과 예시안을 살펴보면 다음과 같다.

1 이야기 나누기

이야기 나누기 시간 전 영유아들의 출결 사항과 날짜, 날씨를 알아보고 더불어 영유아들의 기분 상태를 살피고, 하루 일과 계획을 가볍게 소개하면서 이야기 나누기를 시작할 수 있고 하루 평가 시간을 통해 이야기 나누기를 할 수 있다.

그날의 주제와 관련된 내용을 교사가 준비한 이야기 자료나 영유아들이 준비해 온 이야기 자료를 모두 활용할 수 있다. 이야기 나누기는 도입-전개-마무리의 순서로 이루어지며, 영유아의 발달 수준에 적절한 다양한 실물 자료나 시청각 자료를 충분히 사용하여 영유아의 다양한 생각을 이끌어 낼 수 있는 발문이 필요하다(임승렬 · 김선희, 2012). 또한, 영유아가 충분히 생각하고 대답할 수 있도록 영유아의 이야기를 경청하는 교사의 태도가 우선되어야 한다. 교사의 태도는 영유아에게 다른 사람의 이야기를 잘 들어 주려는 태도를 배우게 할 것이다.

다루고자 하는 내용에 따라 한 학급 모든 영유아가 모여 대집단으로 이야기할 경우도 있고, 소집단으로 진행할 수도 있다. 이야기 나누기 활동은 매일 꼭 해야 하는 것은 아니며, 영유아의 연령이나 시기, 내용, 주제에 따라 선정한다.

① 이야기 나누기 지도 시 유의할 점

- 정확한 발음과 문장을 사용하여 이야기하며, 교사의 질문에 영유아가 쉽게 대답 못할 경우 당황하지 말고 질문방식을 변경하여 다시 질문한다.

- 영유아가 던지는 질문에 교사가 모를 경우 당황하지 말고 함께 답을 찾아보자고 제안하며 탐구하는 모습을 보인다.
- 영유아를 무시하지 말고 수용적인 태도로 진지하게 대한다.
- 교사의 시선을 특정 영유아가 아닌 전체 영유아에게 두려는 태도가 필요하다.
- 영유아들이 흥미가 없을 때는 교사가 준비한 내용을 끝까지 진행하려 하지 말고 중간에라도 마무리하도록 한다.
- 이야기 나누기 시간에 다룬 교육내용을 다른 활동과 연계하여 확장활동을 진행할 수 있다.
- 한두 명의 영유아에게만 시선을 두지 말고 전체 영유아에게 골고루 시선을 두며, 부끄러움을 많이 타는 영유아, 소심한 영유아, 산만한 영유아들에게 관심을 갖고 전체 영유아가 이야기 나누기에 참여할 수 있도록 분위기를 조성한다.

② 활동계획안

<table>
<tr><td>생활주제</td><td>감사하는 마음을 가져요</td><td>대상연령</td><td>만 4세</td><td>예상시간</td><td>15분</td></tr>
<tr><td>일일주제</td><td>엄마 · 아빠께 감사해요</td><td>집단크기</td><td colspan="3">대집단</td></tr>
<tr><td>활동 유형</td><td>이야기 나누기</td><td>활동명</td><td colspan="3">어버이날</td></tr>
<tr><td>교육목표</td><td colspan="5">1. 어버이날이 있다는 것을 알 수 있다.
• 사회관계 〉 사회에 관심 가지기 〉 우리나라에 대해 자부심을 가진다.
2. 엄마 · 아빠께 감사하는 마음을 갖는다.
• 의사소통 〉 듣기와 말하기 〉 자신의 경험, 느낌, 생각을 말한다.</td></tr>
<tr><td colspan="6">활동내용</td></tr>
<tr><td>도입
(3분)</td><td colspan="5">① 어린이날 보낸 이야기를 하면서 어버이날도 있다는 것을 생각하게 해 준다.
교 사 사랑반 친구들, 어린이날 재미있게 보냈니?
유아 1 네. 피자 먹었어요.
유아 2 선물 받았어요. 놀이공원 갔다 왔어요.
교 사 다들 재미있게 보냈네. 그런데 사랑반 친구들은 '어버이날'에 대해서 들어 본 적 있니?
유아들 들어 봤어요.</td></tr>
</table>

전개 (10분)	① 엄마 · 아빠께 고마웠던 것에 관해서 이야기를 나눈다. 교 사 우리 친구들을 낳아 주시고 길러 주신 분이 누구일까? 유아 1 엄마 · 아빠요. 유아 2 할머니요. 교 사 맞아. 그래서 우리는 엄마 · 아빠께 감사하는 마음을 가져야 해. 그 감사하는 마음을 잊지 말라고 어버이날을 정했단다. 엄마 · 아빠께 감사하는 것이 무엇이 있을까? 유아 1 우리를 낳아 주셨어요. 유아 2 맛있는 음식도 해 주세요. 유아 3 선물도 사주고 안아 주세요. ② 카네이션을 보여 주며 엄마 · 아빠께 감사함을 어떻게 전달할 수 있는지 이야기 나눈다. 교 사 맞아. 엄마 · 아빠께 감사하는 마음을 어떻게 전달할 수 있을까? 선생님은 선생님의 엄마 · 아빠께 작은 선물을 드렸어. 유아 1 어깨 주물러 줘요. 유아 2 선물도 줘요. 유아 3 심부름도 잘해요. 편지 써요. [자료 및 지도상의 유의점] 자료: 카네이션, 감사 카드, 슬라이드 쇼
마무리 (2분)	① 엄마 · 아빠께 감사하는 마음을 갖고, 어버이날에 대해 다시 한번 이야기한다. 교 사 그래. 우리 사랑반 친구들은 낳아 주시고 길러 주신 엄마 · 아빠께 항상 감사하는 마음을 갖도록 하자. 유아들 네. 교 사 엄마 · 아빠께 감사하는 마음을 잊지 말라고 정한 날이 무슨 날이라고 했지? 유아들 어버이날이요.
확장 활동	• 색종이와 색지를 이용하여 어버이날 카드를 만든다.

③ 활동사진

출처: 동작구청어린이집.

2 동화 활동

동화는 자유롭고 무궁무진한 영유아의 상상력을 자극하며, 영유아에게 커다란 즐거움과 정서적 감동을 전할 수 있는 매체다. 대부분의 영유아는 그림책이나 시청각 매체를 통해 동화를 듣는 활동을 매우 좋아하며, 정서적인 안정감을 경험한다(이대균 · 백경순 · 송정원 · 이현정, 2016). 영유아는 동화를 통해 또래 주인공의 경험을 간접적으로 체험하는 기회를 가지며, 상상의 세계와 심미감을 느끼고 다양한 언어를 통해 의사소통 능력과 문제해결력을 키울 수 있게 된다.

① 동화를 들려줄 때 유의할 점

- 학기 초나 어린 영아일수록 주의 집중을 위해 매체를 적극적으로 활용하는 것이 좋다(정태희 · 윤정한 · 임수양, 2012).
- 표지에 있는 제목을 함께 읽거나 그림을 보고 동화의 내용을 예측해 보게 한다.
- 동화 줄거리 중에서 갈등 상황이나 절정 부분에서 영유아의 생각, 느낌을 질문한다. 단, 너무 자주 하여 흐름을 방해하면 안 된다.
- 동화를 들려준 후 주인공이 되어 생각해 보게 하거나 기억나는 장면에 관해 이야기 나눈다.
- 발달 수준을 고려하여 아름다운 색채와 배합을 이룬 예술성 있는 작품으로 생활주제와 연관된 것을 선정하면 좋다.
- 동화를 들려주는 교사는 시선을 영유아에게 두고 생동감 있게 들려준다. 그러기 위해 사전에 2~3번 정도 읽어 내용을 파악해야 한다. 내용 전개나 상황에 따라 목소리, 억양을 조절하여 어느 부분에 감정이입을 시킬 것인지 적절한 성대모사를 연습하여 흥미롭게 들려준다(임승렬 · 김선희, 2012).

동화 유형에 따른 주의점

- 판동화: 동화의 크기는 4절 정도의 크기로 동화를 무릎 위에 안정되게 올려놓고 그림이 가려지지 않도록 양쪽 끝을 최소화해서 잡는다. 모든 영유아들이 잘 볼 수 있도록 동화를 오른쪽, 왼쪽으로 아주 천천히 움직여 줄 수 있다.
- 융판 · 테이블 동화: 융판이나 테이블의 모든 공간을 골고루 사용할 수 있도록 동화의 크기를 조절한다. 순서대로 바구니에 담아 놓고 차례대로 영유아에게 시선을 둔다.
- 움직임이 있는 판동화: 교사가 앉은 왼쪽 옆에 동화를 뒤집어 세워서 차례로 내려놓는다.
- OHP 동화: 매체의 장점을 최대로 활용할 수 있는 동화를 선정하는 것이 가장 중요하다.

출처: 임승렬 · 김선희(2012). 보육실습. 경기: 양서원.

② 활동계획안

<table>
<tr><td>생활주제</td><td>협동심을 길러요</td><td>대상연령</td><td>만 4세</td><td>예상시간</td><td>20분</td></tr>
<tr><td>일일주제</td><td>친구와 함께 해요</td><td>집단크기</td><td colspan="3">대집단</td></tr>
<tr><td>활동 유형</td><td>동화</td><td>활동명</td><td colspan="3">함께하면 즐거워요</td></tr>
<tr><td>교육목표</td><td colspan="5">1. 바닷속 여러 종류 동물의 이름을 말할 수 있다.
• 의사소통 〉 듣기와 말하기 〉 상황에 적절한 단어를 사용하여 말한다.
• 자연탐구 〉 자연과 더불어 살기 〉 주변의 동식물에 관심을 가진다.
2. 함께하며 협동심과 즐거움을 느낀다.
• 사회관계 〉 더불어 생활하기 〉 친구와 서로 도우며 사이좋게 지낸다.
3. 바른 태도로 이야기를 듣는다.
• 의사소통 〉 듣기와 말하기 〉 바른 태도로 듣고 말한다.</td></tr>
<tr><td>동화
교수매체</td><td colspan="5">융판, 움직이는 동화 『으뜸 헤엄이』

『으뜸 헤엄이』(2008, 레오 리니오 글 · 그림, 이명희 옮김, 마루벌)
바닷속 세계를 담은 그림책이다. 으뜸 헤엄이와 작은 물고기들이 번뜩이는 지혜를 모아 서로 도와가며 어려움을 헤치고 넓은 바다를 향해 나아가는 모습을 그려 내고 있다.</td></tr>
<tr><td colspan="6">활동내용</td></tr>
<tr><td>도입
(3분)</td><td colspan="5">① 손유희: 손인형(이름: 유주)으로 아이들이 집중할 수 있도록 한다.
• 유주가 어제 까만 물고기 한 마리를 샀는데 까만 물고기가 바닷속에서 여행하고, 새 친구들을 만난 이야기를 들려준다고 해서 친구들과 같이 들으려고 초대했다고 하며 선생님께 내 친구를 보여 주라고 말한다.</td></tr>
</table>

<table>
<tr><td>도입
(3분)</td><td>[자료 및 지도상의 유의점]
자료: 여자아이 손인형

② 어항 속에 작은 물고기를 보여 주고 아이들의 흥미를 이끌어낸다.
교 사 이 작은 어항엔 어떤 친구가 사니?
유아 1 작은 물고기요.
유아 2 까만 물고기요.
유아 3 유주 친구요.

③ 어항 속 물고기의 기분이 어떨지 물어본다.
교 사 혼자 있는 물고기 친구는 어떤 기분일까?
유아 1 심심해요.
유아 2 외로워요.
유아 3 친구가 보고 싶어요.

[자료 및 지도상의 유의점]
• 작은 어항에 물고기 한 마리를 넣어 보여 준다.
• 자료: 투명한 플라스틱 컵, 물고기 한 마리</td></tr>
<tr><td>전개
(15분)</td><td>① 동화책을 읽어 준다.
교 사 지금부터 유주의 친구인 까만 작은 물고기가 여행을 떠나면서 만나는 모험 이야기를 해 줄게.
유아들 네.

[자료 및 지도상의 유의점]
• 자료: 동화책(부직포, 벨크로, 가위, 양면테이프, 글루건, 코팅지, 하드보드지, 색지, 투명 시트지, 털실, 낚싯줄), 재활용품(컵라면 용기, 요플레 용기, 신문지)</td></tr>
<tr><td>마무리
(2분)</td><td>① 동화에 관한 이야기를 나눈다.
교 사 유주의 친구인 까만 물고기 이름은 무엇이었니?
유아들 '으뜸 헤엄이' 요
교 사 으뜸 헤엄이가 가장 잘하는 것은 무엇이었니?
유아 1 수영이요.
유아 2 여행이요.
교 사 으뜸 헤엄이가 만난 바닷속 친구들은 누가 있었니?
유아 1 엄청 긴 뱀장어.
유아 2 가재요.
유아 3 해파리요.
유아 4 물풀이요.</td></tr>
</table>

<table>
<tr><td rowspan="2">마무리
(2분)</td><td>[자료 및 지도상의 유의점]
• 아이들이 느끼고 생각한 것을 나누는 시간을 갖는다.

② 느낀 점을 물어본다.
교 사 으뜸 헤엄이가 혼자 있는 것을 즐거워했니?
유아들 아니요.
교 사 으뜸 헤엄이가 빨간 친구 물고기들과 함께 무엇을 했을까?
유아 1 큰 물고기를 만들었어요.
유아 2 눈이 되었어요.
유아 3 다른 물고기를 물리쳤어요.</td></tr>
<tr></tr>
<tr><td>확장 활동</td><td>• 동화에 나온 동물들을 몸으로 표현해 본다.
• 각자 작은 동물 흉내를 내다가 모여서 큰 동물을 만들어 본다.
• 재활용품을 이용해 바닷속 친구들을 만들어 본다.</td></tr>
</table>

③ 활동사진

출처: 동작구청어린이집.

3 동극 활동

동극이란 동화를 듣고 동화 내용을 동화 속의 주인공이 되어서 직접 신체와 언어를 사용하여 극화로 표현하는 활동이다. 동극 활동을 통해 타인의 감정을 이해하고 수용할 줄 아는 태도를 기를 수 있다. 다양한 언어 사용을 통해 의사소통 능력과 표현력, 성취감을 줄 수 있으며, 서로 협동하여 하나의 활동을 하는 기회를 가질 수 있다.

① 동극 진행방법 및 유의할 점

- 동화를 들려준 후 동극 활동을 위해 간단하게 동화의 내용을 정리해 준다.
- 등장인물은 누구인지, 몇 사람이 필요한지를 이야기 나눈다.
- 동극을 위한 각 역할의 소품과 무대를 정하여 어떻게 꾸밀 것인지를 영유아들과 협의한다.
- 역할을 분담하여 동극 활동을 위한 준비를 한다. 성 고정관념에 따라 배역이 정해지지 않게 주의한다(김진영 · 백혜리 · 최윤정, 2009).
- 자신이 어떤 역할을 할 것인지 정하고 같은 역할을 하고 싶은 영유아가 많을 경우 영유아들과 상의하여 결정한다.
- 자신이 맡은 역할을 소개한 후 극을 하기로 한 장소에서 준비한다.
- 동극의 시작을 알리고 동극을 한다. 동극을 할 때 동극하는 영유아는 표정과 말소리가 잘 들릴 수 있도록 정면에서 할 수 있도록 지도한다.
- 동극이 끝나면 한 줄로 서서 관객에게 인사한 후 퇴장한다.
- 동극 중간에 대사를 잊어버릴 경우 교사가 도움을 준다.
- 동극을 끝나고 평가를 통해 재미있었던 점, 수정하고 싶은 부분이나 더 재미있게 하려면 무엇을 바꾸면 좋을지에 관해 이야기를 나눈다.
- 유아들이 원하거나 상황이 허락할 때 배역을 바꾸어 다시 동극을 한다.

② 활동계획안

생활주제	가족과 이웃	대상연령	만 3세	예상시간	30분
일일주제	동화책 내용을 이용한 역할극 체험하기	집단크기	대집단		
활동 유형	동극	활동명	커다란 순무		
교육목표	1. 다른 사람의 말을 주의 깊게 듣는 태도와 이해하는 능력을 기른다. • 의사소통 〉 듣기와 말하기 〉 말이나 이야기를 관심 있게 듣는다. 2. 친구, 공동체 구성원들과 서로 돕고, 예의 · 규칙 등 사회적 가치를 알고 지킨다. • 사회관계 〉 더불어 생활하기 〉 약속과 규칙의 필요성을 알고 지킨다. 3. 자기 생각과 느낌을 음악, 움직임과 춤, 미술, 극놀이를 통해 창의적으로 표현하는 것을 즐긴다. • 예술경험 〉 창의적으로 표현하기 〉 극놀이로 경험이나 이야기를 표현한다.					

활동내용	
도입 (5분)	①『커다란 순무』 동화의 내용을 회상한다. 교 사 할아버지는 무엇을 심었니? 유아들 무요. 순무를 심었어요. 교 사 맞아. 할아버지가 순무를 심으셨어. 커다란 순무를 뽑으려고 할아버지께서는 어떻게 했니? 유아 1 할머니를 불렀어요. 교 사 그래. ○○이 말처럼 할머니를 불렀어. 그런데 친구들아, 순무를 뽑으려면 어떻게 행동을 해야 할까? 유아 2 영차, 영차! 힘을 내요. 교 사 그래. 어떤 친구들이 더 나와서 순무를 뽑을 수 있는지 함께 이야기 나눠 볼까? 유아 2 좋아요. [자료 및 지도상의 유의점] • 자료: 동화판 또는 동화책 준비 • 유아들에게 충분히 대사를 생각할 시간을 준다.
전개 (20분)	①『커다란 순무』 동극을 위한 역할을 정한다. 교 사 친구들, 오늘은 우리 다 함께 『커다란 순무』 동극을 한번 해 보자. 할아버지 역할은 누가 하면 좋을까? 유아 1 제가 하고 싶어요. 교 사 그럼, 할머니는 누가 좋을까? 유아 2 ○○이가 하면 좋겠어요. 교 사 손녀는 누가 할까? 유아들 저요. 교 사 강아지는 누가 하고 싶니?

전개 (20분)	유아 3　제가 해 볼래요. 교　사　고양이는 누가 할까? 유아 4　야옹야옹! 제가 잘해요. 교　사　생쥐 역할을 하고 싶은 친구 있니? 유아 5　저도 해 보고 싶어요. [자료 및 지도상의 유의점] • 역할을 정할 때 같은 역할을 하고 싶은 유아가 많을 경우 타협하여 정한다. ② 동극을 하기 전 약속을 정한다. 교　사　동극을 하기 전에 우리가 지켜야 할 약속이 필요한데, 먼저 동극을 하는 친구들은 어떤 약속을 하면 좋을까? 유아들　친구들과 즐겁게 동극해요. 교　사　동극을 보는 친구들은 어떤 약속을 하면 좋을까? 유아 2　조용히 친구들을 보고 마음속으로 응원해요. [자료 및 지도상의 유의점] • 동극을 보는 유아들이 잘 보일 수 있도록 자리 배치를 적절히 한다. ③ 동극을 한다. [자료 및 지도상의 유의점] • 자료: 역할이 적힌 머리띠, 순무가 심어진 상자, 순무
마무리 (5분)	① 동극을 마무리하고 활동을 평가한다. 교　사　동화 속의 주인공이 되어 보니 기분이 어떠니? 유아 3　주인공이 되니깐 신기했어요. 교　사　동극을 할 때 어떤 부분이 재밌었니? 유아 4　친구들이 앞에서 해서 재밌었어요.
확장 활동	• 이야기 나누기 시간을 통해 이야기 뒷부분을 각색해 본다.

③ 활동 사진

출처: 동작구청어린이집.

4 동시 활동

동시 활동을 하면서 영유아들은 우리말의 아름다움을 느낄 수 있고, 언어를 통한 감성의 자극을 받는다. 영유아기에는 리듬감과 반복적인 표현이 있는 시나 재미있고 생동감이 있는 짧은 시를 좋아한다. 동시 활동을 통해 자기 생각과 느낌을 언어로 표현하는 방법을 자연스럽게 익힐 수 있다. 생활주제나 계절에 맞는 것 중에서 영유아의 발달 수준과 흥미를 고려한 다양한 유형의 동시를 선정하는 것이 필요하다.

① 동시 활동을 진행하는 과정과 유의할 점

- 그림 동시판이나 그림글 동시판을 발달 특성에 맞게 준비한다(윤애희 · 박정민, 2009).
- 동시를 다 들려준 후 어떤 느낌이 나는지 질문한다.
- 가장 재미있는 표현과 마음에 드는 부분은 어디 부분인지를 이야기 나눈다.
- 동시의 제목을 함께 지어 볼 기회를 준다.
- 동시를 교사가 읊은 후 영유아가 따라 읊을 수도 있고, 영유아와 교사가 함께 한 구절씩 돌아가면서 읊어 볼 수 있다.
- 동시의 느낌을 잘 전달할 수 있도록 알맞은 억양과 빠르기로 들려준다.
- 배경음악을 틀어 주고 교사가 읊어 주거나 동시를 읊고 싶어 하는 영유아에게 읊을 수 있도록 한다.
- 동시는 하루에 다 외우도록 하기보다는 영유아들이 모이는 시간, 귀가시간을 이용한 전이활동으로 한 번씩 읊어 자연스럽게 익힐 수 있도록 한다.

② 활동계획안

<table>
<tr><th>생활주제</th><td>겨울</td><th>대상연령</th><td>만 3세</td><th>예상시간</th><td>20분</td></tr>
<tr><th>일일주제</th><td>성탄절 함께 즐기기</td><th>집단크기</th><td colspan="3">대집단</td></tr>
<tr><th>활동 유형</th><td>동시</td><th>활동명</th><td colspan="3">행복의 크리스마스</td></tr>
<tr><th>교육목표</th><td colspan="5">1. 성탄절과 관련된 동시를 즐겨 감상한다.
• 의사소통 〉 책과 이야기 즐기기 〉 동화, 동시에서 말의 재미를 느낀다.
2. 성탄절의 의미에 관심을 갖고 즐겁게 맞이한다.
• 사회관계 〉 사회에 관심 가지기 〉 다양한 문화에 관심을 가진다.</td></tr>
<tr><th>활동 자료</th><td colspan="5">『행복의 크리스마스』 동시판</td></tr>
<tr><th colspan="6">활동내용</th></tr>
<tr><td>도입
(3분)</td><td colspan="5">① 크리스마스에 대한 소개를 한다.
교 사 ‘사랑하는 새들반!’이라고 선생님이 부르면 친구들은 ‘사랑하는 선생님!’이라고 대답하는 거야. 할 수 있겠지?
유아들 네.
교 사 사랑하는 새들반!
유아들 사랑하는 선생님!
교 사 새들반 친구들아, 오늘은 2016년 12월 23일 금요일이야. 23일, 24일 두 번만 더 자면 우리가 기다리는 무슨 날이 오지?
유아들 크리스마스요.
교 사 그래. 두 번만 더 자면 친구들이 기다리는 12월 25일 크리스마스야.
크리스마스가 어떤 날인지 알고 있니?
유아들 산타 할아버지가 와요./선물 받아요.
교 사 크리스마스에 선물도 받고 산타 할아버지도 오시지. 그런데 어제 명화 감상할 때 새싹반 선생님께서 이야기해 주셨는데, 크리스마스는 ‘예수님’이 태어나신 것을 축하하는 날이야. 생일을 축하하는 것과 같은 의미야.
친구들은 크리스마스가 되면 어떤 기분이 들어?
유아들 좋아요./즐거워요.
교 사 크리스마스가 되면 좋고, 즐거운 기분이 드는구나. 선생님이 오늘 친구들이랑 같이 읽어 보려고 동시를 가지고 왔어.</td></tr>
<tr><td>전개
(15분)</td><td colspan="5">① 교사가 준비한 동시판을 유아들에게 보여 준다.
교 사 짠! 얘들아! 자, 봐봐. 동시판에 어떤 그림이 있니?
유아들 선물이요./산타 할아버지요./눈사람이요.
교 사 그래. 선물도 있고, 눈사람도 있고, 산타 할아버지도 있지. 이 동시의 제목은 「행복의 크리스마스」래. 얘들아, 이제 선생님이 새들반 친구들한테 동시를 읽어 줄 텐데 잘 들어야 우리가 같이 이야기를 나눌 수 있어. 잘 들어 보도록 하자.</td></tr>
</table>

전개 (15분)

(「행복의 크리스마스」 동시를 교사가 읽어 준다.)

행복의 크리스마스

김정희

기쁨을 나누는 날은?
기쁨의 크리스마스 날
사랑을 나누는 날은?
사랑의 크리스마스 날
희망을 나누는 날은?
희망의 크리스마스 날

축하해요. 축하해요.
아기 예수 생일을 축하해요.
이웃을 생각하는 마음
우리 모두 함께 하는
행복의 크리스마스 날

교 사 잘 들어 보았니?

유아들 네.

교 사 선생님이 들려준 「행복의 크리스마스」에는 어떤 단어가 나왔을까?

유아들 '사랑' 이요./ '행복' 이요./ '크리스마스' 요.

교 사 그래. '사랑' 도 나오고 '행복, 크리스마스, 희망' 이라는 말도 나왔어.
(교사가 크리스마스 글자를 다 떼서 벨크로 판에 붙인다.)

교 사 얘들아, 선생님이 글자를 뗐어. 동시판을 보면 동시판에 글자가 사라졌어. 기쁨의 ○○○○○ 날, 사랑의 ○○○○○ 날, 희망의 ○○○○○ 날, 행복의 ○○○○○ 날. 어떤 글자가 빠졌을까?

유아들 크리스마스요.

교 사 그래. '크리스마스' 라는 글자가 빠졌어. 여기 '기쁨을 나누는 날, 기쁨의 ○○○○○ 날' 에는 어떤 글자를 붙여야 할까?

유아들 크리스마스요.

교 사 그래. '크리스마스' 글자를 붙여야 하는데 도와줄 친구가 필요해. 바른 자세로 앉아 있는 친구를 시켜 줄 거야. 자, ○○이가 나와서 '크리스마스' 라는 글자를 붙여 보도록 하자.
(유아가 나와서 크리스마스 글자를 붙인다.)

교 사 ○○이가 잘 붙여 주었네, 자리에 앉아 보도록 하자. ○○이가 붙인 부분은 '기쁨의 크리스마스 날' 이야. 다 같이 읽어 보자.

유아들 기쁨의 크리스마스 날.

교 사 그럼, '사랑을 나누는 날, 사랑의 ○○○○○ 날'. 이번에는 또 어떤 글자를 붙여야 할까?

유아들 크리스마스요.

교 사 그래. 여기에 글자를 붙여 줄 친구가 있을까? 바른 자세로 예쁘게 앉아 있는 ○○이가 글자를 붙여 보자.
(유아가 나와서 크리스마스 글자를 붙인다.)

교 사 ○○이 자리에 앉아 보도록 하자. ○○이가 붙인 부분은 '사랑의 크리스마스 날' 이야. 다 같이 읽어 보자.

전개 (15분)	유아들 사랑의 크리스마스 날. 교 사 자, 여기 '희망을 나누는 날, 희망의 ○○○○○ 날'에는 어떤 글자가 빠졌을까? 유아들 크리스마스요. 교 사 이제 친구들이 잘 알고 있구나. 바른 자세로 멋있게 앉아 있는 ○○이가 붙여 보도록 하자. (유아가 나와서 크리스마스 글자를 붙인다.) 교 사 멋있게 잘 붙여 주었네. 자리에 앉아 보자. 얘들아, ○○이가 붙인 부분은 '희망의 크리스마스 날'이야. 다 같이 읽어 보자. 유아들 희망의 크리스마스 날. 교 사 여기는 선생님이 붙여 볼게. (교사가 읽으면서 글자를 붙인다.) 이웃을 생각하는 마음 우리 모두 함께 하는 행복의 크리스마스 날. 교 사 자, 친구들이랑 선생님이랑 같이 크리스마스 글자를 붙여 보았지? 유아들 네. 교 사 이번에는 선생님이랑 친구들이랑 한 줄씩 나눠서 읽어 볼 거야. 유아들 네. (교사와 유아들이 함께 동시를 읽어 본다.) **[자료 및 지도상의 유의점]** • 자료: 「행복의 크리스마스」 동시판
마무리 (2분)	① 동시에 대한 느낌을 이야기 나눈다. 교 사 모두 잘 읽어 보았어. 새들반 친구들은 언제 기쁘고 행복한 마음이 들었어? 유아들 엄마, 아빠가 장난감 사 줄 때요./동생이랑 놀 때요. 교 사 엄마, 아빠가 장난감을 사 주시고, 동생이랑 놀 때 행복하고 기쁜 마음이 들었구나. 그럼, 크리스마스는 나만 행복하고, 나만 즐겁게 보내야 할까? 유아들 아니요. 교 사 그러면 누구랑 크리스마스를 행복하게 보내야 할까? 유아들 엄마, 아빠요./친구요. 교 사 그래. 친구들 말처럼 크리스마스는 나만 행복하고 즐거운 날이 아니라 우리 모두 함께하는 행복한 날이어야 해.
활동 평가	• 유아들이 성탄절의 의미와 즐거움을 느낄 수 있도록 하였다. • 유아들이 동시에 관심을 가지고 글을 읽어 볼 수 있도록 하였다.

③ 활동사진

출처: 새순유치원.

5 새 노래 활동

좋은 음악적 경험은 영유아가 자신의 정서를 자연스럽게 표출함으로써 정서적 감수성을 기르고 상상력을 풍부하게 할 수 있는 경험을 준다. 좋은 노래를 마음껏 부르고 여러 가지 악기를 이용한 음악 활동 경험을 통해 음악적 언어가 발달되고, 주의 깊게 주변 소리를 듣고 식별하는 기회를 제공한다. 새 노래 지도를 위한 노래 선정 시 아름답고 명랑하고 경쾌하며, 영아일 경우 4마디, 연령이 높아질수록 긴 곡을 선택한다(김명희 · 이종현 · 고은님, 2007). 또한, 노랫말은 생활주제를 다루고 친숙한 내용으로 구성된 것이 좋다.

① 새 노래 지도방법과 유의할 점

- 노랫말을 이야기 식으로 들려준다.
- 그림 가사판, 실물을 이용해서 교사가 노래를 정확하게 들려준다.
- 따라 부르기 전에 멜로디만 먼저 들려준다. 한 가지 소리로 멜로디를 익힐 수 있게 한다.
- 노랫말을 넣어서 교사가 먼저 들려주고 난 후 영유아와 함께 불러 본다.
- 어떤 느낌이 나는지에 관해 이야기 나눈다.
- 원하는 영유아가 나와서 해 보게 하거나, 팀을 나눠 부른다.
- 교사는 정확한 음을 들려주기 위해 자신감을 갖고 즐겁게 부른다.

② 활동계획안

<table>
<tr><td>생활주제</td><td>우리 동네</td><td>대상연령</td><td>만 4세</td><td>예상시간</td><td>30분</td></tr>
<tr><td>일일주제</td><td>우리 동네의 모습 알아보기</td><td>집단크기</td><td colspan="3">대집단</td></tr>
<tr><td>활동 유형</td><td>새 노래 배우기(음악)</td><td>활동명</td><td colspan="3">우리 동네는요</td></tr>
<tr><td>교육목표</td><td colspan="5">1. 우리 동네의 이름을 알아보고 동네의 다양한 모습에 관심을 가진다.
• 사회관계 〉 사회에 관심 가지기 〉 내가 살고 있는 곳에 대해 궁금한 것을 알아본다.
2. 새 노래를 듣고 따라 부를 수 있다.
• 예술경험 〉 창의적으로 표현하기 〉 노래를 즐겨 부른다.
3. 새 노래에 맞추어 다양한 신체표현을 할 수 있다.
• 예술경험 〉 창의적으로 표현하기 〉 신체나 도구를 활용하여 움직임과 춤으로 자유롭게 표현한다.</td></tr>
<tr><td colspan="6">활동내용</td></tr>
<tr><td>도입
(5분)</td><td colspan="5">① 우리 동네에는 어떠한 것들이 있는지 이야기 나누기를 통해 살펴본다.
교 사 새싹반 친구들, 오늘은 우리 동네에 대해서 살펴볼 거예요. 우리 동네의 이름이 무엇인지 알고 있는 친구가 있니?
유아들 사당동이요./방배동이요.
교 사 우와! 우리 친구들 멋진 이름을 가진 동네에 살고 있네. 그렇다면 우리 동네에는 어떠한 다양한 것이 있을까?
유아 1 병원도 있고 마트도 본 것 같아요.
유아 2 내가 자주 가는 문방구도 있어요.
유아 3 어린이집도 있어요.
교 사 맞아. 우리 동네에는 이렇게 다양한 것들이 있어. 선생님이 우리 동네에 대해서 사진을 찍어 왔는데 한번 같이 살펴볼까?
유아들 네.

[자료 및 지도상의 유의점]
• 자료: 우리 동네 사진 자료 5장</td></tr>
<tr><td>전개
(20분)</td><td colspan="5">① 노래 「우리 동네」를 감상해 본다.
교 사 새로운 노래를 들어 볼까? 노래를 듣기 전에는 어떠한 자세로 들어야 할까?
유아 1 시끄럽게 떠들지 않아요.
유아 2 귀를 쫑긋 세워서 노래를 들어 보아요.

② 「우리 동네」 노래를 배워 본다.
교 사 얘들아, 새로운 노래가 어떤 것 같아?
유아 1 노래에 인형가게가 나와요.
교 사 선생님을 따라서 천천히 불러 볼까요?</td></tr>
</table>

<table>
<tr><td>전개
(20분)</td><td>유아들　네. (노래를 따라 부른다.)
교　사　우리 이번에는 가사를 '랄랄랄라' 로 바꿔서 불러 볼까?
유아들　(허밍으로 노래를 따라 부른다.)

③ 「우리 동네」 노래에 맞춰서 율동을 만들어 본다.
교　사　친구들이 노래에 맞춰서 율동을 만들어 보는 건 어떨까? '우리 동네' 가 나올 때는 어떤 율동을 하면 좋을까?
유아 1　우리 동네를 할 때는 동그라미를 그려요.
유아 2　병원이 나오면 손 모양을 '삐뽀삐뽀' 로 만들어요.

[자료 및 지도상의 유의점]
• 자료: 음원 CD 또는 녹음된 음악 파일, 동요판
• 노래 음원을 준비한다.
• 노래를 감상하기 전에 지켜야 할 약속들을 정해 본다.</td></tr>
<tr><td>마무리
(5분)</td><td>① 새 노래 배우기 활동을 마무리하며 노래를 배우고 난 느낌과 소감을 이야기해 본다.
교　사　얘들아, 오늘 새로 배운 「우리 동네」 노래 어땠니?
유아 1　재미있었어요.
유아 2　율동을 우리가 직접 만들어 볼 수 있어서 즐거웠어요.</td></tr>
<tr><td>확장 활동</td><td>• 우리 동네 기관 중 한 곳을 방문해 본다. (예 도서관, 은행, 시장 등)
• 마라카스 악기를 만들어서 노래를 부르며 함께 연주해 본다.</td></tr>
</table>

③ 활동사진

출처: 새순유치원; 123어린이집.

6 신체표현 활동

신체표현 활동이란 신체 탐색을 비롯하여 이동, 비이동, 조작적 동작을 포함하는 기본동작, 음악이나 노래에 맞추어 율동적으로 움직이는 리듬동작, 그리고 사물의 현상이나 변화, 이야기 등에 대한 느낌을 표현하는 것을 말한다(임승렬 · 김선희, 2012).

영유아는 신체를 탐색하고, 동작에 대한 발견과 탐색과 같은 신체표현의 경험을 통해 내적인 감정을 표현하고, 외적으로는 신체적 운동기능을 발달시키는 활동이어야 한다. 또한, 운동근육의 조화로운 발달과 리듬에 대한 감각을 발달시킨다(임부연 · 오정희, 2009). 교사는 자연물이나 주변의 사물, 움직이는 물체, 자연 변화, 기계, 이야기, 감정의 변화 등 영유아가 관찰하거나 느낄 수 있는 모든 대상을 영유아의 관심 속으로 끌어들일 수 있도록 한다.

영유아가 창의적으로 표현할 수 있도록 다양한 탐색과 더불어 표현할 수 있도록 돕는 자료를 제시하여 준다. 교사는 신체표현 활동을 위하여 다양한 음악을 제공하여 영유아의 창의적 표현을 격려해 주고 다소 소란스러운 분위기를 수용해 주어야 한다.

① 신체표현 지도방법과 유의할 점

- 영유아들이 신체를 자유롭게 움직일 수 있는 안전한 공간과 활용 가능한 소품을 마련한다.
- 영유아들에게 음악을 들려준다.
- 어떤 느낌이 나는지 이야기해 보고 그 느낌에 대해 원하는 영유아들에게 표현해 보도록 한다.
- 교사가 작곡자의 생각을 이야기해 준다.
- 다시 한번 음악을 들으면서 어떻게 표현할 수 있을지 생각해 본다.
- 조별 혹은 원하는 영유아들이 나와서 표현해 보도록 한다.
- 영유아들이 표현할 때 창의적으로 표현할 수 있도록 격려해 준다.
- 공간이 허락한다면 전체 영유아가 함께 표현해 보도록 한다.

- 교사는 신체표현 활동 시간에 의자에 앉아 차분히 진행한다. 때에 따라서 교사도 영유아들과 함께 표현 활동에 참여한다.
- 필요시 사용할 수 있는 주의 집중용 악기를 사용할 수 있다. (예 마라카스, 탬버린 등)

② 활동계획안

<table>
<tr><th>생활주제</th><td>어린이집과 친구</td><th>대상연령</th><td>만 3세</td><th>예상시간</th><td>20분</td></tr>
<tr><th>일일주제</th><td>함께 놀이하는 어린이집</td><th>집단크기</th><td colspan="3">대집단</td></tr>
<tr><th>활동 유형</th><td>신체표현</td><th>활동명</th><td colspan="3">나처럼 해 봐요</td></tr>
<tr><th>교육목표</th><td colspan="5">1. 자신의 신체를 긍정적으로 인식하고, 신체 활동에 즐겁게 참여한다.
• 신체운동 · 건강 〉 신체활동 즐기기 〉 신체를 인식하고 움직인다.
2. 자발적으로 활동했을 때 더 재미있고, 함께 즐겨야 재미있다는 것을 알려 준다.
• 신체운동 · 건강 〉 신체활동 즐기기 〉 실내외 신체활동에 자발적으로 참여한다.</td></tr>
<tr><th colspan="6">활동내용</th></tr>
<tr><td>도입
(3분)</td><td colspan="5">① 유아들을 자리에 앉혀 놓고 이야기를 나눈다. (반원형)
교 사 친구들, 우리가 지난 시간에 동물 흉내를 내 봤지?
유아들 네.
교 사 동물은 어떤 친구들이 있었지?
유아들 병아리요./개구리요./가재요.
교 사 우와! 친구들 정말 기억을 잘하고 있네. 오늘은 노래에 맞춰서 몸을 신나게 움직여 볼 거야. 우리 몸에는 어떤 부위가 있지?
유아들 손이요./발이요./머리요./허리요./엉덩이요.
교 사 맞아. 우리 몸에는 여러 가지 부위가 있어. 친구들과 함께 몸을 움직여 볼까?
유아들 네.

[자료 및 지도상의 유의점]
• 유아들이 집중할 수 있도록 모두가 앉아 있는 상태에서 이야기를 나눈다.</td></tr>
<tr><td>전개
(15분)</td><td colspan="5">① 지난 시간에 흉내 냈던 동물을 한 번 더 흉내 내어 본다.
교 사 친구들, 지난 시간에 흉내 내어 보았던 노래가 기억나니? 한번 따라 해 볼까?
유아들 네.

[자료 및 지도상의 유의점]
• 「작은 동물원」 음원</td></tr>
</table>

전개 (15분)	② 선생님이 하는 동작을 보고 그대로 따라 할 수 있도록 한다. 교 사 우와! 친구들이 정말 잘하는구나. 노래에 맞춰서 선생님을 따라 해 볼까? 유아들 네. (선생님을 보고 따라 한다.) 교 사 친구들, 이제 한 발로 뛰어 보자. 유아들 (한 발로 뛴다.) 교 사 옆에 있는 친구의 손을 잡고 뛰어 보자. 유아들 (손을 잡고 양발로 뛴다.) 교 사 (사진을 하나씩 보여 주며) 토끼가 되어서 깡충깡충 뛰어 봐요. 유아들 (토끼처럼 깡충깡충 뛴다.) 교 사 나비가 되어서 훨훨 날아 보자. 유아들 (나비처럼 날아 본다.) 교 사 악어처럼 엉금엉금 기어가 보자. 유아들 (악어처럼 기어 본다.) 교 사 공룡처럼 무섭게 걸어 보자. 유아들 (공룡처럼 걸어 본다.) [자료 및 지도상의 유의점] • 「모두 다 뛰놀자」 음원 ③ 유아들이 직접 동작을 만들어 보고 선생님이 유아의 동작을 따라 해 보도록 한다.(나처럼 해 봐요) 교 사 이번에는 선생님이 친구들을 따라 해 볼 거야. 선생님은 친구들이 되고, 친구들이 선생님이 되어 보는 거야. 먼저 동작을 만들어 볼 친구가 있니? 유아들 저요./○○이요./나요. 교 사 우와! 그럼 ○○이가 해 볼까? 모두 ○○이를 따라 해 보자. (○○이가 멋있는 동작을 한다.) 교 사 정말 잘했어요. 해 보고 싶은 친구 있나요? 유아 2 이번엔 제가 해 볼래요. 교 사 그래. 모두 잘했어. 칭찬의 박수! 유아들 (손뼉을 친다.) [자료 및 지도상의 유의점] • 자료: 사진 교구 준비(발 모양, 손 모양, 토끼 · 나비 · 악어 · 공룡 · 개미 그림 사진) ④ 자연스럽게 곤충을 흉내 내며 아이들이 진정하고 자리에 앉을 수 있도록 한다. 교 사 얘들아, 아주 작은 몸집을 가지고 있는 곤충은 누구일까? 유아들 개미요./무당벌레. 교 사 맞아. 선생님이 말한 곤충은 바로 개미야. 개미처럼 걸어 볼까?

전개 (15분)	유아들 (개미처럼 걸어 본다.) 교 사 이번에는 작은 개미처럼 조용하게 살금살금, 사뿐히 걸어와서 자리에 앉아 볼까? 유아들 (개미처럼 사뿐히 걸어와서 자기 자리에 앉는다.) [자료 및 지도상의 유의점] • 활동할 때 유아들이 다치지 않도록 주의한다.
마무리 (2분)	① 활동을 평가한다. 교 사 친구들, 노래에 맞춰서 직접 몸을 움직여 보니까 어땠니? 유아들 좋아요./재미있어요. 교 사 어떤 게 제일 재미있었니? 유아들 친구들하고 손잡고 뛰는 거요./선생님이 우리 동작 따라 한 거요. 교 사 어떤 게 제일 힘들었니? 유아들 한 발로 뛰는 거요. 교 사 다음에는 물감으로 손바닥 찍기를 해 볼 거야. 유아들 네. ② 활동을 마무리하고 화장실에 다녀온다. [자료 및 지도상의 유의점] • 차례대로 화장실을 이용할 수 있도록 지도한다.
확장 활동	• 도화지와 수채화 물감을 사용한 손바닥 찍기 놀이를 해 본다. (미술 활동)

③ 활동사진

출처: 동작구청어린이집.

7 게임 활동

영유아들은 게임을 통해 순서, 비교, 공간적 · 시간적 지식 등을 포함하여 영유아의 운동능력을 발달시키고 자제력을 키울 수 있다. 영유아들은 혼자, 여럿이 또는 편을 나누어서 하는 게임 활동을 즐긴다.

게임 유형은 원 게임, 자유대형 게임, 편 게임으로 나누어진다. 원 게임은 공굴리기, 오뚝이 맞추기 등이 있으며, 자유대형 게임은 주로 학기 초나 어린 영유아들과 많이 한다. 편 게임은 승부가 있고 게임의 규칙과 방법은 영유아들과 상의하여 다양하게 적용할 수 있다. 편 게임으로는 사탕 먹고 돌아오기, 풍선 터트리기, 2인3각, 모자 쓰고 돌아오기 등이 있다. 영유아들은 게임을 통하여 신체 발달과 더불어 감정을 해소할 기회와 더불어 협동심과 성취감을 익힐 수 있다. 또한, 다른 사람을 인정하는 것을 자연스럽게 배울 수 있다.

① 편 게임 진행방법과 유의할 점

- 게임 도구를 보여 준다. 어떤 게임을 할지 영유아들과 함께 정하거나 교사가 선정한 게임방법이 있을 경우 소개해 준다.
- 영유아들이 제안한 게임방법이라면 시범을 보여 준다.
- 영유아들이 원하는 방법으로 팀을 나누고 양편의 인원수를 마주 보고 인사하기, 악수하기 등으로 확인하고 수가 맞지 않을 때 영유아들과 의논하여 결정한다. 팀 이름을 영유아와 함께 정하여 본다.
- 영유아들과 함께 게임에 필요한 규칙을 정하고 게임을 진행한다.
- 게임 진행 중 게임이 어렵다거나 적절하지 않다면 영유아들과 상의하여 난이도를 조절하거나 게임방법을 바꾸어서 할 수 있다.
- 평가할 때 승부에 집착하지 않도록 승패보다는 규칙을 얼마나 잘 지켜서 끝까지 했느냐를 기준으로 평가하도록 한다. 또한, 게임을 하는 영유아뿐 아니라 응원을 하는 영유아들의 태도도 함께 평가한다. 이긴 팀에게는 축하의 박수를, 진 팀

에게는 격려의 박수를 보내 준다.

- 교사는 게임 진행을 위한 도구, 신호음, 규칙판, 점수판 등을 준비하고 출발선과 기다리는 곳을 영유아들과 함께 정하고 게임을 진행한다.
- 정해진 방법과 규칙은 교사가 명확하게 다시 설명한다.
- 게임에 잘 참여하지 않는 영유아를 강제로 참여시키기보다 스스로 참여할 수 있도록 기다려 주거나, 교사가 참여하지 않는 영유아와 함께 게임을 하거나, 좋아하는 친구와 함께해 볼 수 있도록 기회를 준다.
- 게임을 하고 나서 게임 도구를 영유아들과 함께 정리한다.

② 활동계획안

<table>
<tr><th>생활주제</th><td>우리나라</td><th>대상연령</th><td>만 5세</td><th>예상시간</th><td>30분</td></tr>
<tr><th>일일주제</th><td>우리나라의 전통놀이</td><th>집단크기</th><td colspan="3">대집단</td></tr>
<tr><th>활동 유형</th><td>게임</td><th>활동명</th><td colspan="3">‘도, 개, 걸, 윷, 모’ 윷놀이</td></tr>
<tr><th>교육목표</th><td colspan="5">1. 윷놀이의 의미를 안다.
• 사회관계 〉 사회에 관심 가지기 〉 우리나라에 대해 자부심을 가진다.
2. 윷놀이의 방법과 규칙을 이해한다.
• 자연탐구 〉 생활 속에서 탐구하기 〉 물체를 세어 수량을 알아본다.</td></tr>
<tr><th>활동 자료</th><td colspan="5">노래 「윷놀이」의 리듬 악보판, 윷놀이 게임판(윷판), 말, 윷가락, 윷놀이 규칙판</td></tr>
<tr><th colspan="6">활동내용</th></tr>
<tr><th>도입
(5분)</th><td colspan="5">① 말 리듬으로 불러 본다.

윷놀이
작사: 방은영
도개걸윷모 / 도개걸윷모 / ‘도’ 하면 돼지가 꿀 꿀 꿀꿀꿀
‘개’ 하면 강아지가 멍 멍 멍멍멍 / ‘걸’ 하면 양이 매– 매–
‘윷’ 하면 소가 음매 음매 / ‘모’ 하면 말이 히힝 히힝

② 윷놀이 유래에 대해 이야기 나눈다.
교 사 윷놀이는 아주 오래전 할머니, 할아버지 때부터 음력 1월 1일 설날부터 1월 15일 정월 대보름까지 했던 놀이야. 정월 대보름은 한 해 중 가장 크고 둥근 보름달이 뜨는 날이야. 옛날 사람들은 한 마을과 다른 한 마을로 편을 나눠서 윷놀이를 했대.</td></tr>
</table>

도입 (5분)	[자료 및 지도상의 유의점] • 자료: 노래 「윷놀이」의 리듬 악보판 • 말 리듬을 통해 유아의 흥미를 유발시켜 집중시킨다.
전개 (20분)	① 윷놀이 규칙판을 보며 게임 방법에 대해 이야기 나눈다. 교 사 윷놀이를 하려면 윷놀이하는 방법에 대해서도 알아야겠지. (윷놀이 규칙판을 보며) 규칙판을 볼까? 혹시 윷놀이를 해 봤던 친구 중에 윷놀이 방법에 대해 이야기해 줄 친구가 있니? 윷놀이는 어떻게 하는 놀이니? 여기에 어떤 동물들이 보이니? 교 사 돼지, 강아지, 양, 소, 말이 있지. 왜 이 동물들이 있을까? 규칙판을 보고 선생님을 따라서 다 같이 외쳐 보자. 다 같이 윷 한 개가 뒤집히면 '도', 한 칸 앞으로! 도는 꿀꿀! 꿀꿀! 돼지. 윷 두 개가 뒤집히면 '개', 두 칸 앞으로! 개는 멍멍! 멍멍! 강아지. 윷 세 개가 뒤집히면 '걸', 세 칸 앞으로! 걸은 매–! 매–! 양. 윷 네 개가 뒤집히면 '윷', 네 칸 앞으로! 윷은 음매! 음매! 소. 윷 영 개가 뒤집히면 '모', 다섯 칸 앞으로! 모는 히힝! 히힝! 말. 교 사 이렇게 팀을 나누어서 팀에서 한 명씩 번갈아가면서 윷을 던지는 거야. 그런데 여기 윷과 모에 빨간색으로 표시가 되어 있는데 어떤 규칙이 숨어 있을까? 윷과 모가 나오면 한 번 더 윷을 던질 수 있어. 그리고 말 4개가 모두 처음 출발했던 점으로 돌아와야 해. 그런데 이 무늬는 어디서 보았지? 팀 중 한 팀이 4개의 말과 함께 도착점에 돌아오면 게임이 끝이 난다. 그런데 이런 방법 말고, '이런 방법으로 게임을 해 보고 싶어요. 이렇게 해 보는 건 어때요?' 하는 친구 있니? 손들고 말해 보자. 유아들 '뒷도' 요. 교 사 우와! '뒷도' 도 있었으면 좋겠구나. ② 윷놀이에서 지켜야 할 규칙을 정한다. 교 사 그럼 윷놀이를 하려면 어떤 약속이 필요할까? 유아들 순서를 잘 지켜요. 교 사 우와! 정말 좋은 약속이다. '순서를 잘 지켜요.' 이것이 우리의 첫 번째 약속이야. 유아들 윷을 친구들에게 던지지 않아요. 교 사 우와! 멋진 생각이다. '윷은 친구에게 던지지 않아요.' 가 우리의 두 번째 약속이야. ③ 팀을 나눈다. 교 사 그럼 게임을 하려면 우리가 팀을 나누어야 하는데 팀을 어떻게 나누면 좋을까? 그렇게 생각했구나. 또 다른 생각이 있니? 유아들 좋아하는 친구끼리요./같은 색 옷을 입은 친구끼리요./같은 버스를 타는 친구끼리요.

<table>
<tr><td rowspan="1">전개
(20분)</td><td>교 사 ○○이의 생각은 이렇대. ○○이와 같은 생각을 하는 친구들은 고개를 끄덕끄덕 해 보자.
그럼, 세(네) 팀으로 모여 볼까?
그런데 우리가 게임을 하려면 각 팀의 수가 똑같은지 확인해 봐야 해.
각 팀에서 한 명씩 나와서 악수를 하고 제자리로 돌아가자.
그리고 팀 이름을 정해야 하는데, 너희들이 좋아하는 '우리나라 음식'으로 팀 이름을 정해 보자.
(유아들끼리 상의 후)
교 사 이 팀의 이름은 무엇이니?
유아들 김치팀이요./불고기팀이요./떡국팀이요.
교 사 정말 재미있는 이름이구나!
④ 윷놀이한 후 평가한다.
교 사 윷을 던지는 순서는 어떻게 정하면 좋을까?
유아들 가위바위보를 해요.
교 사 다른 친구들도 ○○이와 생각이 같으면 고개를 끄덕끄덕해 볼까?
많은 친구가 고개를 끄덕여 주었어. 그럼, 가위바위보를 해서 순서를 정해 보자.
가위, 바위, 보!
김치팀부터 윷을 던져 보자.
[자료 및 지도상의 유의점]
• 자료: 윷놀이 게임판(윷판), 말, 윷가락, 규칙판
• 교사의 리듬감 있는 설명으로 게임에 대한 유아의 이해를 돕는다.
• 유아들 스스로 약속을 정하고 팀 이름을 정할 수 있도록 격려하고 돕는다.</td></tr>
<tr><td>마무리
(5분)</td><td>① 윷놀이를 한 느낌을 이야기 나눈다.
교 사 오늘 윷놀이를 해 보았는데 어떤 느낌이었니?
'이 점은 조금 아쉬웠어요. 다음엔 이렇게 해 보고 싶어요.' 하는 친구 있니?
윷놀이가 더 하고 싶은 친구들을 위해 선생님이 수 · 조작 영역에 놓아둘게.
[자료 및 지도상의 유의점]
• 재미있었던 점과 아쉬웠던 점을 자유롭게 이야기할 수 있는 개방적인 분위기를 조성한다.</td></tr>
<tr><td>활동 평가</td><td>• 윷놀이의 방법과 규칙을 이해하는지 평가한다.
• 친구들과 윷놀이에 즐겁게 참여하는지 평가한다.</td></tr>
</table>

③ 활동사진

출처: 동작구청어린이집.

8 조형 활동

인간은 선천적으로 표현하는 것을 즐긴다. 어떤 영유아도 스스로 손에 무엇인가를 잡을 수 있는 능력이 생기면 끼적거리기를 즐긴다. 미적 가치를 표출하는 것이 아니라 자신의 경험과 느낌, 정서 상태를 그대로 담아내는 것이다. 이러한 자연스러운 표현이 인정되고 수용되는 분위기는 영유아의 표현능력을 향상시키고 자기표현을 즐길 수 있는 태도를 갖게 한다.

자신의 부정적 정서를 그대로 표출하면서 부정적 정서를 해소하고 정서적인 안정감을 가지며 자기표현의 즐거움을 통해 자신의 아름다움을 느끼고, 영유아들이 좀 더 다양한 자신의 주변 세계를 볼 수 있도록 경험을 확대하여 주고, 다양한 재료를 제공해 줌으로써 창의적 조형 활동을 경험하도록 도와야 한다.

① 조형 활동 진행방법과 유의할 점

- 새로운 재료를 소개할 때는 영유아들이 충분히 탐색하고 재료와 친숙해질 수 있도록 시간을 준다.
- 재료로 할 수 있는 기법이나 방법을 소개할 때는 영유아가 충분히 이해할 수 있도록 적절한 설명을 해 준다.
- 교사는 영유아들이 자신의 감정과 느낌을 자유롭게 표현할 수 있도록 다양한 동

기부여 방법으로 과거의 경험 이야기 들려주기, 작업 내용에 맞는 손유희, 노래 부르기, 이미지를 연상시키는 적절한 동화 · 시 · 음악 감상하기, 비디오테이프 보여 주기 등을 활용한다.

- 영유아들이 충분히 생각한 후 재료를 선정하여 작업하고, 교사는 영유아들의 작품을 있는 그대로 격려해 준다.
- 작업시간을 두려워하는 영유아를 격려해 주고 기다려 주며, 영유아의 개인적 특성을 인정하는 태도를 지닌다.
- 작업 시간이 끝나는 신호음을 미리 알려 주고 작업이 끝나면 다른 영유아가 작업을 다 마칠 때까지 기다리면서 할 수 있는 간단한 활동을 준비하여 준다.
- 작업이 끝나면 사용했던 도구를 영유아들과 함께 정돈한다.
- 정리가 끝나면 함께 모여서 활동에 대한 평가하고 자신의 작품을 소개해 본다. 이러한 과정을 통해 영유아들이 자신감과 성취감을 갖는다. 다른 사람의 작품을 감상하고 서로 다른 표현에 대해 타인의 감정을 이해하는 능력이 키워진다.
- 평가 시간을 통해 전시를 어떻게 하면 좋을지 영유아들과 함께 상의한다.
- 창의적 사고를 위해 주변에서 볼 수 있는 다양한 재료를 영유아들에게 제공하도록 한다.
- 영유아들의 표현에 과장된 칭찬이나 정형화된 칭찬보다는 "너의 작품에는 하늘색과 노란색 등 다양한 색을 즐겨 사용했구나!"라고 있는 그대로 칭찬하고 격려한다.
- 교사가 좋아하는 작품만을 선정하여 전시하는 방법은 적절하지 못하며, 영유아들과 함께 전시작품을 골라 보는 것도 좋은 방법이다. 전체 영유아의 작품을 전시가 어려울 경우 영유아들에게 먼저 양해를 구한 후 나누어서 전시한다.
- 영유아의 작품을 전시할 경우 서로의 작품에 관심을 가지고 감상할 수 있게 한다.

② 활동계획안

<table>
<tr><td>생활주제</td><td>즐거운 겨울이에요</td><td>대상연령</td><td>만 2세</td><td>예상시간</td><td>20분</td></tr>
<tr><td>일일주제</td><td>크리스마스를 준비해요</td><td>집단크기</td><td colspan="3">7명</td></tr>
<tr><td>활동 유형</td><td>미술</td><td>활동명</td><td colspan="3">크리스마스 카드 만들기</td></tr>
<tr><td>교육목표</td><td colspan="5">1. 크리스마스에 관심을 가진다.
• 사회관계 〉 사회에 관심 가지기 〉 다양한 문화에 관심을 가진다.
2. 크리스마스 카드에 관심을 갖고 물감과 손가락을 사용하여 카드를 꾸며 본다.
• 예술경험 〉 창의적으로 표현하기〉 다양한 미술 재료와 도구로 자신의 생각과 느낌을 표현한다.</td></tr>
<tr><td>활동 자료</td><td colspan="5">크리스마스 카드 14장, 크리스마스 카드 샘플, 4가지 색상의 물감, 일회용 접시, 크리스마스 관련 스티커, 물티슈
 영아용 크리스마스 카드
 완성본 샘플</td></tr>
<tr><td colspan="6">활동내용</td></tr>
<tr><td>도입
(2분)</td><td colspan="5">크리스마스 카드와 만들기 재료를 소개하고, 만드는 방법에 대해 이야기 나눈다.

① 크리스마스 카드를 소개한다.
교 사 친구들, 오늘 크리스마스 카드를 만들어 볼 건데, 이것 좀 봐봐. 카드에 뭐가 그려져 있니?
영아들 크리스마스 트리요.

② 만들기 재료를 소개한다.
교 사 선생님이 오늘 빨간색, 노란색, 초록색, 파란색 물감을 가지고 왔어. 이 재료들로 어떻게 카드를 꾸밀 수 있을까?
영아들 색칠해요.
교 사 맞아. ○○이가 말한 대로 붓으로 색칠할 수도 있겠지만, 오늘은 우리가 손가락을 사용해서 꾸며 보도록 할 거야.

③ 만드는 방법에 관해 이야기 나눈다.
교 사 ○○이가 원하는 색깔의 물감을 손가락으로 찍어서 크리스마스 트리 위에 콕콕 찍어 주면 되는 거야. 한번 해 볼 수 있겠니? 트리가 알록달록하게 완성되면 선생님이 스티커를 나눠 줄 거야. 트리 주변에 스티커를 붙여 보도록 하자.
영아들 네.

[자료 및 지도상의 유의점]
• 재미있었던 점과 아쉬웠던 점을 자유롭게 이야기할 수 있는 개방적인 분위기를 조성한다.</td></tr>
</table>

<table>
<tr><td>전개
(15분)</td><td>① 크리스마스 카드를 만든다.

② 영아의 크리스마스 카드 만들기를 격려한다.
교 사 우와! 노란색으로 찍으니까 너무 예쁘다. 빨간색과 파란색이 섞이니 예쁜 보라색이 되었네? 물감으로 콕콕 아주 많이 찍어 주었더니 크리스마스 트리가 더 멋있어졌네?

[자료 및 지도상의 유의점]
• 영아의 만들기 과정에 적절히 개입하여 격려하고 칭찬해 준다. 도움을 필요로 하는 영아는 최소한의 도움을 주고 되도록 영아 스스로 만들어 볼 수 있도록 격려한다.</td></tr>
<tr><td>마무리
(3분)</td><td>완성된 크리스마스 카드를 감상하고 이야기 나눈다.

① 완성된 크리스마스 카드를 감상한다.
교 사 우와! 선생님이 보기엔 ○○이의 크리스마스 카드가 너무 멋진걸. △△이는 어떻게 생각하니?
영아들 예뻐요./멋있어요.

② 크리스마스 카드에 대해 이야기 나눈다.
교 사 △△이는 이 크리스마스 카드를 누구에게 주고 싶어?

[자료 및 지도상의 유의점]
• 활동을 효율적으로 진행하기 위해 한 번에 2명의 영아만을 지도한다. 색이 섞이지 않도록 하나의 색을 사용하고 물티슈로 손가락을 닦아낸 후 다음 색을 사용하도록 한다. 활동을 시작하기 전 옷에 물감을 묻히지 않도록 규칙을 정하고 소매를 걷을 수 있도록 한다.
• 영아의 의견을 존중해 준다.
• 카드를 더 만들고 싶어 하는 영아에게 카드를 더 제공한다.

영아들 엄마요./××이요.
교 사 왜 엄마에게 드리고 싶니?/왜 ××이에게 주고 싶니?
영아들 좋아해서요.
교 사 그렇구나. 뭐라고 말하면서 카드를 주고 싶어?
영아들 내가 만든 카드야.
교 사 그래. ○○이, 오늘 정말 잘 만들었어요.</td></tr>
<tr><td>확장 활동</td><td>• 언어 영역에서 카드 뒷면에 산타 할아버지에게 받고 싶은 선물을 오려서 붙이는 활동을 한다.</td></tr>
</table>

③ 활동 사진

출처: 동작구청어린이집.

9 요리 활동

요리 활동은 유아가 매우 좋아하는 활동으로 통합적인 활동이 이루어진다. 여러 가지 음식 재료를 만지고 요리하는 과정을 즐기며, 만들어진 음식을 맛있게 먹을 수 있는 기대감으로 언제나 기쁘게 능동적으로 참여하는 활동이다. 매일 먹는 간식과 점심 음식 중 유아와 함께 준비하고 요리할 수 있는 음식을 유아들과의 요리 활동으로 전개한다. 요리 활동은 음식 재료의 변화를 오감(보고, 듣고, 냄새 맡고, 맛보고, 만지기)을 모두 사용하여야 느끼기 때문에 유아들의 집중도가 높고, 실물 자료를 다룸으로써 여러 개념 학습에 효과적으로 접근할 수 있는 활동이다.

① 요리 활동 진행방법과 유의할 점

- 요리 활동을 위한 재료는 계절을 고려하여 구하기 쉬운 재료와 요리방법이 간단한 것으로 선정한다.
- 교사는 요리 활동을 통해 유아들이 지속적으로 재료의 변화를 비교하고(어떻게 다르니?), 변화의 이유(왜 달라졌을까?)를 탐구할 수 있도록 돕는다. 유아들은 요리 활동을 할 때 음식의 변화과정을 관찰하며, 여러 가지 개념을 학습한다. 예를 들어, 만들기 전의 음식 재료와 음식을 만든 후의 모양과 냄새, 맛이 서로 다름을 관찰하게 한다. 삶지 않은 고구마와 감자는 삶은 고구마, 감자와 매우 다르다. 냄새도 다르고, 보기에도 다르고, 만져 봐도 다르고, 먹어 보면 맛도 다르다.

- 교사는 유아들과 함께 요리 순서표를 보고 읽으면서, 요리를 맛있게 하는 방법에 대해 연구한다. 요리 순서나 어떻게 요리했는지에 따라 음식의 맛이 달라진다. 유아들과 함께 의논하여 맛있는 음식을 만들기 위해 요리 순서를 정확히 지키고 재료의 양을 적절히 조절하여 음식을 만든다.
- 교사는 요리 활동을 하면서 청결과 안전에 주의를 기울여야 한다. 준비된 음식 재료는 신선하고 청결하게 관리한다. 요리 활동을 하기 전에 유아들은 손을 깨끗이 씻고, 조리대도 깨끗이 닦아야 한다. 또한, 깨지기 쉬운 유리그릇보다 플라스틱 그릇을 사용하며, 칼을 사용할 때는 날이 무딘 빵 칼을 사용하고 화기를 사용하여 익히는 과정은 전담교사가 없을 경우 교실에서 실시하지 않는다.

요리 활동 선정 ➡ 자료 준비 ➡ 활동으로의 도입 ➡ 요리 활동 실시 ➡ 요리한 음식 먹기

[그림 4-1] 요리 활동의 전개 과정

② 활동계획안

<table>
<tr><td>생활주제</td><td>건강과 안전</td><td>대상연령</td><td>만 5세</td><td>예상시간</td><td>30분</td></tr>
<tr><td>일일주제</td><td>맛있는 음식과 영양</td><td>집단크기</td><td colspan="3">소집단</td></tr>
<tr><td>활동 유형</td><td>요리</td><td>활동명</td><td colspan="3">알록달록 샌드위치</td></tr>
<tr><td>교육목표</td><td colspan="5">1. 색과 모양을 보며 교구와 일대일 대응 및 쌓기를 할 수 있다.
• 자연탐구 〉 생활 속에서 탐구하기 〉 물체의 위치와 방향, 모양을 알고 구별한다.
2. 설명서의 색과 모양을 보며 샌드위치를 만들 수 있다.
• 예술경험 〉 창의적으로 표현하기 〉 다양한 미술 재료와 도구로 자신의 생각과 느낌을 표현한다.</td></tr>
<tr><td colspan="6">활동내용</td></tr>
<tr><td>도입
(5분)</td><td colspan="5">① 냉장고에서 샌드위치 재료를 꺼낸 다음, 아이들이 샌드위치 설명서를 관찰할 수 있는 시간을 준다.
교 사　이 냉장고에는 무엇이 들어 있을까요?
유아 1　사과랑 바나나랑 포도랑 샌드위치가 있어요.
교 사　이 샌드위치는 어떻게 만드는 걸까?
유아 2　저기에 샌드위치 만드는 법이 적혀 있어요.</td></tr>
</table>

<table>
<tr><td>도입
(5분)</td><td>[자료 및 지도상의 유의점]
• 샌드위치 설명서에 첨부된 색, 모양, 재료, 교구를 아이들이 탐색하며 어떤 교구의 모양인지, 색인지 나눠 보게 한다.</td></tr>
<tr><td>전개
(20분)</td><td>① 샌드위치 재료를 하나씩 살펴보고 맛과 색, 특징 등을 이야기해 본다.
교 사 여기 있는 샌드위치 재료에는 어떤 것들이 있을까? 혹시 이 재료를 먹어 본 적이 있니? 어떻게 생겼었니?
유아들 토마토를 먹어 봤어요./빨갛고 동그랬어요./동그라미 안에 구멍이 뚫려 있었어요.
② 샌드위치 재료 교구로 샌드위치를 만드는 순서를 이야기해 본다.
교 사 샌드위치 먹어 본 친구가 있니? 샌드위치 재료들이 어떤 순서로 쌓여 있었니?
유아들 저요. 먼저 빵이 있었어요. 그 위에는 토마토랑 치즈랑 맛있는 것이 있고 맨 위에 또 빵이 있었어요.
③ 샌드위치 설명서를 보여 주며, 샌드위치 만드는 순서를 정해 본다.
교 사 우리만의 샌드위치를 한번 만들어 볼까? 어떤 순서로 만들면 좋을까?
유아들 처음에는 빵이요. 그다음은…….
④ 같이 정한 샌드위치 순서에 맞게 샌드위치를 만들어 본다.
교 사 우리만의 샌드위치 만드는 순서를 정해 봤으니까 순서대로 샌드위치를 만들어 볼까?
유아들 네.

[자료 및 지도상의 유의점]
• 샌드위치 순서를 아이들이 자유롭게 정해 볼 수 있도록 한다.</td></tr>
<tr><td>마무리
(5분)</td><td>① 자유선택활동 영역에 두어 아이들이 자유롭게 활동해 보도록 한다.
교 사 샌드위치 설명서 순서가 바뀌어도 순서에 맞게 만들어 볼 수 있겠니?
유아들 네.
② 선생님이 자유선택활동 영역에 놓아둘게. 자유롭게 친구들만의 샌드위치를 만들어 보자.</td></tr>
<tr><td>확장 활동</td><td>• 샌드위치 동시 짓기를 해 본다.
• 가정과의 연계 활동으로 가족들과 샌드위치를 만들어 본다.</td></tr>
</table>

③ 활동사진

출처: 동작구청어린이집.

CHAPTER

05 보육계획안과 보육실습일지 작성방법

PRACTICUM IN CHILD CARE & EDUCATION

1 보육활동 계획

2 보육실습계획안의 작성 요령

어린이집에서의 일과는 영유아가 균형 있게 발달할 수 있도록 통합적으로 계획 · 작성 · 운영되어야 한다. 교사의 면밀한 보육계획은 영유아가 발달에 적절한 활동을 골고루 경험할 수 있도록 도와준다. 이는 영유아의 흥미와 요구에 민감하게 반응할 수 있도록 하고, 적절한 지원을 통해 효과적인 보육이 되도록 한다. 하지만 계획이 반드시 이루어져야만 하는 형식적인 교육과정으로 이해된다면 놀이를 중심으로 이루어지는 영유아의 배움을 오히려 방해하고, 놀이가 교사 주도적으로 진행될 수 있어 영유아에게 실제적인 도움이 될 수 없다. 이에 2019년 개정 누리과정과 4차 표준보육과정에서는 그동안 당위적 · 형식적으로 작성하던 연간, 월간, 주간, 일일 교육계획안의 형식과 내용을 다양한 방식으로 계획할 수 있도록 제시하고 있다(교육부 · 보건복지부, 2019). 즉, 유아 주도의 놀이를 적극적으로 지원하기 위해 교사의 사전 계획을 최소화하고 실제 놀이하는 내용과 교사의 지원을 자율적으로 기록하는 방식을 통해 계획안을 개선할 수 있어야 한다는 것이다.

현장 교사의 경우 전문적 · 경험적 지식을 통해 현재 이루어지는 놀이를 중심으로 주제와 관련된 활동을 융통성 있게 전개할 수 있지만, 예비 유아 교사의 경우에는 체계적으로 교육계획을 세워 실시하고 평가해 봄으로써 경험적 지식을 습득해 나갈 수 있다. 또한, 자율성을 가진 전문가로 성장하기 위한 과정에 있는 예비교사는 영유아의 발달과 특성을 잘 알고 이에 적절한 교육내용을 계획하여 진행하면서 반성적 사고를 통해 적절한 보육을 실시할 수 있어야 한다. 이에 본 장에서는 교사가 알고 있어야 할 교육계획 이해의 틀에 중심을 두고 서술해 나갈 것이다.

1 보육활동 계획

보육은 보호(care)와 교육(education)으로 이루어진다. 따라서 하루 일과 동안 이루어지는 보육활동의 목표와 연관 지어 활동내용과 그에 따른 교수–학습방법 및 과정, 교수 자료와 준비물 등을 함께 고려해야 한다. 보육활동 계획은 일일 보육계획안, 주간 보육계획안, 월간(주제별) 보육계획안, 연간 보육계획안으로 구분된다. 기본적으로 주제, 주제 선정의 이유, 목표, 활동 계획, 활동의 실제, 평가 사항 등을 기록하게 되어 있으나 어린이집에 따라 양식을 정하여 사용할 수 있다. 따라서 연간, 월간, 주간, 일일 계획안은 통합하여 하나로도 작성할 수 있으며, 형식, 내용, 분량도 자율화할 수 있다.

보육계획안을 작성하기 이전에 국가수준 보육과정인 표준보육과정과 누리과정의 내용을 숙지하고, 각 기관에서 설정한 연간 보육계획안과 월간(주제별) 보육계획안, 주간 보육계획안에 근거하여 일일 보육계획 또는 활동 보육계획의 형태로 수립한다. 보육계획은 현재 진행되고 있는 영유아의 흥미와 경험에 기반하며, 정적인 활동과 동적인 활동의 균형, 소집단 활동과 대집단 활동의 균형 등이 이루어지도록 한다. 보육계획을 실행한 후 평가를 통해 다음 활동활동 계획 시 반영 여부를 고려한다. 또한, 영유아의 놀이가 일어날 수 있는 잘 준비된 환경이 마련되어 영유아가 경험해야 할 내용을 중심으로 계획되어야 한다.

1) 연간 보육계획안

연간 보육계획안은 각 어린이집의 특성과 교육철학 및 목표, 영유아의 발달 수준 및 요구, 지역사회의 특성 등을 1년간의 보육계획에 반영하여 영유아에게 최적의 경험과 환경을 제공하기 위해 한 해 동안 진행되는 전체적인 프로그램이다. 연간 보육계획은 영유아가 경험해야 할 내용을 중심으로 생활주제로 묶어서 시기, 계절, 행사, 영유아의 연령과 발달 수준 등을 고려하여 연계성 있게 계획한다. 영유아는 연령에 따른 발달적 차이가 크게 나타나므로 연령별 발달 특성을 고려하여야 하며, 맡은 반 아이들을 대상으로 연간 보육계획안을 수립한다.

예비교사의 경우 실습 시기에 이미 각 기관의 연간 보육계획이 수립되어 있으므로 이를 근간으로 하여 실습 시 보육계획을 작성할 수 있도록 한다.

연간 보육계획 작성 시 고려할 점은 다음과 같다.

- 영유아기는 매우 빠른 속도로 발달하는 시기이며, 영유아마다 다른 성장 속도를 가지고 있으므로 이러한 영유아의 발달 특성뿐만 아니라 각 영유아의 흥미와 관심에 기초하여 융통성 있게 작성한다. 또한, 연간 교육계획은 영유아의 경험과 놀이에 따라 교사의 세심한 관찰을 토대로 학급의 특성에 적합하게 변경될 수 있다.
- 영유아의 발달 특성 및 계절의 변화나 흥미를 고려하여 학기 초에는 새로운 환경에 적응하기 위한 친숙한 주제에서 시작하여 점차 추상적인 주제로 확대되도록 계획한다. 또한, 연령별로 적절한 경험해야 할 내용을 중심으로 구성한다.
- 학기 초에는 무엇보다도 영유아들이 새로운 어린이집의 물적·인적 환경에 쉽게 적응할 수 있도록 적응을 위한 프로그램이 계획되어야 한다.
- 혼합연령의 연간 보육계획을 수립할 때는 각 연령의 발달적 특성을 이해하고, 먼저 각 연령의 공통되는 주제를 중심으로 선정하도록 한다. 또한, 구성원의 연령 비율에 따라 연간 보육계획의 전개 시기가 달라질 수 있다.

〈표 5-1〉 연간 교육계획의 예(0~1세)

월	연령별 활동 주제			비고
	0세	1세	0~1세 혼합연령	
3월	새로운 것이 낯설어요 I	새로운 것이 낯설어요	낯설어요 I	• 신입 원아 적응 프로그램
4월	새로운 것이 낯설어요 II	느낄 수 있어요 I	낯설어요 II	• 학부모 개별 면담 • 운영위원회
5월	느껴 보아요 I	느낄 수 있어요 II	놀이는 재미있어요 I	• 어린이날 행사 • 학부모 강연회
6월	느껴 보아요 II	움직이는 것이 재미있어요 I	놀이는 재미있어요 I	• 학부모 참여수업/간담회
7월	움직여요 I	움직이는 것이 재미있어요 II	느껴 보아요 I	• 물놀이
8월	움직여요 II	놀이할 수 있어요	느껴 보아요 II	• 가족사진 콘테스트

월	연령별 활동 주제			비고
	0세	1세	0~1세 혼합연령	
9월	놀이는 재미있어요 I	움직이는 것이 재미있어요 III	느껴 보아요 III	• 학부모 워크숍
10월	놀이는 재미있어요 I	나는 할 수 있어요	움직여요	• 동물원 견학
11월	놀이는 재미있어요 III	움직이는 것이 재미있어요 IV	놀이는 재미있어요 III	• 학부모 간담회
12월	놀이는 재미있어요 IV	좋아하는 놀이가 있어요 I	놀이는 재미있어요 IV	• 가족 잔치 • 크리스마스
1월	좋아해요 I	좋아하는 놀이가 있어요 II	나는 ○○이 좋아요 I	• 학부모 개별 면담 • 운영위원회
2월	좋아해요 II	새로운 것도 좋아요	나는 ○○이 좋아요 II	• 민속 잔치 • 신입생(재원생) 오리엔테이션

- 학기 초에는 적응과 관련된 주제를 선택하고 중간 입소의 경우 개별적 적응을 계획하여 운영한다.
- 주요 행사 등을 같이 표시해 두어 참고한다.

〈표 5-2〉 5세반 연간 보육계획안의 예

시기	주제	소주제	관련 행사 및 현장학습의 예
3월	어린이집 생활과 친구	새로 만난 선생님 새로운 친구들 어린이집 탐험 함께 지내는 어린이집(규칙 정하기)	• 신입 원아 적응을 위한 단축 일과 (기본 규칙 함께 정하기) • 안전교육
4월	봄과 동 · 식물	날씨 변화와 생활 식물의 봄맞이 알아보고 싶은 동물 I 알아보고 싶은 동물 II	• 건강검진, 체격 검사 • 동물원 견학
5월	나와 가족	소중한 우리 가족 가족 속의 나 나는 특별해요 사랑하는 우리 가족	• 어린이날 행사 • 봄나들이

시기	주제	소주제	관련 행사 및 현장학습의 예
6월	우리 동네	우리 동네 모습 우리 동네 기관 여러 가지 직업 우리 동네 유적지	• 체격 검사 • 우리 동네 둘러보기 • 소방서 견학 • 부모님 직장 견학
7월	신나는 여름	여름의 날씨 변화와 생활모습 건강하게 여름나기 즐거운 물놀이 I 즐거운 물놀이 II	• 날씨를 고려하여 물놀이 실시 • 물놀이 안전
8월	교통과 안전	내가 궁금한 교통수단 편리한 교통시설 미래의 교통수단 안전한 교통문화	• 교통안전교육 • 교통공원 견학 • 환경 대청소 및 소독
9월	세계 속의 우리나라	우리나라의 생활 우리 지역 문화유산 우리나라의 명절-추석 세계의 여러 나라와 사람들	• 가족사진 콘테스트 • 추석 • 체격 검사 • 민속박물관/한옥마을 견학
10월	세계 속의 우리나라 가을	세계 여러 나라의 생활 함께하는 세계 가을의 변화 가을 곡식과 열매 가을 나무와 숲	• 세계 여러 나라 음식 축제 • 가을 소풍(자연보호 활동 포함 가능)
11월	지구와 환경	우리가 사는 지구 지구의 변화 고마운 지구 지구의 보호/재활용 우주와 행성	• 과학관/천문대 견학 • 학습 준비도 검사
12월	겨울과 놀이	겨울의 모습 동·식물의 겨울나기 즐거운 크리스마스 이웃과 함께하는 겨울	• 동네 산책 • 크리스마스 행사 • 은행, 우체국 견학
1월	우리 생활과 도구/기계	새해맞이와 놀이 편리한 생활도구/우리 주변의 기계 우리는 발명가 미래의 생활	• 안전교육 • 체력검사 • 케이블카 • 책 만들기 전시회
2월	초등학교에 가요	궁금한 초등학교 일 학년이 되면 즐거웠던 어린이집 I 즐거웠던 어린이집 II	• 초등학교 둘러보기 • 환경 대청소 및 소독 • 학부모 간담회

2) 월간(주제별) 보육계획안

월간(주제별) 보육계획안은 연간 보육계획에 의하여 그 틀이 이루어지므로 경우에 따라 작성하지 않을 수도 있다. 월간 보육계획안은 연간 보육주제에서 선정된 주제 및 소주제를 참고로 하며, 전년도 월간 보육계획안의 실행 결과에 대한 평가를 기초로 새로운 달이 시작되기 전 월별로 진행되는 전반적인 보육 일정, 행사와 견학 등의 일정을 점검할 수 있도록 한다. 하지만 월간 보육주제가 반드시 월별로 이루어지는 것은 아니므로 월간 보육계획이라기보다 주제별 보육계획이라는 것이 더 적절하다.

주제별 교육계획은 주제에 따른 보육활동을 하루 일과에 따라 전체적으로 제시하므로 주제 전개에 따른 균형 잡힌 보육계획을 한눈에 볼 수 있다. 교사는 영유아들이 경험해 본 단순한 내용에서 복잡하고 경험하지 않은 내용으로, 구체적 내용에서 추상적 내용으로 주제의 전개를 계획한다. 한편, 놀이를 진행하며 영유아들의 경험과 흥미에 따라 주제의 전개를 융통성 있게 진행할 수 있어야 한다.

월간(주제별) 보육계획 작성 시 고려할 점은 다음과 같다.

- 연간 보육계획안을 토대로 전년도 월간(주제별) 보육계획안에서 실행되었던 활동들에 관한 평가 기록을 참고하여 수립한다.
- 신체적 · 생리적 욕구 충족을 중심으로 이러한 과정이 교육적으로 의미 있게 진행되도록 한다. 따라서 잠자기, 먹기, 씻기, 배변, 옷 입고 벗기 등의 일상생활에서 친밀감을 나누는 가운데 자조 능력을 키울 수 있는 교육활동으로 연결하여 자연스럽게 기본생활습관이 이루어지도록 해야 한다.
- 반복되는 활동을 즐기는 영유아들의 특성을 반영하여 활동을 계획하되 친숙한 활동과 새로운 활동을 적절하게 안배하여 영유아들의 호기심을 자극하도록 하며, 이러한 감각과 탐색 경험을 통하여 사물의 특성을 파악하고 문제해결을 경험해 볼 수 있도록 한다.

〈표 5-3〉 주제별(월간) 보육계획안의 예(3~4세: 교통기관)

<table>
<tr><th colspan="2">주</th><th>1주</th><th>2주</th><th>3주</th><th>4주</th></tr>
<tr><th colspan="2">구분 / 소주제</th><th>여러 가지 교통기관 Ⅰ</th><th>여러 가지 교통기관 Ⅱ</th><th>우리가 좋아하는 교통기관 놀이</th><th>교통규칙과 안전</th></tr>
<tr><td colspan="2">등원 및 맞이하기</td><td colspan="4">• 가족들과 나들이 갈 때 타 본 교통기관 이야기 나누기
• 교통기관 관련 노래/음악 들으며 등원하기</td></tr>
<tr><td colspan="2">기본생활 및 안전</td><td colspan="4">• 다 먹은 간식 접시, 컵 분류해서 정리하기</td></tr>
<tr><td rowspan="3">일상생활</td><td>점심 및 간식</td><td colspan="4">• 바르게 앉아서 먹어 보기
• (새로운) 음식 맛보기</td></tr>
<tr><td>낮잠</td><td colspan="4">• 자고 나서 내 침구 정리하기</td></tr>
<tr><td>배변 활동</td><td colspan="4">• 배변 후 선생님의 도움을 받아 (스스로) 옷을 올려 보기
• 지퍼, 단추 잠가 보기</td></tr>
<tr><td rowspan="4">자유놀이</td><td>극화</td><td>• 버스, 기차 타기놀이
• 휴게소, 매점차에서 음식 팔고 사기</td><td>• 기내식 만들기
• 비행기 역할놀이</td><td>• 내가 좋아하는 교통기관 운전사, 우주인 되어 보기
• 우주선 발사에 관한 뉴스 기자 되어 보기</td><td>• 교통경찰/운전자/보행자 놀이하기
• 교통안전 캠페인 벌이기</td></tr>
<tr><td>쌓기</td><td>• 블록으로 버스, 기차 구성하고 나들이/견학 가기
• 교통기관 레고 블록 구성하기</td><td>• 블록으로 비행기 만들기(비행기 내부 사진, 조종석, 계기판, 안전벨트 등)
• 비행장 구성하기(활주로, 깃발, 공항 관제탑 등)</td><td>• 내가 좋아하는 교통기관 구성하기
• 우주선, 우주센터 구성하기</td><td>• 자동차와 도로 구성하기
• 신호등 보고 자동차 운전하기</td></tr>
<tr><td>미술</td><td>• 교통기관 모양 물감 찍기
• 모양 조각 종이로 탈 것 구성하기
• 구성한 교통기관 종이 판화로 찍어 내기</td><td>• 큰 종이접기(비행기, 배)
• 바퀴 움직이는 교통기관 만들기</td><td>• 여러 가지 교통기관 모양 베끼기
• 색종이 접어 우주선 만들기</td><td>• 횡단보도 만들기(롤러 이용)
• 교통경찰 무전기, 모자, 배지 만들기</td></tr>
<tr><td>음률</td><td>• 「간다간다」 노래 부르며 탈것이 되어 움직이기
• 헤르만 네케의 「코시코스의 우편 마차」 감상</td><td>• 여러 가지 교통기관 소리 듣고 악기로 표현하기</td><td>• 로켓이 되어 매달린 풍선을 점프하여 쳐 보기
• 로켓이 되어 지그재그로 이동하며 풍선 혜성 피해 보기</td><td>• 「건너가는 길」, 「신호등」 노래 부르기/악기 연주하기</td></tr>
</table>

<table>
<tr><th colspan="2">주
소주제
구분</th><th>1주
여러 가지 교통기관 Ⅰ</th><th>2주
여러 가지 교통기관 Ⅱ</th><th>3주
우리가 좋아하는 교통기관 놀이</th><th>4주
교통규칙과 안전</th></tr>
<tr><td rowspan="3">자유 놀이</td><td>언어</td><td>• 교통기관 단어카드(수수께끼)
• 모양 연상 그림 그리고 이야기 만들기
• 버스나 기차 모양 종이에 친구 얼굴 붙여 태워 주기/이름 쓰기</td><td>• 조종사 운전면허증, 탑승 티켓 만들기
• 교통기관 수수께끼</td><td>• 우주선 관련 기사 살펴보기
• 로켓 관련 기사 만들어 보기</td><td>• 교통표지판 읽기
• 어린이 교통안전 표어 만들기
• 교통표지판 책 만들기</td></tr>
<tr><td>그림책</td><td colspan="4">• 『기차 ㄱㄴㄷ』/『누구 자전거일까?』/『까만 크레파스와 요술기차』/『기묘한 왕복 여행』/『작은 기차』/『화물열차』
• 『비행기를 탄 리자』/『부웅부웅 비행기』/『지하철은 달려온다』/『천하무적 고무동력기』/『누구 그림자일까?』</td></tr>
<tr><td>수 · 과학</td><td>• 화보 관찰: 여러 가지 교통기관
• 삼목게임: 교통기관 그림 이용
• 교통기관 소리 듣고 카드 찾기</td><td>• 교통기관 분류하기
• 같은 차량번호 짝지어 주차하기
• 탈것 숨은그림찾기</td><td>• 교통기관 미로 찾기
• 내가 좋아하는 교통기관 투표하기(그래프)
• 로켓 발사하기</td><td>• 탈것 탠그램
• 안전하게 운전해요(게임판)</td></tr>
<tr><td rowspan="2">대 · 소집단 활동</td><td>이야기 나누기</td><td>• 여러 가지 교통기관
• 내가 타 본 교통기관
• 교통기관이 궁금해요: 자동차
• 교통기관이 궁금해요: 기차</td><td>• 교통기관이 궁금해요: 비행기
• 교통기관이 궁금해요: 배</td><td>• 가장 좋아하는 교통기관 정해 보기
• 교통기관이 궁금해요: 우주선
• 우주선 관련 기사 살펴보기</td><td>• 교통안전
• 교통표지판
• 교통안전 캠페인</td></tr>
<tr><td>음률</td><td>• 노래: 「간다간다」
• 창작 율동: 「기차」</td><td>• 노래: 「비행기」, 「더 빠른 것 더 느린 것」
• 차이콥스키의 「뱃노래」 듣고 느낌 자유롭게 표현하기</td><td>• 새 노래: 「우주선」
• 쇼팽의 음악 감상하기/빠르기의 순서에 따라 어울리는 교통기관 정해 보기
– 빠른 음악: 「즉흥 환상곡」
– 중간 빠르기: 「폴로네이즈 3번」
– 느린 음악: 「녹턴」</td><td>• 새 노래: 「건너가는 길」</td></tr>
</table>

<table>
<tr><th colspan="2">구분 \ 주</th><th>1주</th><th>2주</th><th>3주</th><th>4주</th></tr>
<tr><th colspan="2">소주제</th><th>여러 가지 교통기관 Ⅰ</th><th>여러 가지 교통기관 Ⅱ</th><th>우리가 좋아하는 교통기관 놀이</th><th>교통규칙과 안전</th></tr>
<tr><td rowspan="5">대·소집단 활동</td><td>게임</td><td>• 기차 되어 손님 태워 오기</td><td>• 친구, 교사가 몸으로 표현하는 교통기관 맞히기</td><td></td><td>• 신호등을 보고 걸어요</td></tr>
<tr><td>미술</td><td>• 협동작품: 우리 반이 만든 교통기관</td><td>• 낙하산 만들기</td><td>• 상자 활용하여 로켓 만들어 보기(협동작품)</td><td>• 교통안전 캠페인 포스터 만들기</td></tr>
<tr><td>문학</td><td>• OHP 동화: 『누구 자전거일까?』
• 동극: 『야, 우리 기차에서 내려』
• 동시: 「자동차」</td><td>• 동시 감상: 「바퀴는 요술쟁이」</td><td>• 동화: 『루이의 우주선 상상 1호』
• 『할머니와 로켓 자전거』 주인공에게 로켓 관련 기사 만들어 보기, 하고 싶은 말 생각해 보기/표현하기</td><td>• 동화: 『미림이의 자동차 여행』</td></tr>
<tr><td>요리</td><td>• 기차 꼬치(과일 꼬치)</td><td>• 과일 주스</td><td></td><td></td></tr>
<tr><td>견학</td><td>• 인근 주차장</td><td>• 주유소/세차장</td><td></td><td>• 어린이 안전교육관</td></tr>
<tr><td colspan="2">실외놀이</td><td>• 훌라후프 기차놀이
• 끌차로 모래 옮기기</td><td>• 종이비행기 멀리 날리기
• 낙하산 놀이</td><td>• 어린이집 주변을 산책하며 볼 수 있는 교통기관 소리 들어보기</td><td>• 횡단보도 건너 보기</td></tr>
<tr><td colspan="2">기본생활</td><td>• 교통기관 내에서 안전벨트 매기: 안전교육</td><td>• 대중교통 내에서 적당한 소리로 이야기하기</td><td>• 자고 일어날 때 잠든 친구가 깨지 않도록 조용히 일어나기</td><td>• 횡단보도 건너 보기(운전자용/보행자용 신호등 살펴보기)</td></tr>
<tr><td colspan="2">귀가 및 가정과의 연계</td><td colspan="4">• 가정과의 연계: 가족과 함께 교통기관 이용하기, 교통표지판 찾아 보기, 교통캠페인
• 지역사회와의 연계: 대중교통 이용해 보기</td></tr>
</table>

〈표 5-4〉 주제에 따른 영역별 자료 구성의 예(3~4세)

흥미 영역		주제: 교통기관
극화 영역	기본 자료	• 여러 가지 음식 모형, 싱크대, 가스레인지, 식기건조기, 냉장고, 전자레인지, 냄비, 접시, 쇼핑 바구니, 컵, 숟가락, 젓가락, 국자, 넥타이, 스카프, 가방, 화장대, 화장품 용기, 드라이기, 빗, 머리핀, 목걸이, 선글라스, 머리띠, 인형, 우산, 계산기
	보충 자료	• 버스, 기차놀이: 종이벽돌 블록, 기차 그림, 버스 그림 • 휴게소, 매점 놀이: 도시락, 김밥 · 단무지 모형, 샌드위치, 물병 등 • 비행기 역할놀이: 넥타이, 역할 옷, 스카프 등 • 자동차 놀이: 자동차 그림 카펫, 미니카 등 • 교통경찰 놀이: 교통경찰 역할 옷, 소품 등
쌓기 영역	기본 자료	• 종이벽돌 블록, 유닛 블록, 레고 블록(小), 원통 블록, 우리 집 레고 블록, 지역사회 교통 레고 블록, 레고 인형, 지역사회 인형
	보충 자료	• 블록으로 비행기 만들기: 비행기 내부 사진, 조종석, 계기판, 안전벨트, 비행기 소리 CD 등 • 자동차길 구성하기: 자동찻길, 다양한 길 등 • 경찰차, 오토바이 구성할 블록
미술 영역	기본 자료	• 여러 가지 펜(크레파스, 사인펜, 마커펜, 붓 등) • 여러 가지 종이(모양 종이, 골판지, 마분지, 스케치북, 전지, 색도화지, 신문지 등) • 기타 소품(우유갑, 페트병 등의 재활용 용기, 상자 등 폐품, 빨대, 병뚜껑, 인형 눈알, 백업, 여러 가지 종류의 단추, 여러 가지 크기의 솜방울(뽕뽕이) 등) • 풀, 가위, 테이프 등 다양한 미술 도구
	보충 자료	• 교통기관 모양 도장, 골판지로 자른 모양, 활동지, 둥근 막대, 구슬, 물감, 명화 그림 등
언어 영역	기본 자료	• CD 플레이어, 헤드셋 • 인형, 손가락 인형, 인형극 틀, 게시판, 소파, 쿠션 등 • 여러 가지 쓰기 도구(연필, 사인펜, 색연필, 크레용 등), 크고 작은 종이
	보충 자료	• 노랫말 판: 노래 「간다간다」, 「큰 트럭 작은 트럭」, 「더 빠른 것 더 느린 것」, 「건너가는 길」, 「신호등」 • 음악 CD: 「스와니 강」, 「코시코스의 우편 마차」 • 이야기 나누기 교재: 『여러 가지 교통기관』, 『비행기 그림 자료』, 『내가 타고 싶은 교통기관』 • 동화책: 『기차ㄱㄴㄷ』, 『화물열차』, 『꼬마 자동차 덜컹이』, 『돌돌이와 바퀴』, 『부릉부릉 트럭 삼형제』, 『난 자동차가 참 좋아』, 『검피 아저씨의 드라이브』, 『굴러라 바퀴야』 • 동시: 「바퀴는 요술쟁이」, 「신호등이 말해요」 • 교통기관 수수께끼 카드, 버스 · 기차 모양 종이, 유아들 사진, 조종사 운전면허증, 탑승 티켓 만들기 재료, 자동차 내 · 외부 사진, 교통기관, 표지판 글자 완성하기 재료 등
수 · 과학 영역	기본 자료	• 퍼즐, 자석 블록, 자석 보드, 페그 보드, 숫자 놀이, 컴퓨터 2대, 교육용 CD, 자석 막대, 시계 완성하기 교구
	보충 자료	• 교통기관 소리 카드, 교통기관 분류하기, 같은 차량번호 짝지어 주차하기 교구, 경사로, 자동차, 바퀴 모양 롤빵(식빵, 딸기잼, 빵 칼 등), 교통표지판 도미노 등

3) 주간 보육계획안

주간 보육계획은 한 주간의 보육활동으로 활동 영역의 균형 및 통합을 고려하여 계획한다. 주간 보육계획안에는 실내외 자유놀이, 대 · 소집단 활동 및 기본생활습관에 관한 보육내용을 기록하며, 일일 활동 중 자유놀이와 대 · 소집단 활동의 균형, 지난주 보육내용 및 다음 주 보육내용과의 연계가 이루어져야 한다.

주간 보육계획에 따라 자유놀이 시간 동안 각 영역의 주제에 맞는 교구를 선정하며, 그 주제에 적합한 활동 등을 선정하게 된다. 환경 구성도 주간 주제의 변화에 따라 계획된다. 한편, 영유아의 놀이는 예측하기 어려우므로 주제에 따라 먼저 경험해야 할 내용과 이후에 이루어질 것으로 예상되는 내용을 제시한다. 그러나 교사는 영유아의 관심과 흥미에 따라 놀이 진행이 달라질 수 있음을 알고 적절하게 지원해야 한다.

주간 보육계획 작성 시 고려할 점은 다음과 같다.

- 연간 보육계획안을 토대로 전년도 주간 보육계획안에서 실행되었던 활동들에 관한 평가 기록을 참고하여 수립한다.
- 영아를 위한 주간 보육계획안을 구성할 때는 영아의 발달적 특성과 요구에 맞는 다양한 활동을 발달 과제와 관련지어 선정하여야 하므로 모든 활동을 주제와 관련지어서 제시할 필요는 없다. 하루 일과를 중심으로 등원 및 맞이하기, 실내 자유놀이, 실외 자유놀이, 점심 및 낮잠, 기본생활습관 등으로 구분하여 일과별로 각각의 활동을 제시한다. 실내 자유놀이의 경우 영아의 전인적인 발달을 고려하여 신체 영역, 언어 영역, 탐색 영역, 표현 영역 등으로 구분하고 영역별로 활동을 계획하여 제시한다. 실외 자유놀이의 경우 각 기관의 사정에 의해 실외 놀이가 여의치 않을 경우 이를 대치할 수 있는 대안적 장소에 따라 적절한 활동을 계획한다.
- 유아를 위한 주간 보육계획안은 한 주간 진행되는 활동을 자유놀이, 대 · 소집단 활동, 기본생활습관 활동으로 나누어 제시한다. 자유놀이는 영아들의 놀이 활동에서 더욱 세분화되어 극화, 쌓기, 미술, 언어, 수 · 과학, 음률, 실외 활동 등으

로 구성된다. 또한, 대 · 소집단 활동은 이야기 나누기, 문학, 음악, 신체, 수 · 과학, 미술 활동 등으로 이루어진다.

- 활동은 영유아의 경험과 흥미 및 놀이 진행에 따라 순서가 달라지거나 변경될 수 있다. 따라서 교사는 주간 계획의 내용을 알아 영유아들에게 적절한 지원을 해 줄 수 있어야 한다. 주간계획안의 형태 역시 다양한 형태로 각 원에서 정하는 형식으로 할 수 있다.
- 어린이집은 장시간 영유아들이 생활하는 곳이므로 기본생활습관 형성 프로그램이 보육계획에 포함되도록 한다. 기본생활습관 지도는 일과 운영에 포함되어 있는 식사 지도, 배변, 낮잠 등의 활동과 청결, 자조, 정리 · 정돈, 질서 등의 내용으로 영유아들에게 규칙적인 습관이 생길 수 있도록 구체적인 내용을 반복적으로 계획한다.
- 한 활동에서 다른 활동으로 전환하기 위하여 소집단의 형태로 전이 활동을 짧게 계획할 수 있으며, 주로 노래, 손유희, 동시, 동작 활동 등을 계획한다. 이는 영유아들이 안전하고 편안하게 다음 활동으로 진행할 수 있도록 한다.

〈표 5-5〉 2세반 주간 보육계획안의 예

주제		알록달록 가을이에요	1주	가을이에요
목표		가을의 변화에 대해 안다.		
구분		놀이 및 활동		
등원 및 맞이하기		• 아침에 먹고 온 음식을 이야기해 보기		
일상생활	기본생활 · 안전	• 스스로 겉옷 벗어 보기 • 길을 잃었을 때는 제자리에서 기다리기		
	점심 및 간식	• 바르게 앉아서 먹어 보기 • (새로운) 음식을 먹어 보기		
	낮잠	• 자고 나서 내 베개를 정리해 보기		
	배변활동	• 배변 후 선생님의 도움을 받아 (스스로) 옷을 올려 보기 • 지퍼, 단추 잠가 보기		

구분		놀이 및 활동
자유놀이	신체	낙엽 비가 내려요
	언어	과일 까꿍 카드
	감각 · 탐색	내 짝을 찾아 주세요(과일 반쪽 찾기)
		낙엽을 청소해요
	역할 · 쌓기	큰 나무, 작은 나무 쌓아 보기
	미술	알록달록 가을 나무 꾸미기
	음률	열매 마라카스 흔들기
실외놀이		동물 인형 목욕시키기/여러 가지 색과 모양의 나뭇잎이 있어요
귀가 및 연계	귀가	가을 날씨 이야기하며 귀가하기
	가정 및 지역사회 연계	가정과의 연계: 가족과 함께 공원 나들이해 보기

〈표 5-6〉 3~4세반 주간 보육계획안의 예

반 이름		ㅇㅇ반	시기	2000년 00월 0주
주제		우리가 좋아하는 교통기관 놀이		
목표		• 내가 좋아하는 교통기관을 알아 그 특성을 놀이로 표현한다. • 미래의 교통기관인 우주선에 대하여 상상하고 놀이한다.		
		주제의 시작	경험해야 할 내용	
소주제		내가 좋아하는 교통기관	교통기관이 궁금해요: 로켓 교통기관이 궁금해요: 우주선 미래의 교통기관	
자유놀이	쌓기놀이 영역	내가 좋아하는 교통기관 구성하기	• 우주선, 우주센터 구성하기	
	역할놀이 영역		• 내가 좋아하는 교통기관 운전사 되어 보기 • 우주인 되어보기 • 우주선 발사에 관한 뉴스 기자 되어 보기	
	언어영역	우주선 관련 기사 살펴보기	• 로켓 관련 기사 만들어 보기	
	수 · 과학 영역	교통기관 미로 찾기	• 내가 좋아하는 교통기관 투표하기(그래프) • 로켓 발사하기	
	미술영역		• 여러 가지 교통기관 모양 베끼기 • 색종이 접어 우주선 만들기	
	음률영역	악기 소리 듣고 교통기관 표현하기	• 로켓이 되어 매달린 풍선 점프하여 쳐 보기	

<table>
<tr><th colspan="2"></th><th>주제의 시작</th><th>경험해야 할 내용</th></tr>
<tr><td rowspan="6">대소
그룹
활동</td><td>이야기 나누기</td><td>좋아하는 교통기관 정해 보기
우주선 관련 기사 살펴보기</td><td>• 교통기관이 궁금해요: 로켓
• 교통기관이 궁금해요: 우주선
• 우주선 관련 기사</td></tr>
<tr><td>동화 · 동시 · 동극</td><td>동화: 『루이의 우주선 상상 1호』</td><td>• 『할머니와 로켓 자전거』 주인공에게 로켓 관련 기사 만들어 보기, 하고 싶은 말 생각해 보기/표현하기</td></tr>
<tr><td>음률</td><td>새 노래: 「로케트」</td><td>• 감상: 빠르기의 순서에 따라 어울리는 교통기관 정해 보기
– 빠른 음악: 「즉흥 환상곡」
– 중간 빠르기: 「폴로네이즈 3번」
– 느린 음악: 「녹턴」</td></tr>
<tr><td>게임</td><td></td><td>• 우주왕복선 타기</td></tr>
<tr><td>미술</td><td></td><td>• 상자를 활용하여 로켓 만들어 보기(협동 작품)</td></tr>
<tr><td>현장체험</td><td></td><td>• 과학관</td></tr>
<tr><td colspan="2">실외놀이</td><td colspan="2">• 어린이집 주변을 산책하면서 볼 수 있는 교통기관 소리 들어보기</td></tr>
<tr><td colspan="2">기본생활</td><td colspan="2">• 교통기관 내에서 안전벨트 매기: 안전교육</td></tr>
<tr><td colspan="2">귀가 및 가정과의 연계</td><td colspan="2">• 가정관의 연계: 가족과 함께 교통기관 이용하기, 교통표지판 찾아보기, 교통캠페인
• 지역사회와의 연계: 대중교통 이용해 보기</td></tr>
<tr><td colspan="2">비고</td><td colspan="2">유아들이 다양한 상자를 활용하여 공동 작품으로 우주선을 구상하고 설계한 것을 직접 제작해 볼 예정입니다. 가정에서 라면상자, 과자 상자 등의 상자가 있다면 이번 주 화요일(00일)까지 어린이집으로 보내 주시기를 부탁드립니다.</td></tr>
</table>

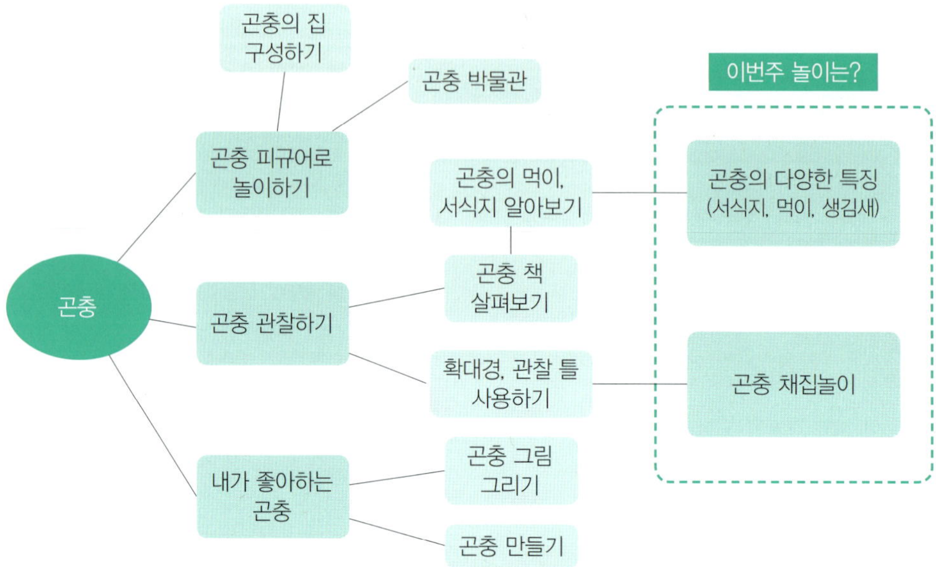

[그림 5-1] 간편한 주간보육계획의 예

출처: 개정 누리과정 시범 어린이집 운영 결과보고서.

4) 일일 보육계획안과 보육일지

일일 보육계획은 주간 보육계획에서 선정한 활동과 영유아의 흥미와 활동에 대한 반응 등을 고려하여 영유아와 하루를 어떻게 보낼 것인지를 계획하는 것이다. 실행 후에는 실제 진행된 활동 및 일과를 함께 기록하여 다음 보육계획에 반영하도록 한다. 일과를 마치고 돌아보며 실시한 활동에 대한 반성과 평가를 기록한다.

일일 보육계획안 및 보육일지의 작성 방법은 다음과 같다.

- 주간 보육계획안을 토대로 주제 전개의 효율성, 활동의 난이도 등을 고려하여 활동을 계획한다.
- 영유아의 개인적 요구, 교사의 목표, 어린이집의 특성을 반영하여 정적 활동과 동적 활동, 실내 놀이와 실외 놀이가 균형 있게 이루어지도록 한다. 일상생활, 자유놀이, 정리 · 정돈, 점심 및 간식, 실외놀이 등을 포함하여 영유아 개개인에

게 맞도록 융통성 있게 계획하여 실행해야 하며, 일관성이 있어야 한다.

- 교사와 영유아, 영유아와 영유아, 영유아와 교구 등 다양한 유형의 상호작용이 일어날 수 있도록 계획한다.
- 충분한 탐색 시간을 제공하고 영유아가 주도적이고 독립적으로 놀이할 수 있도록 배려한다. 영유아의 탐색과 놀이가 활발하게 일어날 수 있도록 주간 계획에 선정된 활동을 확장해 주거나 반응하면서 반복적으로 활동을 실행하고 영유아의 행동을 관찰하여 다음 날의 계획에 반영하도록 한다.
- 최적의 경험을 할 수 있도록 활동과 자료를 반복하여 제시하며, 영유아가 심리적으로 안정감을 느낄 수 있도록 개별 상황을 고려하여 활동을 계획하고 실행한다.
- 영유아의 활동을 간단히 사진으로 찍거나 또는 기록 시 다른 색 펜 등을 사용하면 차이를 알아보기 용이하며, 주간 보육계획에도 표시해 두어 다음 해의 주간 보육계획에 참고 자료로 활용할 수 있도록 한다.
- 활동을 실행하고 나서 목표 달성 여부, 영유아 발달이나 흥미 정도, 교재 · 교구의 적절성, 시간 안배의 적절성 등을 고려하여 평가한다. 각 활동의 성취도, 적절성, 문제점 등을 파악하여 다음 활동 및 영유아에 대한 참고 자료로 활용할 수 있다.
- 실행 후에는 실행 내용을 중심으로 간단히 기록하고, 종합평가에는 그날 하루의 설정한 주제와 목적에 적절하게 수업이 이루어졌는지를 평가하고, 다음 계획에 반영해야 할 내용이나 추후활동을 기록한다. 그밖에 예외 상황 발생이나 대체 활동 등도 기록하여 참고할 수 있도록 한다.
- 실행기록 및 평가는 간단한 사진이나 메모로 이루어져도 되며, 교사가 진행했던 활동에 대해 스스로 되돌아보고 반성적 사고를 통한 기록이 되어야 한다.

〈표 5-7〉 일일 보육계획안 및 보육일지의 예(1세)

일시	20 년 월 일 요일	날씨	흐림	결재	담임	원장
					印	印
주제	느낄 수 있어요			소주제	만져 보아요	
목표	여러 가지 탐색 활동을 통해 다양한 촉감을 느껴 본다.					

구분	항목			
교사의 준비 및 환경점검	교실 환기하기	○	△	×
	교실 청결 및 세팅하기	○	△	×
	교실 내 용품 및 물품 준비하기	○	△	×
	영아의 개별 소지품 확인하기	○	△	×
실내 안전점검	교실 내 용품이나 비품의 모서리, 시설물의 날카로운 부분, 보호대 점검하기	○	△	×
	보수가 필요한 놀잇감 점검하기	○	△	×
	유해색소 놀잇감, 도색이 벗겨진 놀잇감 마모 · 노후 · 훼손된 놀잇감 점검하기	○	△	×
	문과 창문 등의 추락 위험 점검하기	○	△	×
	전기 콘센트, 전선 정리 정비하기	○	△	×
	놀이시설물의 날카로운 부분, 뾰족한 부분 점검하기	○	△	×
점검 후 조치사항				

원아관리				
출결사항	현원	출석	결석	결석원아

시간과 구분	활동계획 및 활동 목표	준비물 및 유의점	실시된 활동
7:30~9:00 등원 및 통합교육	• 등원하는 영아를 반갑게 맞이하기 • 영아의 기분과 건강상태 확인하기 • 투약의뢰서 유무 확인하기 • 통합보육실에서 자유놀이하기	출석카드, 투약의뢰서, 일일연락장, 영역별 놀잇감	• 부모님과 등원하는 영아에게 아침에 무엇을 먹었는지 물어보거나, 자신이 무엇을 먹었는지에 대해 이야기를 나눔.
9:00~9:35 화장실 가기 및 오전 간식	• 화장실 다녀오기 및 손 씻기 • 준비된 간식 가지고 자리에 앉기 • 간식 먹은 후 함께 자리 정리하기	시리얼, 우유	• 교사와 함께 화장실에서 손을 씻고 간식 먹는 책상 앞에 모여 앉음. 간식 카트를 보자 "맘마!"라고 말하며 매우 신남.
9:30~10:50 오전 실내 자유놀이	• 새로운 영역 활동을 개별적으로 소개하기 • 관심 있는 영역에서 자유롭게 활동하도록 돕고, 긍정적 상호작용 나누기 • 교사의 도움이 필요한 놀이에 적절히 참여하기		• **신체**: 영아들이 촉감신발을 신고 천천히 걷기만 했던 것에서 조금 더 움직임이 다양해져서 다리를 벌려 보기도 하고 춤을 추듯 점프하여 움직여 보기도 함. 촉감신발의 바닥에 미끄럼 방지 처리를 해 주었는데 영아들이 신고 많이 걷다 보니 닳아서 마찰력이 약해졌음. 미끄러지지

시간과 구분	활동계획 및 활동 목표	준비물 및 유의점	실시된 활동
9:30~10:50 오전 실내 자유놀이	• **신체**: 촉감신발 신고 걸어요 – 촉감신발을 탐색한다. – 촉감신발을 신고 길을 따라 걸어가 본다. • **언어**: 촉감책을 보아요 – 촉감책을 읽으면서 만져 보기 – 만져지는 느낌을 이야기해 주며 영아들이 듣고 느끼기 • **감각 · 탐색**: 선생님과 손바닥에 로션 그림을 그려요 • **역할 · 쌓기**: 밀가루 반죽으로 소꿉놀이해 보아요 – 다양한 감각으로 밀가루 반죽을 탐색한다.		않도록 수정 · 보완하여 다시 제공해 주어야겠음. • **언어**: 물놀이 그림책인 비닐 소재의 작은 그림책을 영아들과 만져 보고 그림을 살펴봄. 미끌미끌한 느낌을 느껴 보고 '매끈', '미끌' 등의 단어를 들어보고 따라 말해 보기도 함. • **감각 · 탐색**: 어제에 이어서 책상 위에 로션을 듬뿍 짜 주어서 손바닥, 손가락으로 자유롭게 그려 보고 촉감을 느껴보며 탐색할 수 있도록 함. 로션에 대한 관심이 높아 듬뿍 쓰고 싶어 하는 욕구가 컸는데 책상 위에서 팔을 크게 움직여 보며 마음껏 놀이를 하여 영아들의 집중시간이 길고 재미있어함. 책상 위에 로션이 점점 사라지자 "또, 또."라고 말하며 더 달라고 요구함. • **역할**: 밀가루 반죽을 길게 비벼 주었더니 영아들이 모형 칼로 쓱싹 잘라 보기도 하고 그릇에 담아 뚜껑을 닫고 도시락을 싸 보기도 함. 친구들과 함께 나눠 먹자고 하자 서로 먹여 주기도 하며 음식 놀이가 활발하게 이루어짐.
10:50~11:10 정리 · 정돈 및 화장실 가기	• 놀잇감을 바르게 사용하도록 안내하고 함께 정리하기 • 화장실 다녀오기		
11:10~11:50 실외놀이 및 손 씻기	• **실외 활동**: 나무 몸통을 만져 보아요 – 실외 놀이터의 나무 몸통을 만져 본다. – 영아들이 만지는 나무의 느낌을 '거칠다, 매끄럽다, 울퉁불퉁하다' 등으로 말해 준다. • **대체 활동**: 실내에서 울림통 소리를 내어 보아요 – 지난주부터 이어진 울림통 놀이를 한다. • 화장실 다녀오기 및 손 씻기	울림통	처음 나무를 만질 때는 손바닥으로 만지기 꺼리는 듯해서, 교사가 먼저 "나무야, 사랑해."라고 말하면서 손으로 쓰다듬어 보이자 영아들이 만지게 됨.

시간과 구분	활동계획 및 활동 목표	준비물 및 유의점	실시된 활동
11:50~13:20 점심 및 이 닦기	• 골고루 음식 먹고 함께 정리하도록 안내하기 • 이 닦기 • 먼저 먹은 친구는 자유롭게 놀이하기 • 좋아하는 음식과 싫어하는 음식 함께 먹어 보기	현미밥 맑은 콩나물국 채소치즈계란말이 연근조림 배추김치	• 밥을 먹다가 숟가락을 떨어뜨리자 한 친구가 자기 숟가락을 들고 "줄까?"라고 함. 다른 숟가락으로 교체해 주니까 "좋아?"라고 친구에게 말함.
13:20~15:00 낮잠	• 편안한 분위기를 느끼도록 낮잠 준비 • 조용한 노래를 들으며 토닥토닥 잠이 들어요 • 개인 이불 함께 정리하기		• 조용한 클래식을 들으면서 잠을 청함. • 교사가 매트와 이불을 깔아 주자 영아들이 달려와 누워 뒹굴뒹굴하며 휴식을 취함. 졸린 영아부터 먼저 토닥여서 재워 줌
15:00~15:30 화장실 가기 및 오후 간식	• 선생님의 도움을 받아 손 씻기/간식 먹기 • 간식 먹은 후 함께 정리하기	간장비빔쌀국수 사과	• 먼저 일어난 영아부터 자리를 정리하고 손을 씻고 간식 먹을 준비를 함. • 알레르기 식을 구분하기 위해 ○○○ 영아만 부스터를 사용하고 나머지 영아들은 책상에 앉아서 함께 간식을 먹음.
15:30~16:50 오후 실내 자유놀이	• 촉감신발을 신고 걸어요 • 촉감책을 보아요 • 밀가루 반죽으로 소꿉놀이해 보아요 • 울림통으로 소리 내어 보아요		• **탐색**: 촉감신발을 신고 교사의 손을 잡고 교실을 걸어 봄. 의태어 · 의성어 동시집에서 들어 보았던 표현들을 사용하여 촉감을 표현해 보고 단어를 들어 봄. • **역할**: 밀가루 반죽을 영아들이 작게 떼어 보고 두 손바닥으로 동그랗게 뭉쳐서 굴려 보기 하며 손을 움직여 다양한 모양을 만들어 봄. 그릇에 담아 숟가락으로 떠서 먹는 흉내를 내기도 함.
16:50~17:30 실외 놀이 및 손 씻기	• **실외 활동**: 실외 놀이터에서 자유놀이 • **대체 활동**: 실내 유희실에서 자유놀이 • 화장실 다녀오기 및 손 씻기		• 자유롭게 놀이터에서 놀이하면서 교사를 자꾸 쳐다봄. 그래서 영아가 한 행동들을 교사가 언어화하여 말로 해 주며 상호작용함.
17:30~19:30 귀가 및 통합보육	• 통합보육을 하면서 개별적으로 귀가하기 • 선생님, 친구와 인사하며 헤어지기(귀가 준비: 소지품 챙기기, 옷차림 정돈하기 등)		• 먼저 가는 영아들은 세수하고 옷을 챙겨 귀가 준비를 함. • 남아 있는 영아들은 통합보육실로 이동하여 형님들과 함께 놀이하며 귀가 준비를 함.

시간과 구분	활동계획 및 활동 목표	준비물 및 유의점	실시된 활동
기본생활습관	• 놀잇감을 소중히 다뤄요		• 정리 노래를 불러 줄 때, 개사하여 놀잇감을 던지면 "아프니까 살살 내려놓자."라는 내용으로 불러 주니 영아들이 말을 알아듣고 조심히 정리하는 모습을 보임.
일일평가	• 한 주 동안 '만져 보아요' 소주제로 활동을 진행하며 다양한 촉감을 느껴 보는 것에 집중해 보았는데 지난주부터 이어진 촉감에 대한 활동으로 영아들에게 익숙한 놀잇감도 다시 살펴보면서 새로운 놀이방법을 찾아볼 수 있었음. 교실 안의 벽면, 수납장 등 일상의 물건들에서도 생각보다 서로 다른 촉감을 느껴볼 수 있었고 그중에서 비슷한 것, 다른 것들을 찾아보는 기회가 되었음. • 금요일이라 전반적으로 영아들이 피곤해하기도 하였으나 탐색적인 활동에서 집중하는 모습이었으며, 교사의 개입 없이도 그동안 놀이했던 방법들의 모방이 활발하게 이루어졌음. • 다음 주에는 '살펴보아요' 소주제로 활동이 진행되는데 이번 주에 교실 내의 다양한 물건을 탐색해 본 것과 연계하여서 진행할 수 있을 것으로 보이며, 영아들에게 좀 더 새로운 자극을 줄 수 있는 것들을 생각하여 제공해 주려고 함.		

〈표 5-8〉 일일 보육계획안 및 보육일지의 예(4세)

<table>
<tr><td colspan="2" rowspan="2">일일 보육계획안 OO반(만 4세)</td><td colspan="3">담임</td><td colspan="3">원감</td><td colspan="2">원장</td></tr>
<tr><td colspan="3">印</td><td colspan="3">印</td><td colspan="2">印</td></tr>
<tr><td>일시</td><td>0000년 5월 00일 ○요일</td><td colspan="3">날씨</td><td colspan="5"></td></tr>
<tr><td>주제</td><td>나와 가족</td><td colspan="3">소주제</td><td colspan="5">소중한 우리 가족</td></tr>
<tr><td>목표</td><td colspan="9">• 가족의 의미와 소중함을 안다.
• 가족을 위해 내가 할 수 있는 일은 무엇인지 알아본다.
• 가족 간에 지켜야 할 예절이 있음을 알고 실천한다.</td></tr>
<tr><td rowspan="4">교사의 준비 및 환경점검</td><td>교실 환기하기</td><td>○</td><td>△</td><td>×</td><td colspan="5">원아관리</td></tr>
<tr><td>교실 청결 및 세팅하기</td><td>○</td><td>△</td><td>×</td><td rowspan="4">출결사항</td><td rowspan="2">현원</td><td rowspan="2">출석</td><td rowspan="2">결석</td><td rowspan="2">결석원아</td></tr>
<tr><td>교실 내 용품 및 물품 준비하기</td><td>○</td><td>△</td><td>×</td></tr>
<tr><td>영아의 개별 소지품 확인하기</td><td>○</td><td>△</td><td>×</td><td rowspan="2"></td><td rowspan="2"></td><td rowspan="2"></td><td rowspan="2"></td></tr>
<tr><td rowspan="6">실내 안전점검</td><td>교실 내 용품이나 비품의 모서리, 시설물의 날카로운 부분, 보호대 점검하기</td><td>○</td><td>△</td><td>×</td></tr>
<tr><td>보수가 필요한 놀잇감 점검하기</td><td>○</td><td>△</td><td>×</td><td colspan="5" rowspan="5"></td></tr>
<tr><td>유해색소 놀잇감, 도색이 벗겨진 놀잇감 마모 · 노후 · 훼손된 놀잇감 점검하기</td><td>○</td><td>△</td><td>×</td></tr>
<tr><td>문과 창문 등의 추락 위험 점검하기</td><td>○</td><td>△</td><td>×</td></tr>
<tr><td>전기 콘센트, 전선 정리 정비하기</td><td>○</td><td>△</td><td>×</td></tr>
<tr><td>놀이시설물의 날카로운 부분, 뾰족한 부분 점검하기</td><td>○</td><td>△</td><td>×</td></tr>
</table>

점검 후 조치사항			
시간 및 활동명	활동내용	준비물	실행 및 평가
등원 및 통합보육 (7:30~9:00)	• **등원 및 맞이하기**: 우리 가족 중 누구와 함께 등원했는지, 어디에 가셨는지 이야기 나누기 – 부모와 인사 후 헤어질 수 있도록 한다. – 교사와 눈을 마주치거나 밝은 미소로 인사를 나눌 수 있도록 한다. – 부모에게 간단히 유아의 건강상태나 기분상태를 전해 듣는다. – 나의 물건을 정리한다. – 함께 등원하는 친구와 인사를 나눈다. – 소지품을 정리한다. • **기본생활습관**: 놀잇감을 제자리에 정리하기		
오전 실내 자유놀이 및 간식 (09:00~10:30)	• 화장실을 다녀온 후 손을 씻는다. • 식당으로 이동하여 간식 노래 후 간식을 맛있게 먹는다. • 간식을 먹은 후 먹은 자리를 정돈한다. • 다양한 영역의 놀이에 관심을 가진다. • 영역을 선택하여 자유롭게 놀이한다. • 하고 싶은 놀이를 선택한다. • 친구들과 사이좋게 놀이한다.	식단표 참조, 간식 접시, 숟가락, 포크, 위생 비닐장갑, 행주 영역별 놀잇감	[간식 지도] • 죽을 싫어하는 유아가 있어서 교사가 함께 도와주면서 함께 간식을 먹으며 맛있게 먹는 모습을 보여 주었음. • 간식을 다 먹은 후에 스스로 간식 그릇을 정리 · 정돈하도록 지도함. [자유놀이] • **쌓기**: 벽돌 블록으로 엄마, 아빠 방에 있는 큰 의자를 만들어 보았으나, 오래 앉아 있기 불편해 벽돌블록을 뒤에 길게 세워 등받이를 만들어 봄. 벽돌 블록으로 아빠가 되면 살 집을 만들어 봄. 컴퓨터 책상과 책을 놓는 책상을 만들어 보고 노트북, 그림책을 올려놓음. • **역할**: 엄마가 되어 머리를 빗고 화장을 하며 출근 준비하는 모습을 흉내 냄. 아기 역할을 맡은 친구가 옆에 계속 누워

<table>
<tr><th>시간 및 활동명</th><th>활동내용</th><th>준비물</th><th>실행 및 평가</th></tr>
<tr><td>오전
실내 자유놀이
및 간식
(09:00~
10:30)</td><td><table>
<tr><th>영역</th><th>활동명</th><th>실행</th></tr>
<tr><td>쌓기
영역</td><td>• 엄마, 아빠 방을 꾸며요
– 엄마, 아빠의 방을 여러 가지 블록으로 구성해 본다.</td><td></td></tr>
<tr><td>역할
영역</td><td>• 자장자장 우리 아가
– 아기 재우는 모습을 극놀이로 다양하게 표현한다.</td><td></td></tr>
<tr><td>언어
영역</td><td>• '스승의 날'이란?
– 선생님이 하는 일에 관심을 갖고 고마움을 표현한다.</td><td></td></tr>
<tr><td>수 · 조작
영역</td><td>• 누구에게 필요한 물건일까?
– 가족 구성원에 따라 사용하는 물건을 분류할 수 있다.</td><td></td></tr>
<tr><td>음률
영역</td><td>• 음악을 들으며 '안마놀이' 하기
– 음악에 맞춰 다양한 방법으로 안마놀이를 할 수 있다.</td><td></td></tr>
<tr><td>미술
영역</td><td>• 가족 명화 감상하기
– 가족을 주제로 한 명화를 감상한다.</td><td></td></tr>
<tr><td>과학
영역</td><td>• 소금 그림편지
– 종이에 나타나는 변화에 관심을 갖고 탐색한다.</td><td></td></tr>
</table></td><td></td><td>있자 "엄마, 늦었다고! 빨리 가야 해. 지각해."라고 이야기함.
• 언어: 소금물을 만진 느낌을 이야기해 봄. 미끌미끌한데 뭐가 만져진다고 말함. 덩어리는 소금이라고 이야기함.
• 미술: 「화가의 가족」 그림 속의 인물들을 보고 그들의 관계를 이야기해 봄.
• 수 · 조작: 빙고판에 들어가야 할 카드를 세어 봄. 물건과 사용하는 사람을 연결해 봄.</td></tr>
<tr><td>정리 · 정돈
및 활동평가
(10:30~
10:40)</td><td>• 내가 활동한 놀잇감을 정리한다.
• 자신이 활동했던 영역에서의 활동에 대해서 이야기를 나눈다.
• 유아와 인사 나누고 일과와 오늘의 날짜를 알아본다.</td><td>일과표,
날짜판</td><td>• 놀잇감의 자리가 익숙하지 않아 정리를 어려워하는 신입 원아에게 놀잇감의 자리가 어디에 있는지 알려 주는 노래를 부름. (동요 「우리 모두 다 같이」 개사)</td></tr>
<tr><td>대 · 소집단
활동
(10:40~
11:00)</td><td>• 신체표현: 재미있는 안마놀이
– 활동방법
• 안마를 아는지 경험에 대한 이야기 나누기
• 영상: '안마하는 법' 보기
• 옆 친구와 안마하기
• 활동을 평가한다.</td><td>'재미있는 안마놀이' 동영상,
스크린,
프로젝터 빔,
노트북</td><td>• 가족에게 안마해 준 경험(할머니가 동생을 매일 안아 줘 어깨가 아프다고 하셔서 안마해 드림./아빠가 늦게 집에 와서 힘들다고 해 다리를 안마해 드림.)
• 앞 친구의 어깨, 팔, 다리를 안마해 줌(주무름, 콩콩 때림).
• 언제 안마하면 좋을지, 안마하고 혹은 받고 난 느낌을 말해 봄.</td></tr>
</table>

시간 및 활동명	활동내용	준비물	실행 및 평가
바깥 놀이 (11:00~ 11:40)	• 종이비행기 날리기 – 종이비행기를 접는다. – 종이비행기에 동그랗게 자른 우리 가족 사진을 붙인다. – 가족이 탄 종이비행기를 접어 바람에 날려 본다. • **실내 대체 활동**: 꼭짓점을 돌아와요 • 자유롭게 악기 소리에 맞추어 꼭짓점 돌아오기 활동을 게임 형식으로 한다.	책상, 가족사진, 색종이 신호 악기, 출발선 표시, 반환점(콘)	• 놀이터의 놀이기구를 이용하고, 놀이기구 위에 올라가서 가족 비행기를 날려 보기도 함.
안전교육 (11:40~ 12:00)	• **재난**: 생명의 문 비상구 – 활동방법 • 비상구 표시를 본 적이 있는 경험을 이야기 나눈다. • 비상구 표시와 역할에 대해 이야기한다. • 우리 원에 비상구 표시를 찾아본다. • 비상구를 찾으며 몇 개가 있는지 세어 본다. • 활동에 대해 평가한다.	비상구 표시 그림	• 교실에 있는 비상구 그림을 보여 주고 비상시에 실제로 밖으로 나가는 것을 연습함. • 사람이 달리는 모습이어서인지 유아도 달리기를 하여 밖으로 나가는 것 같은 자세를 취해 주었고 교사와 함께 달리는 것도 해 봄.
점심 및 휴식 (12:20~ 13:20)	• **점심**: 친구의 음식 건드리지 않기 – 질서를 지켜서 화장실을 다녀온 후 손을 닦는다. – 식당으로 이동하여 자리에 앉아 올바른 식사예절에 대해 이야기한다. – 음식을 골고루 먹는 습관을 기른다. – 오늘의 점심 식단을 알아본다. – 점심 먹을 준비를 하고 점심 노래를 부른다. – 바른 자세로 점심을 먹는다. – 점심을 먹은 후 식판과 자리 주변을 정리한다.	식단표 참조, 식판, 숟가락, 포크(젓가락), 위생 비닐장갑, 행주, 칫솔, 치약, 양치컵	• 배식 전에 음식을 만지지 않도록 하였고 수저, 포크 사용에 대해서 지속적으로 지도함.

시간 및 활동명	활동내용	준비물	실행 및 평가
점심 및 휴식 (12:20~ 13:20)	– 차례로 양치질한다. – 양치질을 한 유아는 자유놀이를 한다.		
조용한 활동 및 낮잠 (13:20~ 15:00)	• 휴식의 시간을 가지며, 정서적 안정감을 느낀다. • 조용한 음악을 들으며, 낮잠을 자거나 휴식한다. • 낮잠시간 중 잠이 깨면 친구들에게 방해가 되지 않는 조용한 활동을 한다.	조용한 음악, 매트, 이불, 베개	• 조용한 음악을 틀어 주고 유아가 휴식을 취하도록 도움을 줌.
낮잠 깨기 및 정리 · 정돈 (15:00~ 15:10)	• 휴식을 마무리하며 나의 물건들을 정리한다. • 경쾌한 음악을 들으며 낮잠에서 깨어난다. • 베개와 이불을 정리한다.	경쾌한 음악	
오후 간식 (15:10~ 15:30)	• 화장실에서 소변을 본 후 손을 씻는다. • 식당으로 이동하여 즐거운 마음으로 간식을 먹는다. • 간식을 먹은 후 먹은 자리를 정돈한다.	식단표 참조, 간식 접시, 포크, 숟가락, 위생 비닐장갑, 행주	
바깥 놀이 (15:30~ 16:00)	• 종이비행기 날리기 • **실내 대체 활동**: 꼭짓점을 돌아와요	책상, 가족사진, 색종이 신호 악기, 출발선 표시, 반환점(콘)	• 갑자기 날씨가 너무 더워서 유희실에서 실내 대체 활동을 함. 피곤해하는 유아는 한쪽에 책 읽기를 하며 쉴 수 있도록 배려함.

<table>
<tr><th>시간 및 활동명</th><th colspan="3">활동내용</th><th>준비물</th><th>실행 및 평가</th></tr>
<tr><td rowspan="8">오전
실내 자유놀이
(16:00~
17:00)</td><td>영역</td><td>활동명</td><td>실행</td><td rowspan="8">영역별
놀잇감</td><td rowspan="8">• 큰 와플 블록을 이용한 친구와 함께 배 만들기, 레고 블록을 이용한 엄마, 아빠 방을 만들기, 탑 쌓기, 로봇 만들기 등이 이루어짐.
• 엄마, 아빠, 아기가 되어 밥을 먹고 TV 보는 흉내를 냄.
• 색종이 비행기, 다양한 종이로 딱지를 접기 등이 이루어짐.
• 친구들이 선생님에게 쓴 하트판을 읽어 보고, 하트판에 선생님, 부모님께 글자를 써 봄.
• 엄마, 아빠, 선생님께 드릴 감사 목걸이를 만들어 봄.
• 『집 나가자 꿀꿀꿀』, 『피터의 의자』, 『우리 엄마』 동화책을 봄.</td></tr>
<tr><td>쌓기
영역</td><td>• 엄마, 아빠 방을 꾸며요
– 엄마, 아빠의 방을 여러 가지 블록으로 구성해 본다.</td><td></td></tr>
<tr><td>역할
영역</td><td>• 자장자장 우리 아가
– 아기 재우는 모습을 극놀이로 다양하게 표현한다.</td><td></td></tr>
<tr><td>언어
영역</td><td>• '스승의 날'이란?
– 선생님이 하는 일에 관심을 갖고 고마움을 표현한다.</td><td></td></tr>
<tr><td>수·
조작
영역</td><td>• 누구에게 필요한 물건일까?
– 가족 구성원에 따라 사용하는 물건을 분류할 수 있다.</td><td></td></tr>
<tr><td>음률
영역</td><td>• 음악을 들으며 '안마놀이' 하기
– 음악에 맞춰 다양한 방법으로 안마놀이를 할 수 있다.</td><td></td></tr>
<tr><td>미술
영역</td><td>• 가족 명화 감상하기
– 가족을 주제로 한 명화를 감상한다.</td><td></td></tr>
<tr><td>과학
영역</td><td>• 소금 그림편지
– 종이에 나타나는 변화에 관심을 갖고 탐색한다.</td><td></td></tr>
<tr><td>연령 통합
보육 및
순차적
귀가 지도
(17:00~
18:00)</td><td colspan="3">• 오늘의 일과를 회상한다.
• 일과 중 가장 즐거웠던 일을 이야기한다.
• 내일의 활동을 알아본다.
• 유아와 인사 후 통합보육실로 이동 후 차례로 부모님이 오시면 귀가한다.</td><td></td><td></td></tr>
</table>

일일 평가	• 스승의 날이라 몇 명의 유아가 편지를 만들어 등원하였음. 유아들과 함께 펴서 보았는데, 다른 유아들이 왜 편지를 써 왔는지 궁금해하여 스승의 날의 의미를 간단하게 설명해 줌. 어린이날, 어버이날처럼 선생님들의 날이라고 간단히 설명하자 유아들이 엄마와 편지를 만들어 내일 가지고 올 것이라고 함. 부모님들께 부담이 될 것 같아 교실에 하트판을 달아 쓰고 싶은 말이나 그림을 그릴 수 있도록 하였더니 칠판처럼 이용하며 즐거워하였음. • 대그룹 시간에 안마놀이를 했음. 영상을 함께 보며 형님, 동생들에게 안마해 주었는데, 대형이를 제외한 모든 유아들이 즐거워하였음. 대형이는 친구가 자신의 몸을 만지는 것이 간지럽고 불편하다고 이야기하였음. 그래서 대형이는 자신의 다리를 주물러 볼 수 있도록 하였음.

〈표 5-9〉 간편한 일일보육계획 및 보육일지의 예

일과 \ 내용	실시된 활동	활동평가 및 다음 활동에 적용할 점
등원 및 오전간식 (7:30~9:05)	대부분의 유아들이 8시 30분 전에 등원하였으며, 주말 동안 지낸 이야기를 나누었다.	
오전/오후 실내 자유놀이 (8:50~11:30/ 15:50~16~50)	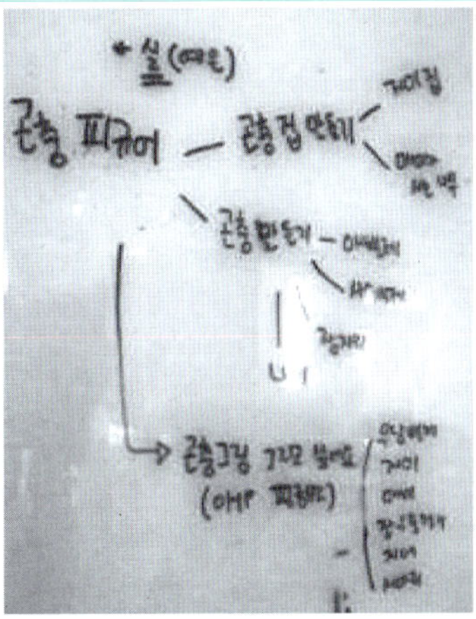	곤충 피규어로 놀이하면서 다양한 곤충들의 집을 만들면서 곤충이 사는 곳, 곤충의 먹이에 대한 흥미가 높아졌다. 이 외에 곤충 생김새에 대한 관심을 보인 유아들은 자신이 좋아하는 곤충을 따라 그리거나 사진을 덧대어 OHP필름에 그려 보기도 하였다. 다음 활동에서는 유아들의 곤충에 대한 지속적인 흥미를 파악해 보고 다양한 미술재료와 재활용품을 추가로 제공하여 곤충 그림이나 곤충 관련 소품을 만들 수 있도록 해야겠다.

출처: 개정 누리과정 시범 어린이집 운영 결과보고서.

2 보육실습계획안의 작성 요령

실습생은 보육실습 기간에 담임교사와 협의하여 보육활동을 계획하게 된다. 이러한 보육활동계획은 담당 연령에 따라 그 내용이 달라진다. 영아의 경우 일상생활과 자유놀이 중심의 교육활동이 이루어지며, 유아의 경우 대·소그룹 활동과 자유놀이를 중심으로 계획한다. 보육활동이 6주간의 실습 동안 골고루 계획되어 체계적인 실습 지도가 이루어져야 한다.

먼저, 실습생은 활동을 선정하기 전에 국가수준 교육과정인 표준보육과정과 누리과정을 숙지하고, 실습기관의 연간 보육계획과 현재 진행되는 주제별 보육계획을 알아 실습 지도교사와 함께 실습 기간 중 활동계획을 한다. 이때 담당반 영유아들의 관심과 흥미 및 진행되는 놀이를 고려하고, 6주 동안의 실습 기간에 다루어야 할 활동내용을 파악하여 적절한 활동을 선정한다. 선정된 활동을 포함하여 실습이 이루어진 날에는 보육교사와 의논하여 주간 보육계획의 수정 및 일일 보육계획을 작성한다.

수업은 계획, 실행, 평가의 과정을 통해 체계적으로 진행되어야 한다. 실습생은 보육활동을 계획하기 전에 다음과 같은 요소에 대한 고려하여야 한다.

보육활동 계획 전 고려 사항

- 표준보육과정과 누리과정의 내용을 숙지한다.
- 보육활동 지도의 요소와 절차를 파악한다.
- 보육의 내용에 대한 이해와 목표를 파악하고 있어야 한다.
- 현재 진행되고 있는 영유아들의 놀이를 고려하여 맥락 안에서 이루어질 수 있도록 한다.
- 보육내용과 자료를 충분히 연구하여 적절한 교재·교구를 선정하여야 한다.
- 지도계획을 잘 세우고, 3~4일 전에 지도교사에게 제출하여 승인을 받아야 한다.
- 영유아의 개인차를 고려한다.
- 지역사회와의 연계를 고려하고, 교육적으로 활용할 수 있는 자원을 파악한다.

1) 수업 활동 선정

실습생은 일상생활과 보육활동 가운데 필요하다고 판단되는 수업 활동을 지도교사와 합의하여 선정한다. 수업 내용은 맡은 반의 연령에 따라 달라질 수 있으며, 일반적으로 영아의 경우는 일상생활과 자유놀이 중심의 교육활동을 계획하고, 유아의 경우 일상생활 지도와 자유놀이뿐 아니라 단위 활동(이야기 나누기, 게임 지도, 동작 활동 등)을 지도교사와 협의하여 선정한다.

구분	영아 지도내용	유아 지도내용
일상생활	등원 및 귀가 지도(자조기술, 예절 등)	
	간식 및 식사 지도(영아:수유, 이유/식사예절/식사 지도 등)	
	청결 지도(손 씻기/이 닦기/개인위생 등)	
	배변 지도(영아:기저귀 갈이/화장실 지도)	
	낮잠 및 휴식 지도	
	적응 지도(신입 및 재원아 적응 지도)	
자유놀이	신체 활동/언어 활동/탐색 활동 표현 활동:역할, 미술, 음률	쌓기/언어/수 · 조작/과학/ 음률/조형/ 역할

2) 보육계획안 작성

실습생은 체계적인 수업계획을 통해 더욱 효율적으로 수업을 할 수 있다. 수업계획을 위해 대학에서 배운 이론 및 실제를 토대로 국가수준 교육과정, 기관의 교육계획안, 관련 서적, 인터넷 자료 등을 참고하여 보육계획안을 작성한다. 예비교사는 경험의 부족으로 인해 수업 상황을 좀 더 구체적으로 계획해야 한다.

보육계획은 전체적으로 수업 방향을 제공하고 활동 간의 균형성, 연속성, 관계성을 평가할 수 있다. 또한, 적절한 시간 계획을 가능하게 하며, 활동 시 발생할 수 있는 상황을 예측하게 하고, 필요한 자료를 점검할 수 있다. 실습생의 보육계획은 지도교사의 검토를 받아 적절한 피드백을 받게 되므로 더욱 좋은 수업을 계획하고 실행할 수 있도록 한다.

보육계획안 작성 시 유의할 점은 다음과 같다.

- 주제를 정하고 그에 따른 목표가 명확하고, 내용 및 방법, 날짜, 시간, 활동 절차(도입 · 전개 · 마무리), 자료, 유의점, 대체 활동(문제 발생 시), 평가, 실습생의 자기 평가, 지도교사의 피드백 등을 고려하여 계획한다.
- 영유아 학습 원리에서 강조하는 내용이 반영된 보육활동 계획이 되도록 지도교사의 지도와 조언을 구한다.
- 보육계획안은 다른 사람이 보고 수업을 할 수 있을 만큼 세부적으로 작성하고, 영유아 특성에 맞게 계획을 수립하여 보육계획안대로 보육활동이 이루어질 수 있어야 한다.
- 보육활동 실제에서의 예상 활동을 충분히 고려하여 영유아들의 흥미 변화에 따라 변화될 수 있는 융통성 있는 계획안이어야 한다.

실습 초기에는 한두 개의 활동을 지도하게 된다. 이때 학급에서 진행되는 주제 안에서 활동계획안을 작성하며, 이후 점차 부분수업과 종일수업으로 이어지게 되면 수업하는 날의 일일교육계획을 작성한다. 활동계획안과 일일교육계획안을 중심으로 구체적 작성방법을 살펴보면 다음과 같다.

(1) 활동계획안

활동계획안은 일과 중 부분수업을 위한 구체적인 활동계획을 작성하는 것이다. 따라서 지도교사가 진행하고 있는 주제와 일과의 흐름에 맞게 적절하게 계획되어야 한다. 실습생은 균형 있는 활동계획을 짜기 위해 주제와 세부 주제를 알아 일과 중 어떤 활동을 언제 진행할지 지도교사와 협의한다.

활동계획안은 생활주제의 전개 양상, 소주제와 활동 간의 적합성, 영유아의 발달적 적합성, 주간 보육계획안과 영유아의 흥미, 행사 및 학급의 특별한 상황 등을 고려하여 활동 목표, 활동 자료, 활동방법, 확장활동, 주의사항 등으로 작성한다. 다양한 교수방법을 잘 수행할 수 없는 실습생의 경우 계획된 활동의 목표가 단순 명료한 활동,

영유아의 참여가 가능한 활동부터 도전하도록 제안한다.

구체적인 활동계획안의 작성방법은 다음과 같다.

- 주간 보육계획 및 일일 보육계획의 주제와 목표를 파악한다.
- 주제와 목표를 전달할 수 있는 적절한 활동을 선정한다.
- 효과적인 활동 진행방법(도입 · 전개 · 마무리)을 생각한다.
- 필요한 교수자료를 선정한다.
- 활동 시간 및 장소를 계획한다.

① 활동 목표

- 국가수준 교육과정에 기초하여 통합적 전개가 되도록 진술한다.
- 활동을 통해 영유아에게 기대하는 바를 진술(행동적 목표)하거나 활동 시 영유아가 경험할 내용의 표현 양상(표현적 목표)을 구체적으로 기술한다.

- 행동적 목표 진술의 예
  - 1부터 9까지의 숫자들을 순서대로 배열한다.
  - 팥 주머니를 1m 떨어진 곳에서 던져 바구니에 넣는다.
- 표현적 목표 진술의 예
  - 1부터 9까지의 숫자를 보고 생각나는 것을 그린다.
  - 팥 주머니와 바구니로 또래와 규칙을 정해 게임을 즐긴다.

② 활동 자료

기존에 어린이집에서 사용하는 자료의 활용 여부를 밝힌다.

- 제작이 필요하면 자료와 제작방법, 활용법을 구체적으로 기술한다.
- 필요 이상의 시간과 물자의 낭비가 없도록 지도교사와 충분한 사전에 협의하여 꼭 필요한 것들을 제작하도록 한다.

③ 활동방법

- 활동 목표 성취를 위한 활동내용과의 상호작용을 계획한다.
- 도입 · 전개 · 마무리 단계별로 교사의 발문을 기록하고, 영유아의 반응을 예상하면서 기록한다.
- 영유아의 연령, 흥미, 사전 경험에 기초하여 활동 시간을 계획한다.
- 실습생은 지도 능력이 부족하므로 구체적인 계획을 하도록 한다. 즉, 영유아들이 흥미를 보이지 않았을 경우, 너무 과도한 흥미를 보였을 경우, 다른 대답이 나와 그것과 연결을 해야 할 경우 등 예상되는 것을 사전에 계획한다.

④ 확장활동

- 심화 또는 확장시킬 수 있는 연계방안을 기록한다.
- 활동 자료나 결과물을 활용할 수 있는 방안을 기록한다.

⑤ 유의사항

- 활동 진행 시 예상되는 어려움을 진술한다.
- 이에 대한 예방 전략을 기술한다.

〈표 5-10〉 만 1세 활동계획안의 예(언어)

<table>
<tr><td rowspan="2">제출일</td><td rowspan="2">6월 5일 금요일</td><td rowspan="2">결재</td><td>실습생</td><td>교사</td><td>원장</td></tr>
<tr><td>印</td><td>印</td><td>印</td></tr>
<tr><td>실습 학급</td><td>만 1세 ○○반</td><td>실습 일시</td><td colspan="3">0월 00일 금 오전 09:00~10:30</td></tr>
<tr><td>실습생</td><td>○○○</td><td>지도교사</td><td colspan="3">○○○</td></tr>
<tr><td>주제</td><td>놀이가 재미있어요</td><td>소주제</td><td colspan="3">까꿍놀이</td></tr>
<tr><td>활동 일시</td><td>00월 00일</td><td>활동 시간</td><td colspan="3">오전 자유놀이</td></tr>
<tr><td>활동명</td><td>놀이집</td><td>활동 유형</td><td colspan="3">언어</td></tr>
<tr><td>활동 목표</td><td colspan="5">• 자기 이름을 듣고 눈을 맞추며 반응한다.
• 상자 안과 밖으로 들고 날 수 있다.</td></tr>
</table>

	활동방법	활동 자료
도입	1. 사전활동하기: 커다란 상자에 창문을 뚫어 스티커를 붙이며 영아와 함께 꾸민다. – 이 상자에 스티커를 붙여서 꾸며 볼까? – ○○이는 노란 별을 붙였네. 2. 상자를 꾸미며 창문을 탐색한다. – 어? 여기 구멍이 있네. 구멍 옆에는 무엇을 붙여 줄까? – 커다란 상자에 있는 이것(창문 구멍을 가리키며)은 무엇일까? – 하나, 둘, 셋! 창문이 3개 있네.	• 자료: 영아가 들어갈 수 있는 큰 상자(윗부분에 창문 2~3개를 뚫어 놓는다), 시트지로 만든 여러 가지 모양 스티커 • 유의점: 상자에 날카로운 면이 없도록 테이핑한다.
전개	1. 교사가 상자 안으로 들어가 놀이집 까꿍놀이를 시범 보인다. – 선생님이 집 안에 들어가 볼게. ○○이가 '선생님' 하고 불러 볼까? – 선생님! – (집 밖으로 얼굴을 내밀며) 짠! 까꿍! 선생님 여기 있지! – ○○도 집 안으로 들어갈 볼까? 2. 영아가 놀이집 안으로 들어가면 이름을 불러 준다. – 꼭꼭 숨어라! 머리카락 보일라! 꼭꼭 숨어라! 머리카락 보일라! – (영아가 놀이집 안으로 들어가면) ○○야, 어디 있지? – 까꿍! ○○가 여기 있었네! 3. 영아가 상자에서 나올 때 눈을 맞추며 까꿍놀이를 한다. 놀이집 밖의 영아들도 함께한다. – 밖에 있는 다른 친구와도 해 볼까? ○○야, 어디 있니? 우리는 밖에 있다. – 까꿍! 우리 여기 있다!	• 유의점: 상자와 창문에 관심을 보이면 상자 안으로 들어가 까꿍놀이의 시범을 보인다.
마무리	1. 활동을 마무리하며 함께 도와 치운다. – 까꿍놀이 재미있었지? 우리 이제 점심 먹어야 하는데 놀이집을 같이 치워 볼까? – 재미난 놀이 마치고 모두 다 같이 치우자! 놀이집 놀이 마치고 모두 다 손 씻자!	• 유의점: 치우기 노래를 개사해서 부르며 자연스럽게 다음 활동으로 이어질 수 있도록 한다.
확장활동	1. 상자 아랫면, 옆면 등에도 작은 구멍을 뚫어 영아의 손과 발이 나오도록 하여 손을 잡아 주거나 간지럼 태워 준다. 2. 창문에 색 셀로판지나 커튼 등을 달아 주어 놀이를 확장한다.	

〈표 5-11〉 만 4세 활동계획안의 예(이야기 나누기)

<table>
<tr><th>생활주제</th><td>동 · 식물과 자연</td><th>주제</th><td colspan="3">식물과 우리의 생활</td></tr>
<tr><th>소주제</th><td>식물이 주는 이로움에 대해 관심 가지기</td><th>일시</th><td>0000년 00월 00일 (수)</td><th>대상</th><td>만 4세</td></tr>
<tr><th>활동명</th><td>나무야 고마워!</td><th>활동 유형</th><td colspan="3">대집단 활동 – 이야기 나누기</td></tr>
<tr><th>활동 목표</th><td colspan="5">1. 나무와 우리 생활과의 관계에 관심을 갖는다.
2. 생활 주변에서 사용되는 나무의 다양한 쓰임을 안다.
3. 자기 생각과 경험을 말로 표현한다.</td></tr>
</table>

<table>
<tr><th>단계</th><th>활동 과정</th><th>교수–학습 활동
(■: 중심활동, •: 세부 활동, –: 교사)</th><th>자료 및 유의점</th></tr>
<tr><td rowspan="3">도입
(3분)</td><td>사전 활동</td><td>■ 사전활동하기
• 자유놀이 시간에 교실 안에 있는 나무로 만든 장난감을 찾아서 바구니에 넣어 보기</td><td rowspan="2">• 자료: 바구니, 톤블록, 귀로세이커, 나무 블록
• 유의점: 교사는 수업 전에 나무 교구를 융판에 붙여 가려 놓고 활동을 알아보며 제시한다.</td></tr>
<tr><td>주의 집중</td><td>■ 주의 집중하기
• 유아들이 자유놀이 시간에 바구니 안에 넣은 장난감 살펴보기
– 자유놀이 시간에 교실에 있는 놀잇감을 바구니에 넣어 보았어요?
– 무슨 놀잇감이 있는지 선생님과 함께 이야기해 볼까? (바구니 속의 장난감을 꺼내며 유아와 이야기 나눈다.)</td></tr>
<tr><td>활동 안내</td><td>■ 활동 알아보기
• 나무에 대하여 이야기 나누기 활동을 제시한다.
– 오늘은 선생님과 "나무야, 고마워."라고 말할 수 있는 것들이 무엇이 있는지 함께 이야기해 보자.</td><td>• 자료: 융판의 나무 보여 주기</td></tr>
<tr><td rowspan="2">전개
(15분)</td><td rowspan="2">본 활동</td><td>■ 나무의 쓰임 알아보기
• 교실 안에서 나무로 만든 물건들을 찾아본다.
– 놀잇감 말고도 우리 반 교실에 나무로 만든 물건에는 무엇이 있을까?
– ○○○ 말고 또 어떤 물건이 있을까?</td><td></td></tr>
<tr><td>■ 나무와 관련된 우리 생활 알아보기
• 맛있는 열매를 준다.
– (동화 그림 자료 제공) 그림 속 친구들은 무엇을 하고 있니?
– 우리 친구들도 이렇게 나무의 열매를 직접 본 경험이 있니?
– 텔레비전이나 사진, 책 등에서 열매를 본 적이 있니?
• 재미있는 놀이 친구와 쉼터가 되어 준다.
– 나무로 놀이를 해 본 친구들이 있니?
– 바깥 놀이에서 나무와 즐겁게 놀아 보았던 경험이 있니? (사진 자료 제공)
– 바깥 놀이를 할 때 친구들이 힘들 때 어디서 쉬면 좋을까?</td><td>• 자료: 동화 속 그림 자료 제시
• 자료: 유아들이 활동했던 실물 자료 제시</td></tr>
</table>

단계	활동 과정	교수-학습 활동 (■: 중심활동, •: 세부 활동, -: 교사)	자료 및 유의점
전개 (15분)	본 활동	• 교사와 이야기한 것 이외에 경험을 나눠 본다. - 선생님이 말한 것 말고 다른 이야기를 나눌 친구 있니? (유아가 이야기한 것을 그림이나 글씨로 첨가해 주기)	• 자료: 새롭게 이야기 나눈 것을 교사가 그려 붙여 준다.
		■ 나무에 대한 고마운 마음 표현하기 • 나무를 위해서 어떤 마음을 가질 수 있는지 이야기 나눈다. (나무를 살펴보며 이야기 나눈다.) - 이렇게 많은 것을 주는 나무에게 어떤 마음을 가지게 되었니? - 나무에 고마운 마음을 어떻게 표현할 수 있을까?	
마무리 (3분)	정리 및 평가	■ 평가하기 • 활동을 회상하며 마무리를 한다. - 오늘 이야기를 나누며 알게 된 것은 무엇이 있니? - 오늘 이야기 나누기할 때 어떤 점이 즐거웠니? • 교구를 놓을 영역에 대해 이야거 나눈다. - 이 교구는 어느 영역에 가져다 놓는 것이 좋을까? - 나무에 고마움을 느낄 수 있는 동화책 『나무는 좋다』는 언어 영역에 둘 테니 자유롭게 읽도록 하자.	
	다음 활동 안내	• 다음 시간에 대해 안내한다. - 다음 시간은 바깥 놀이 시간이야. - 바깥 놀이에서 만나는 나무에 고마움을 표현하는 인사를 해 보자.	
평가 관점		1. 나무가 주는 이로움에 대해 알게 되었는가? 2. 나무가 우리에게 주는 이로움에 대해 감사한 마음을 갖게 되었는가? 3. 자기 생각과 경험을 말로 표현하며 교사와 유아가 상호작용하였는가?	

(2) 일일 보육계획 및 보육실습일지

실습생의 보육실습일지는 일일 보육계획안에 기반을 두므로 일과에 대한 일일 보육계획안을 작성하고 실행내용을 기록하며, 일과 진행에 대한 실습생의 반성적 사고를 기록한다. 보육실습일지는 날짜, 결재란, 주제, 소주제, 일일 목표, 일과 운영에 따른 보육내용, 보육실습생 소감, 조언 등으로 구성되어 있으며, 지도교사는 보육실습 기간에 보육실습생이 작성한 일지를 점검하고 지도한다(보육진흥원, 2017).

〈표 5-12〉 실습일지양식의 예

<table>
<tr><td>날짜(날씨)</td><td>월 일 요일( )</td><td rowspan="3">결재</td><td>실습생</td><td>교 사</td><td>원 장</td></tr>
<tr><td>학급명</td><td>○○반(만 세)</td><td rowspan="2">印</td><td rowspan="2">印</td><td rowspan="2">印</td></tr>
<tr><td>지도교사</td><td></td></tr>
<tr><td>주제</td><td></td><td>소주제</td><td colspan="3"></td></tr>
<tr><td>일일시간표</td><td colspan="5"></td></tr>
<tr><td>시간</td><td>활동명</td><td colspan="3">활동내용</td><td>비고</td></tr>
<tr><td></td><td colspan="4"></td><td rowspan="3"></td></tr>
<tr><td></td><td colspan="4"></td></tr>
<tr><td></td><td colspan="4"></td></tr>
<tr><td>실습생 소감</td><td colspan="5"></td></tr>
<tr><td>지도교사 조언</td><td colspan="5"></td></tr>
</table>

① 날짜, 날씨, 결재란

보육실습이 이루어진 날짜와 요일을 기록하고, 그날의 주된 날씨의 특성과 일과 운영과의 관련성을 기록한다. 아울러 결재란은 사실과 다름없이 기록되었음을 증명하므로 보육실습생, 지도교사, 원장이 날인한다.

② 주제와 소주제

연간, 월간(주제별), 주간보육활동 계획안을 참고하여 주제 및 소주제를 기록한다.

③ 일일시간표 및 일과 운영에 따른 보육내용

일일 계획의 내용을 한눈에 알아볼 수 있도록 일일시간표를 제시한다. 보육실습일지는 보육실습 기간에 자신의 보육실습 내용을 정리 · 분석하여 반성하는 기록 공간으로서 실습 지도교사와의 의사소통의 장이라 할 수 있다. 학급에서 이루어지는 일을 일과 운영의 흐름에 따라 구체적으로 기록한다.

- 일과 운영 시간의 흐름에 따른 보육내용을 기록한다.
- 일과에 참여 관찰하면서 활동명, 활동 자료, 활동방법을 기록하되 보육실습생에게 의미 있었던 바를 구체적으로 기록한다.
- 흥미 영역별로 영유아의 놀이 양상과 교사의 지도 내용을 기록한다.
- 교사–영유아 상호작용과 갈등 해결 양상의 행동 지도를 관찰 · 기록한다.
- 급 · 간식, 낮잠, 배변 등의 일상 지도를 영유아 행동에 따른 교사의 상호작용 내용 중심으로 관찰 · 기록한다.

보육실습일지의 기술 양식에 대해 지도교사와 충분히 협의하고 작성한다. 적정한 수준 이상의 상세한 기록이나 과도한 생략 및 구체성이 부족한 기록 등은 실습생의 반성적 사고 과정과 실천적 지식의 형성을 어렵게 할 수 있다.

④ 실습생 평가

하루 동안 학급에서 실습생으로서 관찰, 참여, 지도를 경험하면서 생긴 소감이나 의문 사항을 기록하되, 다음과 같은 내용을 반성적으로 사고할 수 있도록 한다.

- 일과 중에 인상 깊었던 교사 – 영유아 상호작용에 대한 내용
- 일과 중 새롭게 발견한 영유아의 발달 특성에 대한 내용
- 학급에서 실습생으로서의 역할과 자세에 대한 자기 평가
- 활동 지도 시 예상했던 대로 되지 않았던 원인을 분석한 내용

- 실습 지도교사가 요청한 업무 수행 시 배운 점
- 기타 일과 운영 및 상호작용에 대해 궁금한 사항

⑤ 실습 지도교사의 조언

지도교사는 그날의 실습생을 관찰하고 지도한 내용이나 실습생의 소감을 바탕으로 조언을 적는다. 지도교사는 실습생이 소감을 솔직하게 쓰도록 수용적이고 신뢰할 수 있는 분위기로 대하며, 실습생의 강점과 잠재력을 언급한다. 지도교사는 다음과 같은 내용으로 조언하여 멘토(mentor)로서의 역할을 수행할 수 있다.

- 그날의 실습생 역할 수행, 태도 등에 대한 평가하기
- 실습생에게 더욱 명확하고 깊이 사고하도록 되물어보기
- 소감란에 기록한 실습생의 질문에 답변해 주기
- 실습생의 어려움에 대한 공감과 용기 북돋아 주기
- 영유아의 행동 지도 및 놀이 지도에 대한 실습생의 협력 요구하기

⑥ 가정과의 연계 및 행사

실습생은 실습 기간 내에 이루어진 기관과 가정과의 연계 및 행사 자료(가정통신문, 부모교육자료, 행사계획서 등)를 담임교사로부터 제공받아 실습일지와 함께 보관한다.

〈표 5-13〉 만 1세 반 일일 보육계획안 및 보육실습일지의 예

<table>
<tr><td>날짜</td><td>월 일 요일</td><td rowspan="3">결재</td><td>실습생</td><td>교 사</td><td>원 장</td></tr>
<tr><td>학급명</td><td>반(만 1세)</td><td rowspan="2">印</td><td rowspan="2">印</td><td rowspan="2">印</td></tr>
<tr><td>지도교사</td><td>△△△</td></tr>
<tr><td>주제</td><td>재미있게 놀이해요</td><td>소주제</td><td colspan="3">신나는 실외 놀이</td></tr>
<tr><td>일일 목표</td><td colspan="5">• 실외에서의 할 수 있는 놀이에 관심을 가진다.
• 햇빛과 공기를 느껴 본다.</td></tr>
<tr><td rowspan="4">교사의 준비 및 환경점검</td><td colspan="4">교실 환기하기</td><td>○ △ ×</td></tr>
<tr><td colspan="4">교실 청결 및 세팅하기</td><td>○ △ ×</td></tr>
<tr><td colspan="4">교실 내 용품 및 물품 준비하기</td><td>○ △ ×</td></tr>
<tr><td colspan="4">영아의 개별 소지품 확인하기</td><td>○ △ ×</td></tr>
<tr><td rowspan="6">실내 안전점검</td><td colspan="4">교실 내 용품이나 비품의 모서리, 시설물의 날카로운 부분, 보호대 점검하기</td><td>○ △ ×</td></tr>
<tr><td colspan="4">보수가 필요한 놀잇감 점검하기</td><td>○ △ ×</td></tr>
<tr><td colspan="4">유해색소 놀잇감, 도색이 벗겨진 놀잇감 마모 · 노후 · 훼손된 놀잇감 점검하기</td><td>○ △ ×</td></tr>
<tr><td colspan="4">문과 창문 등의 추락 위험 점검하기</td><td>○ △ ×</td></tr>
<tr><td colspan="4">전기 콘센트, 전선 정리 정비하기</td><td>○ △ ×</td></tr>
<tr><td colspan="4">놀이시설물의 날카로운 부분, 뾰족한 부분 점검하기</td><td>○ △ ×</td></tr>
<tr><td>일과</td><td colspan="5">8:00~9:00 등원
9:00~9:20 대 · 소변 가리기, 손 씻기
9:20~9:40 오전 간식
9:40~10:30 오전 실내 자유놀이
10:30~10:50 놀이 정리 및 전이
10:50~11:30 오전 실외 놀이/유희실 놀이
11:30~12:30 점심, 이 닦기 및 대 · 소변 가리기
12:30~15:00 낮잠 준비 및 낮잠
15:00~16:30 낮잠 깨기, 정리 · 정돈, 화장실 가기, 손 씻기, 오후 간식
16:30~18:00 오후 실내 · 외 자유놀이
18:00~20:00 귀가 및 저녁 식사/통합보육</td></tr>
<tr><td>활동</td><td colspan="4">활동내용</td><td>자료 및 유의점</td></tr>
<tr><td>등원
(8:00~9:00)</td><td colspan="4">• 개별적으로 따뜻하게 맞이하기
• 영유아들의 건강 · 심리상태를 살피면서 반갑게 맞이하고 인사 나누기</td><td></td></tr>
<tr><td>대 · 소변 가리기,
손 씻기
(9:00~9:20)</td><td colspan="4">• 영아의 기저귀를 살피고, 가능한 영아는 변기를 사용한다.
• 손 씻기: 영아용 비누를 사용하여 손을 깨끗이 씻는다.</td><td></td></tr>
</table>

활동	활동내용	자료 및 유의점
오전 간식 (9:20~9:40)	• 크린콜로 책상 닦기 • 간식: 떡국, 김치 • 간식 먹은 그릇 정리하기	• 자료: 크린콜, 행주
오전 실내 자유놀이 (9:40~10:30)	• **신체**: [활동명] 꽃, 나비 융판에 붙여 보기, 떼어 보기 • 지난주부터 계속 진행 중인 활동으로 자유롭게 선택 활동할 수 있도록 한다.	• 자료: 융판, 융판 자료
	• **언어**: [활동명] 실외 놀이터 사진 보며 이야기 나누기 – ○○반 교실에 미리 교사가 영아들과 함께 실외 놀이하고 있는 사진을 붙여 게시하여 놓는다. – 영아들이 관심을 보이며 사진을 가리킨다면 교사도 함께 영아와 상호작용하며 활동하여 본다. (이게 누구지? ○○이구나. 여기가 어디지? 응, 그렇구나. 미끄럼틀을 타고 있네. '슝!' 하고 내려오고 있네.) – 다른 친구들과 함께 찾아보고 여러 가지 놀이기구를 살펴본다.	• 자료: 바깥 놀이 사진
	• 탐색: [활동명] 셀로판 안경 쓰고 여러 색깔 느껴 보기	• 자료: 셀로판 안경
	• **표현**: [활동명] 하얀 전지 위에 사인펜 그림 그리기 – 하얀 전지를 깔아 관심을 보이는 영아들과 함께 활동한다. – 전지 위에 어떻게 활동할지 영아들에게 이야기해 준 뒤 사인펜을 꺼내 탐색해 본다. (색연필과 다르게 생겼구나! 뚜껑도 있네. '데구루루' 굴러가기도 하네.) – 탐색하며 주의점을 알려 주고 전지에 그림을 그려 보자고 제안한다. • 영아들과 자유롭게 그려 보고 이야기해 보며 활동한다.	• 자료: 전지, 사인펜 • 유의점: 영아들이 입이나 눈에 가져가지 않도록 안전에 유의한다.
놀이 정리 및 전이 (10:30~10:50)	• 교사가 장난감을 정리하면서 영아도 제자리에 놓아 보도록 한다. • 다음 놀이 활동 장소를 알려 주고 이동한다.	
오전 실외놀이/ 유희실 놀이 (10:50~11:30)	• [활동명] 내가 그린 사인펜 그림 위에 붓으로 물 그림 그리기 – 교사는 영아들이 나가기 전에 놀이실에서 그린 그림을 실외 놀이터에 붙여 놓는다. – 영아들과 실외 놀이터에 나가기 전에 붓을 만져 보며 실외 놀이터에서 할 활동을 알려 준다. – "이게 뭘까? 부드럽네." 영아들과 탐색해 보고 우리가 아까 그린 사인펜 그림 위에 물로 그림을 그려 보며 활동할 것이라 말해 준다. – 실외 놀이터에 나가 사인펜 그림 위에 물 그림을 그려 보며 그림이 어떻게 변하는지 살펴보고 이야기도 나눈다. • 우천 시 유희실에서 붕붕카, 지붕차, 영아용 트램펄린, 공놀이 등 대근육 활동을 할 수 있도록 한다.	• 자료: 사인펜, 전지 그림, 테이프, 큰 붓, 물통, 물, 수건

활동	활동내용	자료 및 유의점
점심, 이 닦기 및 대 · 소변 가리기 (11:30~12:30)	• 식사 전에 손을 깨끗이 씻는다. • 점심: 흑미밥, 닭곰탕, 주꾸미야채볶음, 구이김, 깍두기, 사과 • 숟가락과 포크를 사용하여 점심을 먹는다. • 점심 후 선생님의 도움을 받아 이를 닦는다. • 낮잠 자기 전에 기저귀를 갈거나 화장실을 다녀온다.	
낮잠 준비 및 낮잠 (12:30~15:00)	• 낮잠을 준비하고 조용한 음악이나 자장가를 들으며 잠자리에 든다.	• 자료: 조용한 음악 CD
낮잠 깨기, 정리 · 정돈, 화장실 가기, 손 씻기, 오후 간식 (15:00~16:30)	• 낮잠에서 깨어나면 잠자리를 정리한다. • 영아의 기저귀를 갈거나 화장실에 다녀온다. • 선생님의 도움을 받아 손을 씻거나 스스로 씻어 본다. • 오후 간식: 단호박 · 고구마범벅, 우유 • 포크나 숟가락을 이용하여 스스로 먹는다.	
오후 실내 · 외 자유놀이 (16:30~18:00)	• 레고 높이 쌓아 보기 • 붓으로 물 그림 그리기 • 낮잠 이후 오후 자유놀이는 과도한 자극은 줄이고 편안하게 오전에 계획된 활동을 반복하거나 교실 외에 다른 공간(실외 놀이터, 유희실, 옥상 등)으로 장소를 이동하여 놀이함으로써 변화를 준다.	• 자료: 큰 붓, 물통, 물, 수건
귀가 및 저녁 식사/ 통합보육 (18:00~20:00)	• 손 씻기 • 저녁 식사 및 이 닦기 • 귀가 준비(씻기, 머리 빗기, 옷 입기, 소지품 챙기기 등) • 통합보육실로 가서 조용한 놀이하기	
실습생 소감	• 날씨가 점점 더워져 햇볕이 뜨거워 영아에게 선크림을 발라 주고 모자를 쓰고 나가도록 배려하였다. 수업 내용만 관심을 가졌지 그런 세세한 부분은 생각지 못했던 부분이었는데 작은 것도 배려해야 함을 느꼈다. • 놀이기구 사진만 있는 그림보다 영아들이 함께 놀이하고 있는 사진이 있어서 영아들의 관심을 더욱 끌 수 있었던 것 같았다. • 전지에 사인펜 그림 그리기 활동을 할 때 힘 조절이 쉽지 않은 것 같았으며, 실외로 확장하여 물 그림 그리기를 매우 즐거워하였다. 작품이 변하는 모습을 경험할 수 있도록 격려하여 활동하였으며, 물 그림에 대한 영아들의 관심이 커서 실외 곳곳에서(놀이기구, 벽 등) 물 그림을 그려 보았다. 거의 다른 활동을 하지 않을 정도로 집중하여 물 그림 그리는 데 시간을 보냈다. 자유롭게 물, 햇빛, 공기의 특성을 놀이를 통해 알아갈 수 있는 것으로 보였다. • 오늘은 선생님의 수업을 관찰하는 날이었다. 선생님은 수업 준비도 철저하게 하시면서도 여러 가지를 세세하게 배려하는 모습을 보면서 '나도 저렇게 할 수 있을까?' 걱정되었다. 그저 관찰만 했을 뿐인데 정신없이 하루가 지나가는 것 같았다.	

활동	활동내용	자료 및 유의점
지도교사의 조언	• 꼼꼼하게 일과를 잘 관찰하였습니다. • 참여관찰 시에는 관찰 기록을 할 때도 기록을 중심으로 하기보다 유아들과 상호작용하고 관찰 내용을 기억했다가 신속히 기록하시기 바랍니다. • 벌써 아이들의 이름을 다 외워서 불러 주는 모습이 참 좋습니다. • 아직 아이들과 상호작용을 하는 것이 익숙하지 않아 영아들이 놀이할 때 옆에 그냥 서 있는 모습이 발견됩니다. 영아들 옆에서 영아들이 하고 있는 활동을 언어로 이야기해 주며 조금씩 다가가면서 함께 놀이해 보면 점점 편안하게 놀이할 수 있을 것입니다. • 오늘 하루 정말 수고하셨습니다.	

3) 교수자료 준비 및 연습

보육계획안을 작성한 후에는 이에 기초하여 적절한 교수자료를 준비한다. 실습생은 교수자료에 대한 실습기관의 자료 이용에 대해 실습 지도교사와 의논하고 자료를 활용하거나 새롭게 제작한다. 그리고 보육계획안을 기초로 하여 준비된 자료를 가지고 실제 수업처럼 연습해 본다.

실습생이 수업활동을 위해 연습해야 하는 내용은 다음과 같다.

- 활동 진행 순서를 정확하게 숙지한다.
- 교수자료(그림, 융판 자료, 손인형 등)를 직접 조작하여 충분히 연습한다.
- 기자재를 활용할 때는 작동 여부를 확인하고, 전기를 사용할 경우 콘센트를 확인하고 안전에 유의하며, 동선을 고려한다.
- 영유아들과 함께할 활동내용(요리, 실험, 작업 활동 등)은 반드시 교사가 실행해 보고 결과가 예상대로 되는지 확인한다.
- 효과적인 발문을 준비하고 연습한다.
- 수업 준비물은 영유아들이 보지 않는 곳에 바구니나 상자에 담아서 둔다.

4) 사전 협의회 및 수업 실행

실습생은 실습 전 보육계획안에 기초하여 수업 준비 및 동선 등에 대한 협의를 통해 수업 실행 시 발생할 수 있는 다양한 상황을 예측하고 점검하여 좋은 수업에 만전을 기한다. 이는 성공적 실습의 중요한 열쇠이므로 세심하게 보육계획을 작성하고 준비하여 수업을 실행한다. 따라서 초반에는 난이도가 낮은 미술, 음악, 언어 활동에서 이후 동작, 게임, 동극 등으로 진행하도록 한다.

구체적 협의내용은 다음과 같은 사항을 포함한다.

- 활동 실시 일정: 구체적인 날짜와 일과 시간을 정하며 소요시간도 예측해 본다.
- 활동 유형 및 흥미영역: 자유놀이 또는 대소그룹 활동에 따라 활동 유형을 정한다.
- 집단 크기 및 집단 구성: 자유놀이, 대집단 · 소집단 활동 등 활동에 적절한 집단을 구성하도록 한다.
- 활동 공간: 활동이 이루어질 공간을 보육실, 유희실, 실외 놀이 공간 등 구체적으로 정한다.
- 활동 전개방안: 도입–전개–마무리활동에 대한 계획과 필요한 자료와 준비물, 집단 크기, 공간과 함께 구체적으로 논의한다.
- 활동 자료 선정: 연령, 발달의 적합성을 고려하고, 활동내용과 관련성을 검토하여 적절한 자료를 준비한다. 활동 자료는 준비에 용이하고, 유지 및 관리에 편리하며 안전성 등을 고려해야한다.
- 교수전략 및 상호작용: 활동 전개 시 적절한 교수전략과 영유아와의 상호작용에 대해 이이기 나눈다.
- 기타: 보육활동 계획안 작성 및 지도교사의 지도 일정 등에 대해 논의한다.

5) 수업 평가 및 사후 협의회

실습생의 활동 지도에 대한 평가는 실습생의 자기 평가와 지도교사의 평가로 이루어진다. 실습생은 활동 목표의 성취 여부와 활동을 지도하면서 느낀 소감을 먼저 기록하고, 예상했던 것과 다르게 전개된 부분을 진술하되 반성적 사고를 통해 개선이 요구되는 사항을 구체적으로 진술한다.

지도교사의 평가는 실습생의 활동 지도를 관찰하며 평가한 사항, 보육실습생의 자기 평가에 대한 사항 및 추후지도 시 고려해야 할 점 등을 종합하여 평가한다.

실습생의 보육활동 지도에 대한 평가 내용은 다음과 같은 사항을 포함한다(보육진흥원, 2017).

- 활동의 목표가 적절하였는가?
- 활동내용이 주제와 발달수준에 적합하였는가?
- 보육활동이 영유아의 흥미와 경험을 충분히 반영하였는가?
- 활동을 위한 자료의 제작과 활용이 적절하였는가?
- 활동의 전개 방법이 적절하였는가?
- 활동을 위한 시간 운영이 적절하였는가?
- 활동의 전후와 활동 간 연계가 적절하였는가?
- 활동 공간의 배치와 활동이 적절하였는가?
- 활동 시 적절한 상호작용(동기유발, 영유아들의 참여 등)이 이루어졌는가?
- 활동의 마무리와 전이 전략이 적절하였는가?

〈표 5-14〉 활동평가서의 예시

<table>
<tr><td>작성일</td><td colspan="3">00월 00일 ○요일</td><td rowspan="2">결재</td><td>실습생</td><td>교사</td><td>원장</td></tr>
<tr><td>학급 명</td><td>○○반</td><td>학급 연령</td><td>4세</td><td>印</td><td>印</td><td>印</td></tr>
<tr><td>실습생</td><td>○○○</td><td>지도교사</td><td>□□□</td><td>실습 일시</td><td colspan="3">00월 00일 09:00 ~ 06:00</td></tr>
<tr><td>실습생의 자기 평가</td><td colspan="7">• 등원 시 아침에 타고 온 것에 대한 이야기를 나누었음. 자동차에 관한 유아들의 관심과 지식을 알 수 있었음. (엄마 차, 산타페, 지하철 등)
• 교사가 함께 간식을 먹으며 간식의 냄새, 모양 등에 관해 이야기를 나누고 씹는 소리도 들어 보는 등 상호작용을 하니 관심을 가지고 음식을 먹을 수 있는 것 같음.
• 실외 놀이에서의 열매 나르기 게임은 소리가 퍼지는 열린 공간이라 유아들의 주의 집중이 어려웠음.
• 신호 악기는 탬버린과 같은 조금 더 큰 소리 악기를 사용하여 활동을 진행해야 할 것 같음(방울은 소리가 너무 작았음).</td></tr>
<tr><td>지도 교사의 평가</td><td colspan="7">• 주제와 연계되어 영역별로 통합적인 전개가 잘 이루어졌음.
• 등원지도 시 몇 명의 유아들과 이야기가 길어져 맞이하지 못한 영유아가 있었음. 간단하게 인사를 나누고 항상 모든 유아에게 주의를 기울일 수 있도록 시선을 확보하도록 해야 함.
• '자동차 바퀴 찍어 보기' 활동에서 유아의 수만큼만 모양 종이를 준비해 와서 여러 개를 찍어 보고 싶어 했던 유아들의 욕구를 채워 주지 못함. 만약, 부족했을 때는 어떻게 할지(커다란 전지에 공동 작품을 해 본다든지) 상황에 적절한 활동을 예측하여 활동을 준비해 주어야 함.
• 오전 간식이 껍질을 까는 메뉴여서 먹는 시간이 부족한 유아가 있었음.
• 게임을 할 때는 유아들이 약간 흥분을 잘하므로 중간중간에 자기 자리와 역할을 인식하게 해 주는 발문이 필요함.</td></tr>
<tr><td>추후 지도방안</td><td colspan="7">• 학급 전체 유아를 조망하는 훈련이 요구됨.
• 교수자료를 미리 시연하여 작동 여부, 활용 적합성 여부 등에 대한 확인이 요구됨.
• 활동이 바뀔 때 유아들이 다음 활동을 기다리거나 무료하지 않도록 적절한 전이 방법의 고안이 요구됨.</td></tr>
</table>

부 록

PRACTICUM IN CHILD CARE & EDUCATION

1. 보육실습 지침

보육실습생은 학생이지만, 교사의 긍지를 갖고 교원의 품의를 갖추도록 해야 할 것이다.

1) 보육실습생의 책임

(1) 원아에 대한 책임

① 실습생은 그가 가르치는 원아와의 관계를 갖는 전문적인 실천자이다. 어린이집이나 원아에 관한 자료는 모두 그 기밀이 보장되어야 한다.

② 실습생은 자신의 종교적 · 정치적 견해를 원아에게 강요해서는 안 된다.

③ 실습생은 원아에 대해서 신체적 · 정신적 · 지적 · 도덕적으로 모범이 되어야 한다.

④ 실습생은 원아의 발달을 이해하도록 부단히 노력해야 한다.

⑤ 실습생은 어떠한 원아에게도 편견을 가지고 차별대우를 해서는 안 된다.

(2) 실습어린이집에 대한 책임

① 법적으로 어린이집의 책임은 원장 및 교사가 부담하게 되어 있으므로 그 통제도 이들이 하게 된다. 따라서 실습생은 자기에게 위임된 책임만을 행사한다.

② 실습생은 실습반에 대하여 지도교사, 기타의 교직원, 학교의 지도교수 및 실습생 관찰자의 직능적 권한 및 인격적 위엄을 존중한다.

③ 실습생은 실습현장에서 곤란한 문제가 발생했을 때 먼저 지도교사와 상담을 한다.

(3) 실습학교에 대한 책임

① 아무리 작은 실습생의 실수가 있었다 할지라도 그것은 실습생이 대표로 되어 있는 학교에 영향을 미친다는 것을 인식한다.

② 실습생은 자기가 배우고 있는 학교에 적극적인 태도를 지니고 가까이 해야 한다.

③ 실습생은 학교의 지도교수가 교직 수행에 적응시키기 위해서 제공하는 원조를

높이 평가하여 이를 건설적으로 활용한다.

2) 보육실습의 전개

(1) 어린이집에서의 사전 지도

어린이집에서 사전 지도 내용의 세부적인 사항은 다음과 같다.

① 어린이집 보육 운영방침 소개
② 어린이집 현황 안내: 교직원 현황, 교직원 조직, 어린이집 위치, 어린이집 시설 · 설비 소개 및 그 사용법
③ 보육실습 일정 안내
④ 학급별 보육실습생 배정 안내
⑤ 일일 보육실습 과정 소개
⑥ 보육실습일지 기록상의 유의점
⑦ 평가 내용 및 기준

(2) 보육실습생의 준비

보육실습을 원활하게 수행하기 위하여 실습생은 실습 전에 충분한 준비를 함으로써 실습에 대한 자신감을 갖고 임해야 한다. 구체적인 준비 사항은 다음과 같다.

① 실습과 연관된 학습 내용을 총 점검하여 실습활동에 대비한다.
② 실습활동에 대한 체계적이고 구체적인 계획을 세운다.
③ 변화된 환경인 어린이집에서 실습활동 과정이 이루어지므로 긴장과 불안감에 대비하여 건강관리를 잘한다.
④ 보육실습에 관한 지침서나 계획서를 읽고 구체적인 계획을 세운다.
⑤ 보육실습에 대비한 복장 · 용의를 정돈한다.
⑥ 보육실습 시 필요한 준비물을 점검한다(보육실습 일정표, 보육실습 출근부, 보육실습일지, 보육실습 활동 평가척도, 명찰, 필기도구).

2. 보육실습 일정

__________반 실습 일정계획

지도교사 명 : 실습생 명 :

실습 기간 : 년 월 일 ~ 년 월 일 (6주간)

1주	참관 및 보조자로서의 역할
	• 오리엔테이션 • 어린이집 인적 · 물적 환경 관찰 • 수업참관 및 원아 관찰(일화기록법 1일 1인 관찰) • 지도교사의 수업 보조(환경 구성 및 정리 · 정돈)
2주	부분수업 계획
	• 원아의 등 · 하원 지도 • 자유선택활동 시 원아들과 적극적인 상호작용 • 학급 경영 참여: 각종 일지 기입 및 관리 • 부분수업 계획안 작성(실습어린이집에서 진행되는 소주제와 관련된 주제로 선정, 금요일까지 제출) • 교재 · 교구 제작계획서 작성(교구 2점, 동화 자료 1점)
3주	부분수업 및 전체수업

월요일	화요일	수요일	목요일	금요일	토요일
급 · 간식지도	그림 동화	새 노래	이야기 나누기	게임	통합수업

• 종일수업 계획서 작성(금요일까지 제출)
• 부분수업 진행
• 교구 소개 후 원아들과 조작 영역에서 활동

4주/6주	부분수업 및 전체수업/연령별 학급 참관

월요일	화요일	수요일	목요일	금요일	토요일
생일잔치	종일수업	평가회	연령별 학급 참관		

• 금요일까지 실습에 관련된 모든 자료 수정 · 보완하여 제출해 주세요.
• 수요일 평가회를 갖습니다.
• 목요일부터는 다른 연령 반 학급을 참관해 주세요.

3. 보육실습 협조 공문

○○ 대 학 교

수신 수신자 참조
(경유)

제목 : ○○○○학년도 ○○○○학과 ○학년 보육실습에 관한 협조

1. 귀 어린이집의 무궁한 발전을 기원합니다.
2. ○○○○학년도 우리 대학교 ○○○○학과 ○학년 학생들이 귀 어린이집에 보육실습을 희망하고 있습니다. 따라서 귀 어린이집에서의 보육실습에 대한 협조를 부탁드립니다.
3. 보육실습자 명단을 동봉하오니 참고하여 주시기 바랍니다.

교육 명	실습 기간
보육실습	20 . . ~ 20 . . (6주간)

붙임 1. 보육실습생 명단 1부.
2. 보육실습 배정 승낙서 1부. 끝.

○○ 대 학 교 총 장

수신자 :
○○○○ 학과장 산학협력처장 부총장 총장
협조자(학사관리처장)
시행 ○○○○학과-07 (20. .)
우 00000
전화 (000) 000 - 0000 전송 (000) 000 - 0000/○○○○○@○○○○.ac.kr

4. 보육실습 신청서

<table>
<tr><th colspan="5">보육실습 신청서</th></tr>
<tr><th colspan="5">보육실습생 정보</th></tr>
<tr><td>성명</td><td></td><td colspan="2">학과 / 학번</td><td>실습 희망 어린이집</td></tr>
<tr><td>보육실습 기간</td><td colspan="4">20 년 월 일 ~ 20 년 월 일(연속 6주 240시간 이상)</td></tr>
<tr><td>집주소</td><td colspan="4">우편번호 :
새 주 소 :
현 주 소 :</td></tr>
<tr><td>휴대전화</td><td></td><td rowspan="2">집 / (직장)</td><td colspan="2">집 :</td></tr>
<tr><td>e-mail 주소</td><td></td><td colspan="2">직장 :</td></tr>
<tr><th colspan="5">희망 보육실습기관 정보</th></tr>
<tr><td>보육 관련 이수 교과목</td><td colspan="4">(이수교과목을 모두 적으세요.)
총 ( )개 과목 이수</td></tr>
<tr><td>실습 희망 지역</td><td colspan="4"></td></tr>
<tr><td>보육실습 기관명</td><td>어린이집(정원: 명)</td><td>원장</td><td colspan="2"></td></tr>
<tr><td>보육실습 희망기관 유형</td><td colspan="4">① 국공립 어린이집 ( ) ② 사회복지법인 어린이집 ( )
③ 법인 · 단체 등 어린이집 ( ) ④ 직장 어린이집 ( )
⑤ 가정 어린이집 ( ) ⑥ 협동 어린이집 ( )
⑦ 민간 어린이집 ( ) ⑧ 종일제 유형 ( )</td></tr>
<tr><td>평가인증 여부</td><td colspan="4">① 예( ) ② 아니오( ) ③ 진행 중( )</td></tr>
<tr><td>기관 주소</td><td colspan="4">우편번호 :
새 주 소 :
현 주 소 :</td></tr>
<tr><td>전화번호</td><td></td><td>팩스</td><td colspan="2"></td></tr>
<tr><td>보육실습 지도교사</td><td>이 름 :</td><td colspan="3">보육교사 1급 ( )
유치원 정교사 1급 ( )
※ 해당 자격에 'O' 표 하세요.</td></tr>
<tr><td>보육실습 지도비</td><td colspan="4">은 행 : 예 금 주 :
계좌번호 : 금 액 : 만 원</td></tr>
<tr><td>기타 희망사항</td><td colspan="4"></td></tr>
</table>

5. 보육실습 배정 승낙서

보육실습 배정 승낙서

구분	전공 명	실습 기간: 20 . . . ~ 20 . . . (6주간)		
		성명	주민등록번호	실습 희망 어린이집

위 학생의 보육실습 배정을 승낙합니다.

20 . . .

어린이집 원장 (인)

대학교 귀하

6. 서약서

서 약 서

대학교 학과(학부) 학년
성 명

상기 본인은 귀 어린이집의 실습생으로서 실습의 목적과 중요성을 충분히 이해하고 어린이집의 제반 규정을 성실히 준수하여 보육능력 향상에 최선을 다할 것을 서약합니다.

년 월 일

실습생 : (인)

○○○ 어린이집원장귀하

7. 실습어린이집 현황

<table>
<tr><td colspan="5">실습어린이집 현황</td></tr>
<tr><td>어린이집 명</td><td colspan="2">어린이집</td><td>유형</td><td></td></tr>
<tr><td>주소</td><td colspan="4"></td></tr>
<tr><td>전화번호</td><td colspan="4"></td></tr>
<tr><td>설립 이념
및 원훈</td><td colspan="4"></td></tr>
<tr><td>연혁</td><td colspan="4"></td></tr>
<tr><td>어린이집 특성</td><td colspan="4">평가인증 여부(　　), 특수보육 여부(장애통합, 초등방과후, 야간 등)</td></tr>
<tr><td>아동 정원</td><td>명</td><td>연령별
학급 수</td><td colspan="2">0세:　1세:　2세:
3세:　4세:　5세:</td></tr>
<tr><td>교사 수</td><td>명</td><td>기타 직원</td><td colspan="2"></td></tr>
<tr><td>실습 학급</td><td>반</td><td>세</td><td>교사 : 아동</td><td>:</td></tr>
<tr><td>아동 수</td><td colspan="2">남 ________명 / 여 ________명</td><td>지도교사</td><td></td></tr>
</table>

8. 보육실습에 대한 안내, 당부의 글

〈실습 안내문〉

(별첨)

ㅇㅇ대학교 보육실습에 대한 안내

1. 실습 학생 배정 및 명단 : (0 명)

2. 실습 기간 : 20 년 월 일부터 월 일 까지(6주간)

3. 보육실습 일정

실습 단계별로 실습 일정을 소개하면 다음과 같습니다. 실습 일정을 참조하시어 지도해 주시기 바랍니다.

1) 관찰실습(제1주) : 어린이집의 인적, 물적 환경 및 구조, 어린이집이 추구하는 보육이론과 보육의 실제, 영유아 등을 관찰한다.

2) 참가실습(제2~3주) : 지도교사의 지도 아래 학급 관리 및 보육활동에 참가하여 보육활동을 직접적으로 파악하고 이해한다.

3) 실제 지도실습(제4~6주) : 보육현장의 보육활동을 직접 계획, 실시, 평가해 본다. 학습지도, 학급 경영, 영유아 연구 등을 시행한다.

4. 출근부는 매일 출근과 동시에 날인하도록 지도해 주시기 바랍니다.

5. 실습 종료 후 보육실습 결과보고서를 작성하셔서 인비로 0000년 00월 00일까지 보내주시면 감사하겠습니다.

6. 보육실습 관련 궁금한 사항이 있으시면 학과사무실 000) 000 - 0000(________ 조교)로 연락 주십시오.

〈실습에 대한 당부의 글〉

〈실습에 대한 당부의 글〉

귀 어린이집의 무궁한 발전을 기원하며 실습을 허락하여 주심을 감사드립니다.
보육실습은 교사가 되고자 하는 사람들에게 현장을 이해하고 배운 내용을 실천해 봄으로써 실제적인 지식을 쌓을 수 있는 중요한 기회입니다. 바쁜 어린이집의 일상에서 실습생들을 지도하는 일이 쉽지 않으리라 생각됩니다.
그러나 실습 지도는 미래의 교사를 키워내고 아이들을 돌보는 교사로 자리매김하게 한다는 사실을 충분히 이해해 주시고 다음의 몇 가지 사항에 대해 당부 말씀을 드리고자 합니다.

첫째, 6주간의 실습 일정에 있어서 관찰, 부분, 연계, 종일수업 기회에 대한 부탁입니다. 어린이집의 운영방침에 따라 지도될 수 있다고 보나, 가능한 첫 주에 수업 일정과 어린이집의 전반적인 행사, 그리고 실습생이 알고 있어야 하는 사항들을 미리 알려 주셔서 준비할 수 있도록 도와주시기 바랍니다. 수업의 기회가 너무 많으면 학생들이 부담스러워하고 너무 적으면 본래 실습의 목적인 수업 경험이 제한됩니다. 따라서 적절한 수업 기회를 배려해 주시기를 바랍니다.
둘째, 수업에 관련하여 평가보다는 지도에 중점을 두시기 바랍니다. 수업 내용 선정에 있어 충분한 의논을 거쳐서 준비할 수 있는 시간을 가능한 많이 배려해 주시고 수업하기 전에 미리 적절한 정보를 제공해 주셔서 수업을 성공적으로 경험할 수 있도록 해 주시기 바랍니다.
셋째, 수업 이외에 실습생들은 교사의 일에 해당하는 교재 · 교구 제작, 환경 구성 등을 경험해 봅니다. 교재 · 교구 제작과 기타 다른 교사의 일을 경험하는 것은 중요한 체험입니다. 그러나 지나친 교재 · 교구 제작으로 인하여 실습 본래의 목적이 상실되지 않도록 해 주시기 바랍니다.

마지막으로 보육실습을 통하여 교사다운 자세와 태도, 그리고 존엄성을 갖는 시간입니다. 예의범절에 대해서도 친절하게 가르쳐 주시기 바랍니다.

ㅇㅇ대학교 ㅇㅇㅇㅇ학과

9. 보육실습생 근무 시 유의점

① 실습 기간 중 어린이집의 규정과 지시에 따른다.
② 출근 시간을 엄수하고 당일의 준비를 한다.
③ 근무 중 무단결석 · 무단외출을 삼가도록 하고, 부득이 지각 · 조퇴를 할 때는 사전에 어린이집에 사유서를 제출하여 허락받도록 한다.
④ 언행과 품위를 지키고 단정한 복장에 반드시 명찰을 패용한다.
⑤ 실습생 상호 간에는 반드시 경어를 사용하고, 지도교사에 대한 예절을 지킨다.
⑥ 원아에게 체벌은 물론, 상벌을 가하지 않도록 한다.
⑦ 지도교사의 허락 없이 학부모와의 개인적인 관계 유지를 피한다.
⑧ 어린이집 시설 · 비품을 사용하고자 할 때는 지도교사와 협의 후 담당자의 허가를 받아 사용한다.
⑨ 각종 제출물은 기일을 엄수하여 제출한다.
⑩ 실습활동의 일정을 정확히 지키고, 적극적이고 긍정적인 자세로 참여한다.
⑪ 어린이집의 보육 목표와 보육방침을 이해하고, 이를 달성하기 위하여 적극적으로 협력 · 참가한다.

10. 출근부

<table>
<tr><td colspan="6">출 근 부</td></tr>
<tr><td>학교명</td><td></td><td>학과명</td><td></td><td>학번</td><td></td><td>이름</td><td></td></tr>
<tr><td>보육실습기관</td><td colspan="3">○○○ 어린이집 0세 ○○반</td><td>보육실습생</td><td colspan="3">○○○</td></tr>
<tr><td>보육실습 기간</td><td colspan="7">20 . . . ~ 20 . . . (총 6주간)</td></tr>
</table>

구분	월	화	수	목	금
보육실습생	印	印	印	印	印
보육실습 지도교사	印	印	印	印	印
날짜	월 일 시 분부터 시 분까지	월 일 시 분부터 시 분까지	월 일 시 분부터 시 분까지	월 일 시 분부터 시 분까지	월 일 시 분부터 시 분까지
보육실습생	印	印	印	印	印
보육실습 지도교사	印	印	印	印	印
날짜	월 일 시 분부터 시 분까지	월 일 시 분부터 시 분까지	월 일 시 분부터 시 분까지	월 일 시 분부터 시 분까지	월 일 시 분부터 시 분까지
보육실습생	印	印	印	印	印
보육실습 지도교사	印	印	印	印	印
날짜	월 일 시 분부터 시 분까지	월 일 시 분부터 시 분까지	월 일 시 분부터 시 분까지	월 일 시 분부터 시 분까지	월 일 시 분부터 시 분까지
보육실습생	印	印	印	印	印
보육실습 지도교사	印	印	印	印	印
날짜	월 일 시 분부터 시 분까지	월 일 시 분부터 시 분까지	월 일 시 분부터 시 분까지	월 일 시 분부터 시 분까지	월 일 시 분부터 시 분까지
보육실습생	印	印	印	印	印
보육실습 지도교사	印	印	印	印	印
날짜	월 일 시 분부터 시 분까지	월 일 시 분부터 시 분까지	월 일 시 분부터 시 분까지	월 일 시 분부터 시 분까지	월 일 시 분부터 시 분까지
보육실습생	印	印	印	印	印
보육실습 지도교사	印	印	印	印	印
날짜	월 일 시 분부터 시 분까지	월 일 시 분부터 시 분까지	월 일 시 분부터 시 분까지	월 일 시 분부터 시 분까지	월 일 시 분부터 시 분까지

11. 보육실습 동의서

보육실습생 정보					
성명		학과		학번	
기간					
주소	우편주소 : 새 주 소 : 현 주 소 :				
개인 연락처		e-mail 주소			

보육실습기관 정보			
보육실습 기관명		보육실습기관 원장명	
기관 주소	우편주소 : 새 주 소 : 현 주 소 :		
전화번호		팩스	
평가인증 여부	① 예 (　)　② 아니요 (　)　③ 진행 중 (　)		
보육실습 지도교사	이름 :	보육교사 1급 (　) 유치원 정교사 1급 (　) ※ 해당 자격에 'O' 표 하세요.	

위 학생이 본 기관에서 보육실습을 수행함에 동의합니다.

20　년　월　일

보육실습기관 원장 :　　　(직인)

12. 보육실습생 신상카드

보육실습생 신상카드

<table>
<tr><td rowspan="2">성 명</td><td>한 글</td><td>(여 / 남)</td><td rowspan="4">(사 진)</td></tr>
<tr><td>한 사</td><td></td></tr>
<tr><td>생 년 월 일</td><td colspan="2"></td></tr>
<tr><td>소 속 대 학</td><td colspan="2"></td></tr>
<tr><td>주 소</td><td colspan="3"></td></tr>
<tr><td rowspan="3">학 력</td><td colspan="3"></td></tr>
<tr><td colspan="3"></td></tr>
<tr><td colspan="3"></td></tr>
<tr><td>보육관련
이수 교과목</td><td colspan="3"></td></tr>
<tr><td colspan="3">보육관련 경험
(예: 캠프교사, 교회 내 유치부활동 등)</td><td></td></tr>
</table>

위의 사항이 틀림없음을 확인합니다.

년 월 일

본인 서명 (인)

○○○원장 귀하

13. 보육일지

(예시 1)

<table>
<tr><td colspan="5">○○ 반 보육일지(만 세)</td><td colspan="2">20 년 월 일</td></tr>
<tr><td colspan="2">주제</td><td colspan="3"></td><td>담임</td><td>원장</td></tr>
<tr><td colspan="2">소주제</td><td colspan="3"></td><td></td><td></td></tr>
<tr><td colspan="2">활동목표</td><td colspan="5"></td></tr>
<tr><td colspan="2">활동 / 요일</td><td>월</td><td>화</td><td>수</td><td>목</td><td>금</td></tr>
<tr><td colspan="2">등원 및 통합보육
(: ~ :)</td><td colspan="5"></td></tr>
<tr><td rowspan="8">자유
선택
활동
(:
~
:)</td><td rowspan="2">쌓기놀이
영역</td><td>뚝딱! 뚝딱!
배, 비행기
만들기</td><td></td><td></td><td></td><td></td></tr>
<tr><td colspan="5">☞ (작성 Tip)
활동이 실시된 결과에 따라 작성하고, 필요시 구체적인 활동내용 기재 가능
※ 활동목표 및 내용 등을 기재하지 않더라도 활동을 위한 구체적인 목표 및 내용을 인지 · 구상하고 실행
※ 자유선택활동 및 이 외 일과 전반이 진행된 활동을 동일한 방법으로 기재 가능</td></tr>
<tr><td>역할놀이
영역</td><td>——〉
(전주 활동명)</td><td></td><td></td><td></td><td></td></tr>
<tr><td>미술영역</td><td>두둥실 종이배</td><td></td><td></td><td></td><td></td></tr>
<tr><td>언어영역</td><td>어디에 숨었지?</td><td></td><td></td><td></td><td></td></tr>
<tr><td>수 과학 ·
조작영역</td><td>——〉
(전주 활동명)</td><td></td><td></td><td></td><td></td></tr>
<tr><td>음률영역</td><td>교통기관
소리 듣고
선으로 표현하기</td><td></td><td></td><td></td><td></td></tr>
<tr><td colspan="2">오전간식
(: ~ :)</td><td colspan="5"></td></tr>
</table>

대 · 소집단 활동 (: ~ :)					
실외활동 *대체활동 포함 (: ~ :)					
점심식사 (: ~ :)					
낮잠 및 휴식 (: ~ :)					
오후간식 (: ~ :)					
오후 자유선택활동 (: ~ :)					
통합보육 및 귀가 (: ~ :)					
비고 *총평 및 활동평가, 특이사항 등					
	☞ (작성 Tip) – 하루 일과 운영에 대한 총평이나 일과 중 중점적으로 진행된 보육활동에 대한 평가(활동과정에서의 특이사항, 추후 반영이 필요한 사례 등) 작성 – 일과운영 시간이 달라진 경우, 관련 내용을 기재 – 안전교육(소방대피훈련), 신입원아적응, 견학, 지역사회연계활동 등 내용 기록 가능 ※평가인증에서는 보육일지에 적절하게 총평이 작성되어 있는지 여부를 확인함				

(예시 2)

<table>
<tr><td colspan="2">○○ 반 보육일지 (만 세)</td><td colspan="2">20 년 월 일</td></tr>
<tr><td>주제</td><td></td><td>담임</td><td>원장</td></tr>
<tr><td>소주제</td><td></td><td></td><td></td></tr>
<tr><td>활동목표</td><td colspan="3"></td></tr>
<tr><td>시간/활동명</td><td colspan="2">활동계획 및 방법</td><td>비고
*활동평가 및
특이사항 등</td></tr>
<tr><td>등원 및 통합보육
(: ~ :)</td><td colspan="2"></td><td rowspan="12">☞ (작성 Tip)
– 모든 활동에 대한 평가를 매번 작성할 필요 없음
– 특이사례가 발생했거나, 추후 반영이 필요한 사례 등 활동에 대한 평가사항이 있는 경우 작성
– 동일한 평가를 매일 반복해서 작성할 필요 없음</td></tr>
<tr><td rowspan="6">자유선택활동
(: ~ :)</td><td colspan="2">【 영역】
•</td></tr>
<tr><td colspan="2">【 영역】
•</td></tr>
<tr><td colspan="2">【 영역】
•</td></tr>
<tr><td colspan="2">【 영역】
•</td></tr>
<tr><td colspan="2">☞ (작성 Tip) 활동내용, 활동방법, 활동목표 등은 필요에 따라 기재
※ 매일 반복되는 활동의 상세 내용을 동일하게 기재할 필요 없음</td></tr>
<tr><td colspan="2">☞ (작성 Tip) 자유선택활동에서 이루어진 내용 작성
※ 자유선택활동 및 이 외 일과 전반이 진행된 활동을 동일한 방법으로 기재 가능
※ 매일 반복되는 활동의 상세 내용을 동일하게 기재할 필요 없음</td></tr>
<tr><td>오전간식
(: ~ :)</td><td colspan="2"></td></tr>
<tr><td>대소집단 활동
(: ~ :)</td><td colspan="2">【 】
•</td></tr>
<tr><td>실외활동
(: ~ :)</td><td colspan="2"></td></tr>
<tr><td>점심식사
(: ~ :)</td><td colspan="2"></td></tr>
<tr><td>낮잠 및 휴식
(: ~ :)</td><td colspan="2"></td></tr>
</table>

오후간식 (: ~ :)		
자유선택활동 (: ~ :)		
통합보육 및 귀가 (: ~ :)		
총평	☞ (작성 Tip) – 하루 일과 운영에 대한 총평이나 일과 중 중점적으로 진행된 보육활동에 대한 평가 (활동과정에서의 특이사항, 추후 반영이 필요한 사항 등) 작성 – 특별활동, 견학 등 특수한 상황 발생 시 관련 내용 기재 – 일과운영 시간이 달라진 경우, 관련 내용을 기재 ※ 평가인증에서는 보육일지에 적절하게 총평이 작성되어 있는지 여부를 확인함	
비고	☞ (작성 Tip) – 안전교육(소방대피훈련), 신입원아적응, 견학, 지역사회연계활동 등 내용 기록 가능 – 비고란을 삭제하고, 총평란을 활용하여 보육활동 및 일과전반에 대한 기록 가능	

14. 교재·교구 계획안

실습생	지도교사	원 장

제작자: ______________

<table>
<tr><td>주제</td><td colspan="4"></td><td>대상 연령</td><td colspan="3"></td></tr>
<tr><td>교구명</td><td colspan="4"></td><td>교구 유형</td><td colspan="3"></td></tr>
<tr><td>준비물</td><td colspan="8"></td></tr>
<tr><td>제작 방법</td><td colspan="8"></td></tr>
<tr><td>활용 방법</td><td colspan="8"></td></tr>
<tr><td>기대되는
교육적 효과</td><td colspan="8"></td></tr>
<tr><td rowspan="6">평가
〈평가자〉</td><td>발달 수준의 적합성</td><td>상</td><td>중</td><td>하</td><td>안전성</td><td>상</td><td>중</td><td>하</td></tr>
<tr><td>실제 활용의 적합성</td><td>상</td><td>중</td><td>하</td><td>활용의 다양성</td><td>상</td><td>중</td><td>하</td></tr>
<tr><td>경제성</td><td>상</td><td>중</td><td>하</td><td>창의성</td><td>상</td><td>중</td><td>하</td></tr>
<tr><td>보육내용과의 관련성</td><td>상</td><td>중</td><td>하</td><td>영유아 반응의 유발성</td><td>상</td><td>중</td><td>하</td></tr>
<tr><td>견고성</td><td>상</td><td>중</td><td>하</td><td>매 력 성</td><td>상</td><td>중</td><td>하</td></tr>
<tr><td colspan="8">총평 :</td></tr>
</table>

15. 보육실습 순회지도 보고서 및 계획서

1. 보육실습어린이집 현황

어린이집 명		교직원 수	
전화번호		주소	

2. 방문 내용

실습 담당	
면담자	
면담 내용	

3. 학생지도 내용

지도 일자	학년	성명	근무 현황				지도 내용
			건강상태	적응 상태	담당 업무	근무 업무	
/							
/							
/							
/							
/							

4. 기타(순회지도 소감이나 기관의 요구사항, 취업상담 등의 내용 기재)

20 . . .

• 순회지도교수 학과 : 성명 : (인)

결재	학과장	산학처장	부총장	총장

학 과 : ○○○○과

예시) 현장실습 순회지도 계획서

지도교수	순회 지역 (도/시 · 군)	순회 희망 일자 (월/일)	어린이집 명	실습생 성명	비고

학과장 ○ ○ ○ (인)

16. 보육실습기관 방문 결과보고서

보육실습기관 방문 결과보고서

1. 보육실습기관 현황

기관명		반 수/교사 수	
전화번호		주소	

2. 방문일자 : 20 년 월 일 (오전/오후)

3. 보육실습자 명단 :
(학번)

4. 방문내용 :

20 년 월 일

방문 지도교수 성명 : (인)

17. 보육실습 결과보고서

보육실습 결과보고서

1. 보육실습생 성명 :
2. 주민등록번호 :
3. 보육실습어린이집 명 :
4. 보육실습 기간 : 년 월 일 부터 ~ 년 월 일 까지(6주간)
5. 실습 내용 :

제1주	제2주	제3주	제4주	제5주	제6주

6. 보육실습 평가 :

근무태도 (10%)	일반자질 (15%)	보육활동 지도 능력 (50%)	연구조사 활동 (15%)	학급 경영 및 사무처리 능력 (10%)	총 평 (100%)

년 월 일

_______________ 어린이집 원장(직인)

18. 보육실습 확인서

보육실습 확인서

1. 실습 이수자 기본사항

이름	생년월일	양성교육기관명

2. 실습기관

실습 기관명		실습기관 보육 정원	
기관종류		최초 인가일	년 월 일
평가인증 유지기간	년 월 일 ~ 년 월 일	연락처	
주소			

3. 실습 지도교사

이름	자격 종류	자격 번호

4. 실습 기간

실습 기간	년 월 일 ~ 년 월 일 (6주간)
실습 시간	총 시간(매주 요일 ~ 요일, 오전 시 ~ 오후 시)

위 사람은 「영유아보육법 시행규칙」 제12조 제1항에 따른 보육실습 기준을 준수하여 보육실습을 충실히 이수하였음을 확인합니다.

년 월 일

어린이집 원장 (서명 또는 인)
학 과 장 (서명 또는 인)

○ '13. 3. 1. 이후 어린이집에서 보육실습을 이수하는 경우, 「어린이집지원시스템」을 통하여 보육실습 내용 등록 및 제출
○ 보육실습 내용 시스템 미등록자는 첨부서류(① 실습기관 인가증 사본 ② 보육실습 지도교사 자격증 사본) 제출 필수
※ 영유아보육법 제48조에 따라 거짓이나 그 밖의 부정한 방법으로 자격증을 취득한 경우, 보육교직원 자격이 취소될 수 있습니다.

〈보육실습확인서 작성 방법〉	
실습 이수자 기본 사항	보육실습 이수자의 기본정보를 빠짐없이 기재합니다. 양성교육기관명에는 재학 중인 대학 또는 교육기관명을 빠짐없이 기재합니다.
실습기관	2017년 1월 1일 이후 보육실습 이수자는 모든 사항을 빠짐없이 기재합니다. (단, 2016년 12월 말까지 보육실습 이수자는 평가인증 기간을 제외한 사항을 기재합니다.) 가. 실습기관명: 보육실습을 이수한 어린이집 또는 유치원명을 기재합니다. 나. 실습기관 보육정원: 실습기관이 인가받은 정원을 기재합니다. 다. 기관 종류: 어린이집 또는 교육과정과 방과후 과정을 운영하는 유치원을 기재합니다. 라. 최초인가일: 실습기관의 최초인가 일자를 기재합니다. 마. 평가인증 유지기간: 보육실습을 신청하는 때(실습 시작 당시)에 법적으로 인가받은 정원 15명 이상으로 평가인증을 유지하는 어린이집의 평가인증 기간을 기재합니다. 바. 주소: 실습기관의 주소지를 기재합니다. 사. 연락처: 실습기관의 연락처를 기재합니다.
실습 지도교사	가. 2007년 이후 보육실습 이수자부터는 실습 지도교사의 이름, 자격 종류(보육교사 1급 또는 유치원 정교사 1급 중 택1), 자격번호를 기재합니다. 나. 2013년 3월 1일 이후 보육실습 이수자부터는 실습 지도교사가 동일한 실습 지도기간 내에 실습생을 3명 이내로 지도하였는지 체크합니다.
실습 기간	가. 총 시간: 1일 실습 시간에 실습 일수를 곱한 시간을 기재합니다. (예: 8시간(1일 실습 시간) X 30일(실습일수) = 240시간) 나. 오전 9시~오후 7시 사이의 시간을 입력합니다(하루 실습 시간은 8시간 기준)
직인	보육실습확인서 1장에 어린이집 원장, 학과장 직인을 모두 날인해야 합니다. ※ 교육기관별(대학, 보육교사교육원, 평생교육원) 학과장 직인 날인 방법 • 대학: 보육실습 교과목이 개설된 학과의 학과장 직인 날인 • 보육교사교육원: 보육교사교육원장 직인 날인 • 평생교육원: 평생교육원장 직인 날인

19. 보육실습 완료 인정서

보육실습 완료 인정서

실습 대학명:

실습자 명단

학과명	학년	성명	실습 기간
			월 일 ~ 월 일 일간
			월 일 ~ 월 일 일간
			월 일 ~ 월 일 일간
			월 일 ~ 월 일 일간
			월 일 ~ 월 일 일간
			월 일 ~ 월 일 일간
			월 일 ~ 월 일 일간
			월 일 ~ 월 일 일간

상기 자는 본 어린이집에서 보육실습을 완료한 자임을 증명함.

년 월 일

어린이집명: (인)
원 장: (인)

○○○ 대학교 총장 귀하

20. 보육실습 평가 항목

<table>
<tr><th colspan="2">영역</th><th>평가 항목</th><th>10점</th><th>8점</th><th>6점</th><th>4점</th><th>2점</th></tr>
<tr><td colspan="2">근무태도
(10%)</td><td>출 · 퇴근 시간을 잘 지키는가? 성실히 임하였는가?
(결근 1회 2점, 지각 · 조퇴 · 외출 각 1회 1점 감점)</td><td></td><td></td><td></td><td></td><td></td></tr>
<tr><td rowspan="10">일반
자질
(15%)</td><td rowspan="6">개인적
자질</td><td>1. 영유아를 신뢰하며 사랑하는가?</td><td colspan="3">2점</td><td colspan="2">1점</td></tr>
<tr><td>2. 신선한 감각과 창의력이 있는가?</td><td colspan="5">1점</td></tr>
<tr><td>3. 교직원과의 원만한 인간관계를 가지는가?</td><td colspan="5"></td></tr>
<tr><td>4. 자기 발전을 위해 항상 노력하는가?</td><td colspan="5"></td></tr>
<tr><td>5. 언행과 용모가 단정하고 교사로서의 품위를 지키는가?</td><td colspan="5"></td></tr>
<tr><td>6. 신체가 건강하고 정서적으로 안정되어 있는가?</td><td colspan="5"></td></tr>
<tr><td rowspan="4">전문적
자질</td><td>1. 보육과정 전반에 관한 지식을 갖추고 있는가?</td><td colspan="3"></td><td colspan="2"></td></tr>
<tr><td>2. 습득한 지식을 효과적으로 적용시키는가?</td><td colspan="3"></td><td colspan="2"></td></tr>
<tr><td>3. 교직에 대하여 매력을 느끼고 있으며 제반 활동이 적극적인가?</td><td colspan="3"></td><td colspan="2"></td></tr>
<tr><td>4. 영유아의 심리적인 지원을 위한 상호작용이 잘 이루어지는가?</td><td colspan="3"></td><td colspan="2"></td></tr>
<tr><td rowspan="8">학습
지도
능력
(50%)</td><td rowspan="3">계획</td><td>1. 보육계획안을 수업 실제(도입–전개–결말)에 도움이 되도록 작성하는가?</td><td>5점</td><td>4점</td><td>3점</td><td>2점</td><td>1점</td></tr>
<tr><td>2. 교재 · 교구 연구 및 준비를 충실히 하는가?</td><td></td><td></td><td></td><td></td><td></td></tr>
<tr><td>3. 교육활동을 사전에 계획하여 지도교사의 지도를 받는가?</td><td></td><td></td><td></td><td></td><td></td></tr>
<tr><td rowspan="5">실행</td><td>1. 학습지도에 자신감을 가지고 열심히 일하는가?</td><td></td><td></td><td></td><td></td><td></td></tr>
<tr><td>2. 학습지도의 도입–전개–결말이 순조로운가?</td><td></td><td></td><td></td><td></td><td></td></tr>
<tr><td>3. 교사의 언어적 상호작용이 학습동기 유발, 격려, 개념 이해에 효과적인가?</td><td></td><td></td><td></td><td></td><td></td></tr>
<tr><td>4. 제작 또는 준비한 학습 자료는 영유아들이 좋아하고 학습 활동에 유용하였는가?</td><td></td><td></td><td></td><td></td><td></td></tr>
<tr><td>5. 교육 일자는 추후 보육계획에 기초 자료가 되도록 작성하는가?</td><td></td><td></td><td></td><td></td><td></td></tr>
</table>

영역		평가 항목	10점	8점	6점	4점	2점
학습 지도 능력 (50%)	평가	1. 자신의 수업 전반에 대한 평가 능력을 갖추고 하는가?					
		2. 수업 전반에 대한 평가를 통해 영유아의 발달 수준을 이해하고 그 결과를 영유아지도에 적용하는가?					
연구 조사 활동 (15%)	연구 태도 및 연구 능력	1. 훌륭한 교사로서의 자기 성장을 위하여 원장, 원감, 지도교사의 충고를 기쁘게 받아들여 실천하는가?	4점	3점	2점	1점	
		2. 보육실습생의 주별 자기평가표 작성을 근거로 교사로서의 자질 향상을 위해 계속 노력하는가?					
		3. 영유아를 관찰 · 조사하는 능력이 있는가?					
		4. 수업 전반에 대한 평가를 분석하여 수업의 질이 향상되도록 노력하는가?	3점	2점	1점		
학급 경영 및 사무처리 능력 (10%)		1. 지도교사의 학급 운영을 잘 보조하는가?					
		2. 교실의 통풍, 채광, 청소 등 위생적인 환경을 위해 노력하는가?					
		3. 학급의 환경 구성을 효과적으로 하는가?	2점	1점			
		4. 학급관리에 필요한 문서관리 능력이 있는가?					

21. 보육실습생의 자기 평가표

평가 요령	1–아주 못함, 2–못함, 3–보통, 4–잘함, 5–아주 잘함					
평가 영역	평가 항목	척도				
		1	2	3	4	5
근무태도	근무 시간을 잘 지켰는가?					
	보육실습일지, 보육활동계획안, 과제 등을 기간 내에 제출하였는가?					
	보육교사에 대한 긍정적인 신념을 지니고 있었는가?					
보육교사로서의 일반 자질	영유아에 대해 민감하고 존중하는 태도를 지녔는가?					
	용모, 복장이 단정하고 언행이 바람직했는가?					
	보육활동 지도내용에 대해 이해를 잘 하고 있었는가?					
	준비성이 있었고 계획을 잘하였는가?					
보육활동 지도 능력	영유아 중심적이고 자율적 분위기에서 활동을 진행하였는가?					
	영유아가 스스로 탐색하고 호기심을 발휘하도록 동기유발을 적절히 하였는가?					
	영유아의 기본생활습관이 향상되도록 적절한 상황에서 영유아의 수준에 맞는 지도를 하였는가?					
	활동 자료 제시가 적절하고 융통적이었나?					
연구조사 활동	영유아와 상호작용은 질적으로 우수하고 효과적이었나?					
	실습생의 행동이나 활동 진행, 놀이참여가 적극적이고 융통적이었는가?					
	영유아를 지도함에 있어 자신 있게 임하였는가?					
학급경영 및 사무처리능력	영유아의 활동에 대한 관찰이나 평가가 적절하였는가?					
	관찰활동과 활동계획에 대한 연구를 충실히 하였는가?					
	보육교사의 역할과 직무에 대한 제반 사항을 스스로 알려고 노력하였는가?					
전체 평가	알고 있는 이론을 적절히 보육현장에 적용한 후, 이를 다시 이론적으로 검토하고자 애를 썼는가?					
	보육실을 합리적으로 운영하고자 하는 노력을 다 하였는가?					
	보육실습 지도교사의 제반 지시 및 사무 처리사항을 기간 내 성실히 수행하였는가?					

22. 반성적 저널에 의한 자기 평가

저널 기록 양식	
· 일　시 : · 주　제 : · 기 록 자 : · 지도교사 명 : · 저널번호 :	
실습생의 저널 기록	지도교사의 반응

23. 보육실습일지의 처리사항

←못함 잘함→

평가 항목	1	2	3	4	5
1. 교재 연구를 면밀히 준비하였는가?					
2. 지도 목표에 알맞은 지도 계획을 세웠는가?					
3. 원아의 흥미를 잘 파악하고 이것을 지도계획 속에 잘 살렸는가?					
4. 면밀 · 정확하고 요령 있게 갖추어진 보육지도안을 작성할 수 있는가?					
5. 교육 용구 및 자료를 충분히 준비하는 것에 태만하지 않았는가?					
6. 교재 준비가 잘 되어 스스로 왕성한 학습 의욕을 돋울 수 있었는가?					
7. 활동적이고 효과적인 학습을 전개할 수 있었는가?					
8. 임기응변의 처리를 하여 교육 효과를 올릴 수 있었는가?					
9. 개인차에 따라서 지도할 수 있었는가?					
10. 말이 명료하며 높낮이와 속도가 적절하여 아이들의 관심을 끌 수 있었는가?					
11. 평가 대상에 적합한 방법을 적당한 시기에 행할 수 있었는가?					
12. 평가 결과를 잘 처리하고 다음 교육지도에 도움이 되게 하였는가?					
13. 원아 관찰과 실태 조사의 결과를 깊이 연구하고 이것을 아이들의 지도에 잘 활용하였는가?					
14. 아이들의 모임에 적극적으로 참가하고 적절한 지도를 하였는가?					
15. 교실의 통풍, 채광, 청소 등 위생 환경에 주의를 돌렸는가?					
16. 교실의 실내와 실외의 정돈과 미화에 노력하였는가?					
17. 기록의 작성 기입을 면밀히 하고 그 보관에 신중을 기하였는가?					
18. 각종 연구회에 적극적으로 참가하여 건설적이고 협력적이었는가?					
19. 교사 및 동료와 협력 및 협조하여 충분한 호감을 가졌는가?					
20. 아이들이 좋아하고 신뢰하고 존경하는가?					

* 주의 사항: 1) 자기반성을 위한 평가이니만큼 다른 사람이 어떻게 생각하든 고려하지 말고 스스로의 행동을 될 수 있는 한 객관적으로 체크할 것.
2) 이 평가표는 장래의 교원 생활의 반성을 위하여서도 이용되기를 바란다.
3) 상기 내용은 정재권이 제시한 교육실습편성표를 영유아보육실습편성표로 수정, 보완한 것이다.

* 평가 요령: 5 → 대단히 좋다, 4 → 좋다, 3 → 보통이다, 2 → 나쁘다, 1 → 아주 나쁘다.

24. 예비교사 교직관 설문지

〈예비교사의 교직관에 관한 설문지〉

번호	설문 내용	1	2	3	4	5
1	보육교사는 미성숙자를 대상으로 하므로 성숙한 전인으로 기른다는 자부심과 보람을 가져야 한다.					
2	보육교사는 봉사를 위한 직업으로 소명의식을 갖고 있어야 한다.					
3	보육교사는 영유아를 사랑하고 존중해야 한다.					
4	보육교사는 교직에 대한 책임과 사명을 다해야 한다.					
5	보육교사는 변화하는 사회에서 영유아의 성장에 매우 필요하다.					
6	보육교사의 역할은 사회 · 국가 발전에 지대한 영향을 준다.					
7	보육교사는 영유아를 사랑으로 대하고 그들의 인격을 존중해야 한다.					
8	보육교사는 신체적 · 정신적으로 건강하고 안정되어 있어야 한다.					
9	보육교사는 프로그램의 선택과 개발에 풍부한 지적 능력을 지니고 있으며 창의적이어야 한다.					
10	보육교사는 유머 감각이 있어야 하며 영유아의 흥미와 선호에 맞게 지도해야 한다.					
11	보육교사는 교직윤리를 지키고 교사로서 교양을 갖추어야 한다.					
12	보육교사는 자기발전을 위해 부단히 노력해야 한다.					
13	보육교사는 보육 전반에 관한 고도의 지식을 갖추고 있어야 한다.					
14	보육교사는 영유아의 상황에 맞게 응용하여 지도할 수 있는 능력을 지니고 있어야 한다.					
15	보육교사는 장기간의 준비 교육을 받은 후에도 자기발전을 위한 연수에 참여해야 한다.					
16	보육교사는 아동과 사회에 봉사하는 자세로서 교원으로 윤리강령을 준수해야 한다.					
17	보육교사는 부모와 지역사회 인사들을 교육의 자원으로 끌어들일 수 있어야 한다.					
18	보육교사는 단체교섭 활동에 참여하기 위하여 자치단체에도 가입해야 한다.					
19	보육교사의 사회적 지위가 다른 직업에 비해 높다고 본다.					

번호	설문 내용	1	2	3	4	5
20	보육교사의 교권이 확립되었다고 본다.					
21	보육교사에 대한 경제적 대우가 좋다고 본다.					
22	보육교사직이 다른 직업에 비해 안정된 직업이라고 생각한다.					
23	보육교사직은 개성을 늘리고 능력을 발휘할 수 있는 직업이라고 생각한다.					
24	현재의 보육풍토가 비정상적이라고 본다.					
25	보육의 문제가 교사들의 자질과 능력에 있다고 본다.					
26	보육의 문제가 보육 행정의 모순에 있다고 본다.					
27	보육의 문제가 사회풍토의 모순에 있다고 본다.					
28	보육의 문제가 학부모의 비교육적 의식에 있다고 본다.					

* 이는 자기반성을 위한 평가이기 때문에 자기행동을 가능한 한 객관적으로 평가할 것.
* 이 평가표는 장래 교사 생활의 반성 자료로 활용해 주기를 바람.
* 평가 요령 : 5 → 대단히 좋다, 4 → 좋다, 3 → 보통이다, 2 → 나쁘다, 1 → 아주 나쁘다.

25. 영유아의 행동발달 관찰기록지

관찰대상 : 생년월일 : (남, 여)

관 찰 자 : 관 찰 일 :

지 시 : 다음은 영유아의 발달을 전체적으로 평가해 볼 수 있는 체크리스트이다.

1. 영유아를 선택하여 관찰한다.
2. 체크리스트에 있는 행동이 나타나면 ✓ 표시를 한다.
3. 체크리스트 마지막에 발달 영역별로 요약을 한다.
4. 관찰 결과에 따라 영역별로 한 가지씩 교수방법을 계획한다.

〈기본생활습관〉	예	아니오	비 고
1. 정리 · 정돈을 할 수 있다. (장난감, 작업, 간식 책상)	____	____	____
2. 간식/식사 전에 손을 씻는다.	____	____	____
3. 규칙(차례, 약속)을 잘 지키는 편이다.	____	____	____
4. 어른에게 존댓말을 사용한다.	____	____	____
5. 음식을 골고루 먹는다.	____	____	____
6. 낮잠을 잔다.	____	____	____
7. 교사의 지시를 잘 이해하고 따른다.	____	____	____
8. 물건을 소중히 다루고 아껴 쓴다.	____	____	____
9. 고마워, 괜찮아, 미안해 등의 말을 적절하게 사용한다.	____	____	____
10. 혼자서 옷을 입을 수 있다.	____	____	____
11. 화장실 사용 후 뒤처리를 혼자 한다.	____	____	____
〈신체발달〉			
1. 자세가 바르다. (앉을 때, 걸을 때, 서 있을 때)	____	____	____
2. 행동이 민첩하다.	____	____	____
3. 양발을 바꾸어 가며 계단을 오르내릴 수 있다.	____	____	____
4. 바깥 놀이에 활발히 참여한다.	____	____	____
5. 한 발로 깡충 뛰기를 할 수 있다.	____	____	____
6. 공을 던지고 받을 수 있다.	____	____	____
7. 그네를 혼자 움직일 수 있다.	____	____	____
8. 매트에서 구르기를 할 수 있다.	____	____	____
9. 손 사용에 있어서 선호도를 보인다.	____	____	____
10. 손잡이나 병뚜껑을 쉽게 돌린다.	____	____	____
11. 주스나 우유를 흘리지 않고 따를 수 있다.	____	____	____
12. 지퍼를 열고 잠글 수 있다.	____	____	____
13. 단추를 열고 잠글 수 있다.	____	____	____

항목	예	아니오	비 고
14. 작은 물건을 잡을 수 있다.	____	____	____
15. 가위질을 할 수 있다.	____	____	____
〈인지발달〉	예	아니오	비 고
1. 질문을 많이 한다.	____	____	____
2. 사물을 주의 깊게 본다.	____	____	____
3. 상식이 풍부하다.	____	____	____
4. 문제 상황이 생겼을 때 다양한 방법으로 해결을 시도한다.	____	____	____
5. 자연 현상에 대하여 관심이 있다. (계절, 낮과 밤, 날씨, 동 · 식물의 변화)	____	____	____
6. 상황에 따라 알맞게 말할 수 있다.	____	____	____
7. 이야기를 듣고 기억해 내어 이야기한다.	____	____	____
8. 교사가 나타내는 신호나 지시에 따른다.	____	____	____
9. 읽어 준 글을 자기 생각대로 이해하여 순서대로 말한다.	____	____	____
10. 글자에 관심을 보인다.	____	____	____
11. 글자의 기초가 되는 모양을 그린다.	____	____	____
12. 자기 이름과 간단한 글자를 읽는다.	____	____	____
13. 어른의 도움 없이 혼자 책을 읽는다.	____	____	____
14. 책 읽기를 즐겨 한다.	____	____	____
15. 새로 내놓은 책에 관심을 갖는다.	____	____	____
16. 자기 이름과 간단한 글자를 쓴다.	____	____	____
17. 어른의 도움 없이 혼자 문장을 쓴다.	____	____	____
18. 연필을 바로 쥔다.	____	____	____
19. 바르게 앉아서 쓴다.	____	____	____
20. 창의적으로 이야기를 꾸며 말할 수 있다.	____	____	____
〈부적응 행동〉			
1. 자기 의사를 잘 표현하지 못한다.	____	____	____
2. 다른 사람과 말할 때 마주 쳐다보지 못한다.	____	____	____
3. 다른 사람과 이야기할 때 '예, 아니오' 라고만 대답한다.	____	____	____
4. 학용품(크레파스, 놀잇감)이 없어도 같이 쓰자는 말을 못 한다.	____	____	____
5. 친구들에게 자기감정이나 의사를 나타내지 못한다.	____	____	____
6. 낯선 사람 앞에서는 말을 못 한다.	____	____	____
7. 공연히 얼굴을 붉히거나 유난히 수줍음을 탄다.	____	____	____
8. 남이 조금만 뭐라고 해도 당황하거나 쩔쩔맨다.	____	____	____
9. 어른이 조금이라도 꾸중을 하면 울기부터 한다.	____	____	____
10. 지명을 받았을 때 재촉받고서야 마지못해 일어난다.	____	____	____
11. 교사의 질문에 알면서도 더듬거리거나 말을 하지 못한다.	____	____	____

〈자기 정체성〉	예	아니오	비 고
1. 엄마와 쉽게 떨어진다.			
2. 교사에게 매달리거나 달라붙지 않는다.			
3. 교사의 권유 없이 활동을 스스로 선택하여 논다.			
4. 자신의 권리와 의견을 주장한다.			
5. 자기가 하는 일에 열중한다(집중력이 있다).			
6. 자기가 하는 일에 자신감을 보인다.			
7. 자기가 시작한 일을 끝마친다.			
8. 언어와 행동이 늘 긍정적이다.			
9. 자신의 작품에 대체로 만족한다.			
〈사회정서 발달〉			
1. 자신의 감정을 말로 표현할 수 있다.			
2. 새로운 환경이나 교구에 흥미를 보인다.			
3. 성격이 명랑하다.			
4. 감정이 쉽게 바뀌는 편이다.			
5. 혼자서 노는 편이다.			
6. 친하게 지내는 친구가 있다.			
7. 놀이에서 주로 지도자 역할을 한다.			
8. 이미 진행되고 있는 놀이에 자연스럽게 끼어든다.			
9. 문제 상황이 생겼을 때 혼자서 잘 해결한다.			
10. 문제 상황이 생겼을 때 말로 해결한다.			
11. 다양한 놀이에 참여한다.			
12. 친구들의 활동을 방해하지 않는다.			
〈친사회성 발달〉			
1. 다른 사람의 감정을 이해하고 그에 맞는 말이나 행동을 한다.			
2. 친구와 나누어 쓸 수 있다.			
3. 친구에게 양보할 수 있다.			
4. 놀이나 작업을 할 때 협동을 잘한다.			
5. 다른 사람의 부탁을 들어준다.			
6. 친구나 교사를 잘 도와준다.			
〈공격적인 행동〉			
1. 가만히 있는 친구를 공연히 툭툭 치거나 밀친다.			
2. 물건을 다른 사람에게 던진다.			
3. 다른 사람을 발로 차거나 때린다.			
4. 친구를 꼬집거나 깨물려 든다.			
5. 다른 아이가 하는 일을 건드려서 망쳐 놓는다.			
6. 친구가 가지고 놀고 있는 장난감을 빼앗는다.			

〈표현력과 창의력〉	예	아니오	비 고
1. 음악이나 악기 소리에 맞추어 몸을 움직인다.	____	____	____
2. 악기를 연주하는 일에 관심을 보인다.	____	____	____
3. 자기 생각과 느낌을 그림으로 표현할 수 있다.	____	____	____
4. 독창적이고 다양한 형태의 표현을 시도한다.	____	____	____
5. 여러 가지 재료를 이용하여 다양한 방법으로 만들고 꾸밀 수 있다.	____	____	____
6. 역할놀이에서 맡은 역할을 잘 해낸다.	____	____	____
7. 놀이의 주제를 다양하게 선택한다.	____	____	____

출처: 이정환 · 박은혜(1995).

참고문헌

PRACTICUM IN CHILD CARE & EDUCATION

강문숙 · 황해익(2008). 보육교사의 직무에 대한 분석. 한국보육지원학회지, 4(2), 57-80.

김명희 · 이종현 · 고은님(2007). 영유아교수학습방법론. 경기: 양서원.

김진영 · 백혜리 · 최윤정(2009). 유아를 위한 교수 - 학습방법론. 경기: 양서원.

류진희(2000). 유아교사를 위한 교육실습과 교육활동. 서울: 양서원

문혁준 · 권희경 · 김명애 · 김정희 · 김혜금 · 김혜연 · 서소정 · 안효진 · 이윤경 · 정지나 · 조혜정 · 천희영(2009). 아동안전관리. 서울: 창지사.

문혁준 · 권희경 · 김명애 · 김상희 · 김정희 · 김혜금 · 김혜연 · 안효진 · 이경옥 · 이윤경 · 이희선(2016). 영유아 건강교육. 서울: 창지사.

문혁준 · 백혜리 · 김정희 · 김혜연 · 김민희(2012). 개정 보육실습. 서울: 창지사.

박은주 · 박금희 · 오숙자 · 우수희(2016). 보육실습. 서울: 동문사.

박은혜 · 김혜금 · 남궁선혜(2005). 보육 매뉴얼 및 보육프로그램 - 안전영역. 서울시.

박은혜(1996). 반성적 사고와 유아교사교육. 유아교육연구, 16(1), 175-192.

백승선(2010). 좋은 교사의 특성에 대한 보육교사의 인식. 중앙대학교 대학원 석사학위 청구논문.

보건복지부(2012). 5세 누리과정에 기초한 어린이집 프로그램.

보건복지부(2013). 3 · 4세 누리과정에 기초한 어린이집 프로그램. 서울: 보건복지부.

보건복지부(2013). 어린이집 표준보육과정에 기초한 영아보육프로그램 0~2세. 서울: 보건복지부.

보건복지부(2017). 양성기관에서의 보육실습지도. 한국보육진흥원.

보건복지부 · 육아정책연구소(2016). 보육교사 양성과정 및 보육실습 매뉴얼 연구. 서울: 보건복지부.

보육자격관리사무국(2009). 표준 보육실습지도지침 개발 보고서. 보육자격관리사무국

성미영 · 신혜원(2017). 보육실습. 서울: 학지사.

심성경 · 조순옥 · 이정숙 · 이춘자 · 이효숙(1998). 유아교육개론. 서울: 창지사.

오문자(2000). 레지오 에밀리아 교육론에서 본 한국의 유아교육의 현재와 미래. 영유아교육학회 제23회 한국전문대학 유아교육과 교수연구회 및 학술대회.

유희정(1996). 어린이집의 설립유형에 따른 질적 수준 분석. 이화여자대학교 대학원 박사학위 청구논문.

윤애희 · 박정민(2009). 영유아교육 교수방법 및 교재교구. 서울: 파란마음.

이기숙(2000). 유아교육과정. 서울: 교문사.

이대균 · 백경순 · 송정원 · 이현정(2016). 유아문학교육(제3판). 경기: 공동체.

이명희 · 정은정 · 최인숙(2006). 아동영양학. 서울: 형설출판사.

이선경 · 이은정(2007). 보육실습. 서울: 창지사.

이소희 · 이숙희 · 이정혜 · 장명림 · 도미향(2006). 보육실습. 경기: 양서원.

이은화 · 배소연 · 조부경(1995). 유아교사론. 서울: 양서원.

이은희(2016). 보육실습의 이론과 실제. 경기: 양성원.

이정환 · 박은혜(1995). 교사를 위한 유아관찰 워크북. 한국어린이육영회.

이형행(2007). 교육학개론. 경기: 양서원.

임부연 · 오정희(2009). 영유아교수 · 학습방법. 서울: 동문사.

임승렬 · 김선희(2012). 보육실습. 경기: 양서원.

임재택 · 고영인 · 김정신(1997). 보육실습. 서울: 양서원.

임재택 · 하정연(2004). 부산대학교 부설 어린이집 프로그램: 생태유아교육 프로그램. 한국유아교육학회 2004 정기 총회 및 학술대회.

정태희 · 윤정한 · 임수양(2012). 영유아교수방법론. 경기: 양서원.

정현숙(2017). 보육실습. 서울: 창지사.

채혜선(2016). 보육실습. 경기: 공동체

표갑수(1998). 아동/청소년복지론. 청주대학교 출판부.

한국영양학회(2005). 한국인영양섭취기준.

황해익 · 임재택(1997). 영유아 관찰 및 평가. 서울: 양서원.

Maxim, G. (1995). *Social studies and the elementary school child(5th ed.)*. Englewood Cliffs, NJ: Merrill.

NAEYC (1998). NAEYC position statement on developmentally appropriate practice in the primary grades, serving 5 through 8 year olds. *Young Children*, *43*(2), 64-84.

Schon, D. A. (1983). *The reflective practitioner: How professionals think in action*. Basic Books.

Spodek, B. (1985). *Teaching in the early years(3rd ed.)*. New Jersey: Prentice-Hall, Inc.

법제처 홈페이지. www.moleg.go.kr에서 검색.

서울시 육아종합지원센터 홈페이지. http://seoul.childcare.go.kr에서 검색.

서울시 육아종합지원센터-정보마당-식단 및 조리법-2017년 5월 식단표에서 인출. http://seoul.childcare.go.kr/ccef/community/notice/NoticeSlPL.jsp?BBSGB=797.

재단법인 오리온재단 홈페이지. http://www.seonam.org에서 검색.

아이누리-누리과정 포털사이트. https://i-nuri.go.kr/main/index.do

사진 제공: 동작구청어린이집, 새순유치원, 123어린이집

저자소개

김정희 총신대학교 유아교육과 교수
문혁준 가톨릭대학교 아동학전공 교수
김혜연 제주관광대학교 유아교육과 교수
김민희 호남대학교 유아교육학과 교수
최윤희 가톨릭대학교 아동학과 강사
강혜경 김포대학교 유아교육과 겸임교수

6주 보육실습

초 판 1쇄 인쇄 2021년 7월 12일
초 판 1쇄 발행 2021년 7월 16일

지 은 이 | 김정희 · 문혁준 · 김혜연 · 김민희 · 최윤희 · 강혜경
펴 낸 이 | 김기섭
편 집 인 | 이혜란
펴 낸 곳 | 창지사 www.changjisa.com
08589 서울시 금천구 가산디지털 1로 83 파트너스타워 1차 9층
전화 (02)719-2211~3
팩스 (02)701-9386
등 록 | 1977년 4월 28일 · 제1-421호

ISBN 978-89-426-1467-7 (93370)

값 14,000원